贝页
ENRICH YOUR LIFE

超越利润

利他企业让利润水到渠成

［法］艾萨克·盖茨（Isaac Getz）　［法］洛朗·马赫巴切（Laurent Marbacher）　著
邵倩兰　译

L'entreprise Altruiste

S'enrichir en donnant tout!

文匯出版社

图书在版编目 (CIP) 数据

超越利润：利他企业让利润水到渠成/（法）艾萨克·盖茨（Isaac Getz），洛朗·马赫巴切（Laurent Marbacher）著；邵倩兰译. — 上海：文汇出版社，2021.11
 ISBN 978-7-5496-3663-1

Ⅰ.①超… Ⅱ.①艾… ②洛… ③邵… Ⅲ.①企业利润—研究 Ⅳ.① F275.4

中国版本图书馆 CIP 数据核字 (2021) 第 207643 号

Originally published in France as:
L'ENTREPRISE ALTRUISTE: S'enrichir en donnant tout! by Isaac GETZ & Laurent MARBACHER
© Editions Albin Michel – Paris 2019
本书中文简体专有翻译出版权由 Editions Albin Michel 授予上海阅薇图书有限公司。版权所有，侵权必究。

上海市版权局著作权合同登记号：图字 09-2021-0917 号

超越利润：利他企业让利润水到渠成

作　　者 /［法］艾萨克·盖茨［法］洛朗·马赫巴切
译　　者 / 邵倩兰
责任编辑 / 戴　铮
封面设计 / 瑞　芮™LIKA
版式设计 / 汤惟惟
出版发行 /**文汇**出版社
　　　　　上海市威海路 755 号
　　　　　（邮政编码：200041）
印刷装订 / 上海普顺印刷包装有限公司
版　　次 / 2021 年 11 月第 1 版
印　　次 / 2021 年 11 月第 1 次印刷
开　　本 / 889 毫米 ×1230 毫米　1/32
字　　数 / 305 千字
印　　张 / 13.25
书　　号 / ISBN 978-7-5496-3663-1
定　　价 / 88.00 元

谨以此书献给艾米丽和爱曼纽

推荐序

企业即人

海尔集团创始人、董事局名誉主席　张瑞敏

企业与人们的工作和生活息息相关，若问起"企业为什么"这个问题，答案通常在两个选项之间——

一个是经典的回答：企业就是为了赚取利润。

另一个是一直充满争议的回答：企业在追求利润最大化的同时应履行社会责任。

前者是经济价值，后者是强调在追求经济价值的同时应实现社会价值。

第一个答案的贡献者米尔顿·弗里德曼获得了1976年的诺贝尔经济学奖。

第二个答案的贡献者众多，提法各不相同，但都没有反对经济价值的基础和前提。最新的例证来自2019年美国商业圆桌会议。181位美国大公司的CEO联合签署了新的《公司宗旨宣言书》。《公司宗旨宣言书》革新了企业基于股东权益最大化做出经营承诺的基本内容，将其重新定义为"企业在保持自身企业宗旨的基础上，对所有利益相关方都有着共同的承诺"。这份宣言书很快便引起媒体关于"告别股东第一"的广泛讨论，但在专业人士眼中——新的宣言书缺乏可操作细节、没有强制工具——他们更相信这是大公司的一个有目的的策略。

事实也是如此，股东理论（以弗里德曼为代表）和利益相关者理论（以弗里曼为代表）在近50年间一直并存。因此，这两个答案可以合并为一个，即企业价值最大化。

"企业价值最大化"公司宗旨的颠覆性挑战者姗姗来迟。去年11月，我在伦敦Thinkers50大会期间与艾萨克·盖茨交流中得知这一消息，他和洛朗·马赫巴切用5年时间发现了一种新型的公司，这种公司类型以前从来没有人命名过，他们将其命名为"利他企业"。与美国商业圆桌会议的性质截然不同，艾萨克和洛朗的发现不容置疑。因为，利他企业真实存在。而且，数十家利他企业已经正在用行动证明一种新的公司宗旨的存在——创造社会价值是一个目的而非一种约束。在利他企业的实践中，经济利益不是目标，而是社会目标的组织结果；利他的社会目标在核心业务活动中被无条件地一以贯之。从归纳逻辑的角度来看，利他企业的宗旨无疑是成立的。当然，并非没有遗憾，十几家企业在全世界浩瀚如海的企业主体中显得过于单薄和渺小。即便如此，我们仍然相信，这些利他企业挑战传统经济理论和企业宗旨的勇气和经验弥足珍贵。

在重新思考企业宗旨这一点上，我和艾萨克的观点是一致的。这也是我们在伦敦深入交流互动的前提和基础。

无论弗里德曼还是弗里曼，无论股东价值最大化，还是利益相关者最大化，这一争论长期以来始终围绕着一个前提，即以企业为中心。只要这个"中心"的本位不打破，任何争论都将失去意义。这个问题20年前彼得·德鲁克也思考过，他当时曾经预言，25年后，现在作为经济主体的公司将不复存在。同一年，我参加瑞士达沃斯世界经济论坛，那一届论坛的主题是"让我们战胜满足感"。当时，我并没有理解其中深意。在达沃斯，我一边参加论坛，一边思考这句话。回国后，这个疑问解开了。我在企业内刊上撰文《新经济之我见》，提出了对海尔发展战略转型有决定意义的六个字——"不触网就死亡"。在此基础上，再细细体味德鲁克的预言，"战胜满足感"的紧迫感油然而生。这些关键思考，汇成了海尔日后十几年如一日模式苦旅的信条——"没有成功的企业，只有时代的企业"。

时代变了，此企业非彼企业。

反思企业宗旨是什么固然重要，但首先要反思的是企业本身。现在，还没到德鲁克预言的时间期限，可我们已经提前看到身旁尸积如山。这些倒下的企业，在不久前还活跃在商业杂志的封面上和财富榜单的头部位置。表面上，数字技术和网络技术等指数级技术是颠覆传统企业的元凶，正如互联网科技企业替代工业巨头成为商界的新宠儿。本质上却非如此。打败传统工业企业的不是互联网企业，而是它们自身。科层制和委托代理激励机制成就了传统工业企业，也桎梏了传统工业企业，它们在释放效率使命的同时，一点一点地固化，直至发展成为组织僵化的癌症。

互联网企业能摆脱这种规律吗？刚开始创业的时候的确不一样。时代舞台上的网络科技新秀充满激情与活力，创业者中不乏从传统大企业中逃离的精英，这些人很有代表性，他们往往拥有令人艳羡的职业履历以及财务自由。不是为了生存，他们的目的是自我实现。在传统大企业中，他们找不到自己。对企业而言，没有个人，只有工位和工牌号码。可事与愿违，互联网创业公司以数倍于传统工业时代的成长速度变成曾经熟悉的巨兽。2017年3月，我应邀去斯坦福为他们的MBA讲课。斯坦福的师生思想很活跃。课下，学员中的硅谷创业者问我对硅谷未来发展的看法。我告诉他，创业过程中其实有一个硅谷悖论。硅谷是个热带雨林，具有生物多样性的特点，但硅谷的创业企业做大以后又按照传统企业来做了，组织变成常见的金字塔式的，企业变成一部机器，每一个齿轮和螺丝钉都在发挥作用，但创新的激情没有了，离市场也越来越远了。

15年前，当海尔的规模突破1000亿元的时候，我知道必须要解决这个难题了，虽然很艰难，因为我们要进行的组织方式和管理模式变革是没有先例的，体现为两个互为因果的颠覆。

企业宗旨的颠覆：从股东第一颠覆为员工第一。从企业利润最大化变为人的价值最大化。

企业本质的颠覆：从科层制组织颠覆为网络的节点。从封闭的组织变为开放的创业平台。

这两个事物互为因果，要想人的价值第一，组织就要开放；组织要开放，必须还权于员工，否则，组织瞬间就会崩溃。这两点要同时做到，还要不断动态优化，这样的管理模式以前没有过，我将其命名为"人单合一"。人，就是员工，员工变为创客；单，就是用户，不是被动消费的顾客，而是体验驱动的用户。合一，就是让每个员工自主创造的财富与分享的财富合一。员工从理性经济人变为自主人的创客，创客主动洞察市场需求，捕捉创业机会，就有可能发起创立一个小微公司。小微和企业的关系从上下级和雇佣关系变为投资和被投资的关系。员工的薪酬来自他自己创造的用户价值，即用户付薪而不是企业定薪。进而，员工也就没有领导了，他真正的领导变成了用户。

这样的改革并非一蹴而就，更不是一帆风顺。刚开始探索的时候，我们遇到的更多是质疑和反对声。我多次应邀参加在维也纳举办的德鲁克论坛，第一次去讲人单合一的时候，现场的欧美企业家的反应顿时像炸了锅。他们说，这是不可思议的，企业大了以后加强管控都还不能保证不出问题，放权以后岂不是全乱了套？第二次去的时候，大家的反应缓和了许多，不少学者开始认可人单合一的方向，他们提出来想到海尔看看实际是如何操作的？第三次完全不一样了，我讲完之后，大家高度认同。不但认同方向，也认同操作体系的普适性。有的企业家在自己的社交媒体上说，海尔的人单合一解决了企业僵化的难题，我们不用自己探索了，照着海尔做就行。斯坦福大学战略家、《执行战略：分解并实现战略的艺术》的作者威廉·马勒克称赞海尔是组织变革的基准，并评论道："微型企业将需要一种变革性的组织系统策略。海尔已经铺平了道路，因此不必担心，我们有了基准！让我们适应采用。"

疫情期间，全球知名的《MIT斯隆管理评论》发表了一篇文章，谈危机和企业韧性的关系，文章作者认为在疫情期间不少企业的供应链恶化，原因在于企业的组织是僵化的，包括苹果、丰田、孩之宝等著名大企业也不例外，但是有一个企业是例外，那就是中国的海尔。因为海尔的组织非常灵活。

现在欧洲形成了一个学习海尔热。欧洲的人单合一研究中心在4月份和5月份分别办了两期学习班。像欧洲这样的本地化的人单合一研究中心全球已经建了6个，实践证明，人单合一模式具有时代性和普适性。

人单合一模式之所以被世界上不同文化的国家和地区的企业所接受，关键原因有两条：

其一，人单合一模式坚持的宗旨符合利他企业的追求。人单合一和利他企业虽不完全相同，但有一点是共同的，那就是坚持股东价值只是结果不是目的。正如书中所说："有信心，考虑的并非结果，而是对用户无条件的服务。"这就是所有利他企业创办者的"最初信念"。

其二，人单合一模式已经探索出可操作、可评价的体系，因而具备可复制性。这个体系简化为一个记分卡——人单合一记分卡。人单合一记分卡有纵横两个维度，这两个维度既是操作路径，也是评价指标。横轴体现的是"单"，即用户价值，用户价值在持续体验迭代中实现，直至终身用户（产消者）；纵轴体现的是"人"，即员工价值，员工价值在管理模式持续创新中实现，直至自适应的非线性网络。纵轴和横轴之间的斜线体现的是"合一"，依靠链群合约为纽带链接各利益攸关方，在增值分享机制的驱动下螺旋式上升，直至生态圈的生生不息。

海尔在物联网时代的探索永无止境，利他企业的探索也没有终点。相信两种探索的重合之处会越来越多。因为：

企业即人，人即企业！

2020 年 6 月 10 日

前　言

你手里拿着的这本书，是我们5年辛勤工作的成果。5年间，我们一直致力于寻找那些对供应商、客户、员工或其所在地区怀有深切敬意的企业。在这一过程中，我们发现了一个新的"物种"——当然，这个物种在此次调研之前就已经存在，但是它们的共同特征和哲学属性却从未被描述过。我们称之为"利他企业"。

尽管利他企业的运作方式各不相同，但它们有两大共同的理念。首先，它们都摒弃了一种观点，即实现良好经济效益的唯一途径，是通过经济模型和过程，直接地、机械地以利润为目标。相反，利他企业把利润看作一个有机的结果，是与他人真诚互动、为他人提供诚挚服务的结果。这个想法本身并不新鲜。孟子曾写道："助之长者，揠苗者也。非徒无益，而又害之。"[1]试图通过拔高枝条来帮助幼苗生长，不仅徒劳无功，反而会破坏幼苗。与其对某一事物本身采取行动，不如从它周围的环境入手。这种行为的良好有机结果——甜美的胜利果实（丰厚的经济效益）——并非必然，却极有可能。

第二个理念——也是利他企业都接受的观点——更为微妙：无条件地专注于对方。这个想法似乎很激进，但这些企业就是通过这种方法，首先向自己证明，然后向与之打交道的人证明，它们是利他主义者，并

---

[1] 出自《孟子·公孙丑》，第一章。（如无特殊说明，本书注释均为作者注释。）

没有利用对方。在生活中，我们如果想跟某人交朋友，就不会对他说："只要不需要花我太多钱，或者能给我带来经济效益，我们就是朋友。"当然，企业与其打交道的对象之间，原则上并不是一种友谊关系，但也不应被必然地简化为纯粹的交易关系。我们研究的企业便是这样做的：它们试图与所有打交道的对象建立真正的联系。事实上，有些企业会毫不犹豫地把客户、合作伙伴或供应商称为朋友。沿用孟子的比喻，要让幼苗成为绽放的花朵，不仅要停止对它的直接干涉，还要专注于对它周围环境的打造。正如一位高管告诉我们的，必须让花朵"感到被关爱"。最后，为了无条件地为这些打交道的对象服务，利他企业往往进行自我转型，改变核心业务，而这些核心业务通常是企业收益的重要来源。如果没有这样的转变，对经济效益的追逐就会损伤服务的诚挚性，甚至凌驾在其之上。

经济效益不应是目的，而应是社会目标的有机结果；服务他人这一社会目标必须无条件地通过核心业务达成——对于管理者来说，接受这两大理念并非易事，因为他们的思维常常受到"即刻盈利"模式制约。

三大洲大大小小、各行各业的几十家企业每天都在证明，在利他的原则基础上建立的企业既能够创造社会价值，也能获得丰厚的经济效益。我们研究了这些利他企业不同的转型道路，并从中汲取、总结了共同的经验教训，以期给阅读本书的你带来灵感，并从中选择适合自己的道路。

这些经验教训如下：

1. 确保你不是一个过着双重生活（个人生活和职场生活）的领导者，即在工作和生活中要做到态度一致。恪守无条件地为所有打交道之人服务的信念，在公司中视员工为朋友。加强自我修养。

2. 花点时间和员工一起"共树愿景"，确立企业理念，以创造社会价值为导向。这种价值可以通过无条件地为客户、供应商、合作伙伴、开展业务的社区、所在地区的年轻人或掌握专业知识的老人服务来体现。

3. 停止以创造经济价值为目标。是的，你没看错。甚至不要试图在创造社会价值的同时追求经济效益。只要你的目标是经济效益，就会影响为他人提供的服务，因为人们往往会为了微小的经济利益而牺牲服务质量。挪威零售商莱坦集团（Reitan）首席执行官奥德·莱坦（Odd Reitan）说："每次业绩下降的时候，你都要更加坚定你的价值观。"[1]

4. 与员工一起，改变组织实践，最重要的是，改革公司的核心业务，使其能无条件地为他人服务。企业必须在组织结构设计上就以创造社会价值（而非经济价值）为导向。随着时间的推移，有时甚至用不了多久，经济效益便会水到渠成，丝毫不用费力找寻。

现在让我们来看看这些与众不同的企业，正是它们重新定义了资本主义企业。

---

1 出自2019年2月27日的个人访谈。

目 录

第 1 章 付出一切才能积累财富 // 001
创造社会价值是目的而非约束

第 2 章 接受之前学会给予 // 019
如何不费力追逐就能赚到钱

第 3 章 从"两个自我的拉锯战"到"无条件地为他人服务" // 069
不要试图调和社会价值和经济价值的矛盾

第 4 章 改变自己 // 107
少点自我保护,多点人际关系

第 5 章 隐形人?不,他们是重要的合作伙伴 // 135
从内部革新开始

第 6 章　不加控制，完全信任　// 197

　　一家无视主流经济理论的银行

第 7 章　默默为大众利益而行动　// 261

　　为邻居、老人和年轻人服务的企业

第 8 章　如果股东不是面具人　// 309

　　与董事建立"不算计"的关系

第 9 章　找个"坏小子"做老板　// 345

　　利他企业的秘密和影响

后　记　// 401

第 1 章

付出一切才能积累财富

创造社会价值是目的而非约束

> 今天的乌托邦，就是明天的现实。
>
> ——维克多·雨果

在1990年的一次采访中，一位英国记者问彼得·德鲁克（Peter Drucker），该如何给一本关于企业的"终极著作"起名。这位20世纪最伟大的管理思想家回答道："如何成为百万富翁，却仍然能升入天堂。"

我们没有试图创作这部"终极作品"，并不是因为我们对"百万富翁"和"天堂"了解不多，而是我们不满足于"仍然""还"这样具有对立意义的词汇。相反，本书的关键词是"多亏""全靠"。如果转述一下德鲁克的书名，听起来就会像这样："如何靠着使世界更美好的行动成为百万富翁？"换句话说，我们认为，企业可以成为推动社会进步的强大力量，并因此获得巨大成功。

然而，当一家企业在组织结构上为自己的经济利益服务时，又如何能为社会服务呢？这不是一个新问题。

从19世纪初现代工业企业的出现到21世纪初，工业化国家人民的平均生活水平提高了20倍。[1]但众所周知,这一社会进步伴随着人类的许多苦难。英国工业革命初期,由于工作条件恶劣,只有社会边缘人群和破产或被剥夺财产的农民才会去工厂工作。如今,在发达国家仍有许多体力劳动者,但其工作环境早已大大改善。最常见的苦痛形式已经由当初生理上的转变为心理上的,可能源自工作压力,也可能是由于员工对工作缺乏掌控而动力不足。然而,这种心理上的苦痛并不是不可避免的。数以百计所谓的"自由"企业已经证明,企业完全可以通过转型来赋予所有员工行动的自由和责任,并提升其幸福感。[2]

然而,企业对员工的影响——无论多么重大——并非其社会身份的唯一体现。企业通过经济活动,也影响着客户、供应商、合作伙伴、开展业务的社区、所在地区的年轻人、掌握专业知识的老人,所有这些外部交流对象都是整个社会的一部分。

从历史上看,企业对他们中的大多数产生了积极的影响。作为顾客,我们对那些大幅提升日常生活便捷度的产品早已司空见惯,有时甚至会忘记是企业生产了它们,并以合理价格出售给大众。18世纪末出现的纺纱厂使高质量的服装进入了普通人的生活;陶器厂可以追溯到同一时期,在此之前只有富人才能买得起陶器;水路和铁路公司使长途运输更为便捷;印刷厂和轮转印刷机大大提升了报纸印刷效率;

---

1 安格斯·麦迪森:《资本主义发展的动力》,牛津大学出版社,1991。《世界经济的轮廓和宏观衡量的艺术:1500—2001》,罗格斯讲座,国际收入与财富研究会第28届全体会议,爱尔兰科克,2004年8月。

2 艾萨克·盖茨、布莱恩·卡内:《自由企业》,法亚尔出版社,2012;再版,弗拉马里翁出版社,2016。也可参见最佳实践指南合集《管理变革:自由企业能教给政府和公共机构什么?》,https://www.modernisation.gouv.fr/etudeset-referentiels/transformation-manageriale-que-peuvent-apprendreles- entreprises-liberees-aux-administrations-et-organismes-publics,访问日期:2019年2月。

尼古拉-雅克·孔特（Nicolas-Jacques Conté）发明了黏土石墨混合材料制作工艺，使铅笔成为书写工具……成千上万的产品和服务改善了我们的生活。然而，从企业活动的社会积极影响中受益的人，并非只有客户。

想要制造出对顾客有用的产品，必然离不开另一个不可或缺的合作伙伴：供应商。制造像铅笔这样简单的物品需要几十家供应商，从石墨粉、粘土粉、木材或外层涂漆，到每支铅笔顶端的橡皮擦以及封装的铝环。总的来说，企业一直在为一大批工匠、农民和其他供应商的生计甚至繁荣作贡献。

回溯历史，企业也总是对当地的发展作出贡献。英国实业家在18世纪末至19世纪初被称为"运河狂热"（canal mania）的年代，创建了第一批运河公司。诚然，这样做的目的起先主要是减少原材料和成品的运输成本。然而，运河很快提高了城市居民的生活水平。例如，布里奇沃特运河（Bridgewater Canal）在1761年开通的第一年，就将曼彻斯特的煤炭价格降低了2/3。连接伍尔弗汉普顿和伯明翰的运河于1769年开通，一夜之间将伯明翰变成了一个内陆港口，结束了当地谷物垄断的情况，煤炭价格减半，面粉和面包的价格大幅下降。运河和许多其他商业项目促进了英国中部城市，以及当时世界上最繁荣的城市中心的发展。

不幸的是，就像对员工一样，企业对外部的积极影响也受许多不利因素制约。事实就摆在眼前。以食品加工业为例。当然，对消费者来说，该行业提供了丰富的产品选择，但事实证明，许多产品有害健康。就供应商而言，例如，工业奶场为大量奶农提供了生计，但其中许多奶农正处于破产边缘。在农村地区，农产品曾经能带来丰厚的收益，但今日我们必须承认，建立在大量使用化学药剂、控制虫害基础上的单一种植或集中养殖，对环境造成了极大的破坏——土壤退化，空气受到污染，食品中残存含内分泌干扰素的化学物质，农民癌症发病率增加，蜜蜂消失[1]等。年轻人也是如此，如果他们在当地从事食品加工业，其生命健康就会受到威胁。一些研究表明，在法国，由于"精子质量下降"[2]，目前多达1/4的夫妇出现非自愿不育。这一问题的地理分布表明，职业性接触杀虫剂会加剧这种风险。众所周知，农民的自杀率在所有社会职业类别中是最高的，这通常与挫败感有关：他们的祖先曾在同一片土地上获得巨大成功。[3]最后，受短期主义的影响，该行业的资深人士有时见证了整个生产链的消失。农产品行业的从业者对这些负面影响心照不宣，有时甚至公开承认。达能（Danone）首席执行官范易谋（Emmanuel Faber）在2017年宣称："食品行业的发展如今已经达到极限，面临诸多问题——肥胖与营养不良、食物浪费、土壤贫瘠、气候变化、被强迫的劳动、妇女的社会状况、农民的孤立无助、移民的大量涌入……"[4]

---

1 见https://edcmixrisk.ki.se/2019/03/26/press-release-healthrisks-associated-with-mixtures-of-man-made-chemicals0areunderestimated/。
2 见人类卵子和精子研究和保存中心（CECOS）和法国国家卫生和医学研究所的研究，https://destina tionsante.com/baisse-de-la-fertilite-humaine-l-environnement-encause.html。
3 出自法国《费加罗报》的一篇报道（http://www.lefigaro.fr/vox/societe/2018/08/17/31003-20180817ARTFIG00252-pourquoi-un-agriculteur-se-suicide-t-iltous-les-deux-jours-en-france.php）：一位在诺曼底养猪的农民曾经向作者吐露，作者对其所在村庄的采访报道避免了他的自杀行为。这位农民坦言，他已经决定，如果负债达到15万欧元的偿还上限，就会结束自己的生命。他对父亲传给自己的农场怀有深深的荣誉感和负罪感。他认为，祖先们成功了，而自己却失败了，这让他无法忍受。
4 见2017年，范易谋在柏林消费品论坛上的演讲，https://www.pour-nourrir-demain.fr/discours-emmanuel-faber-directeur-general-de-danone-consumer-goods-forum-2017。

这些关于农产品行业的研究发现可以被用来解释许多其他经济部门蒙受的损失，从环境的破坏和整个地区的去工业化，到各种各样的滋扰——噪音、电波、气味或光污染，更不用说某些企业主动发送的电子邮件或拨打的电话对日常生活所造成的干扰了。总而言之，这些问题严重驳斥了"企业是推动社会进步的强大力量"的说法。维萨国际（VISA International）创始人兼第一任首席执行官迪伊·霍克（Dee Hock）甚至得出这样的结论："如果一家企业不以促进全球人民以及所有物种的健康和福祉为主要目标，不以公平分配权力和财富为原则基础，回避对家庭和经营所在地的责任，没有价值体系，或者价值体系缺乏伦理或道德基础，那么很难理解，为什么企业可以享有国家以社会的名义给予它的权利和保护。"[1]但是，企业领导者如何才能对社会作出贡献而不是造成危害，这个问题由来已久。

慈善事业是企业采用的第一个对社会作贡献的传统方法。但是，随着工业化的日益发展，人们很快清楚地意识到，这种做法并不足以消除企业对社会造成的直接或间接损害。为了解决这一问题，企业又陆续开发了一系列新方法。

最常见的是出现在20世纪末的"企业社会责任"。《商业词典》（*Business Dictionary*）将其定义为"企业对所在社区和环境（包括生态和社会）的责任感"。企业通过如下途径表达这种公民意识：（一）减少自身的排放物和污染；（二）为教育和社会事业作贡献；（三）在使用资源后进行合理产出。[2]如今，"企业社会责任"在一些国家是强

---

1 迪伊·霍克：《混序：维萨与组织的未来形态》，旧金山贝瑞特-科勒出版社，2005，第141—142页。

2 见 http://www.businessdictionary.com/definition/corporate-social-responsability.html。

制履行的。在法国，员工数超过500人的企业在提交财务报告的同时，还必须提交一份企业社会责任报告，其正式名称为《非财务绩效报告》。此外，许多企业的社会责任项目超出了法律义务。例如，2006年，达能与孟加拉国格莱珉银行（Grameen Bank）成立了一家合资企业，生产和销售一种新产品——Shokti doi[1]，旨在改善儿童营养。乐高与世界自然基金会（WWF）建立了合作关系，以确保到2030年乐高所有的玩具都由可持续材料制成。尽管企业社会责任作出了广泛且不可否认的贡献，但也招来了一些批评。其中最主要的一个负面评价是，企业履行社会责任只是为了维护自己的声誉。[2]例如，在乐高的案例中，有人提出，该公司是在一段谴责其与壳牌（Shell）合作的视频被疯传后才被迫这么做的。然而，最根本的批评是关于企业社会责任定义的最后一点——经济责任。该定义强调社会责任必须服从经济需求。两份年度报告充分体现了这一点:《财务报告》是"主要的"，《社会和环境报告》是"次要的"。换言之，企业的主要活动以创造经济价值为导向，而某些辅助活动则以创造社会价值为导向——前提是后者能使财务维持平衡状态。在这种体系中，社会价值的创造是对经济价值创造的一种约束。

为了应对这些批评，其他方法应运而生，如共益企业（For Benefit Corporations，简称B-Corps）或自觉资本主义（Conscious Capitalism）。这一迹象表明，创造社会价值已成为当今经济界真正关心的问题。然而，企业采用所有这些方法的时间还太短，无法从中总结经验教训。

---

1 孟加拉语，意为"能量酸奶"。——译者注
2 塔塔、哈特、沙玛、萨卡尔：《为什么仅仅赚钱还不够：这个世界迫切需要目标高于利润的企业》，《麻省理工斯隆管理评论》，2013年夏，第96—97页。

与此同时,员工、消费者、年青一代、整个社会,以及某些企业家和投资者的不耐烦情绪不断增长。这种不耐烦可以用一句话来概括:"作为公民、消费者、劳动者,我们已经下定决心,要改变我们不再相信的经济体制。"[1]

你可能会认为,这份宣言的500多名发起者是那些有时被称为资本主义弃儿的人。事实并非如此。他们是巴黎综合理工学院(Polytechnique)、巴黎高等商学院(HEC)、巴黎高等师范学院(ENS)和其他精英学校的学生。他们以这种方式向政经界领袖隔空喊话,并不是想要夺取政治权力或者反对企业。相反,他们要求企业将环境和社会思维逻辑置于"组织和活动的核心"。

也许你会觉得,这群宣言签名者不是激进分子,就是某种程度上的乌托邦主义者。企业活动的核心目标始终是经济效益。对于企业来说,拥有一个与众不同的"核心"——无条件地关注社会或环境问题,无异于拥有一颗移植的"心脏",最终必将产生排异反应。在专注于追求自身经济利益的情况下,企业便能更好地减少对社会的损害。这未必是件幸事,但它们真的有选择吗?

本书介绍的企业不仅对这个问题给出了肯定的答案,还日复一日地证明着这一点。这些企业涉及金融、工业、医疗、食品和零售等领域,它们不受自身经济利益的驱使,而选择逐步深化对所有利益相关者的服务,无条件地为企业的"其他人"服务。通过这种方式,它们变成了"利他企业",法语为"Entreprise altruiste"——"altruiste"这个词来源于拉丁语的"alter",意思是"其他的"。令人惊讶的是,或

---

[1] 见学生生态觉醒宣言,https://pourun-reveil-ecologique.fr/。

者说自然而然地，它们无条件地成为社会进步的力量，无一例外地展现出迅猛的发展势头。简而言之，利他企业是这样一种企业：它们主要围绕"无条件为其外部合作伙伴服务"开展活动，并且凭借这一根本导向取得了可观的经济效益。

然而，利他企业在今天仍然很少见，即使在拥有大量证据的农业领域也是如此。事实上，对这些动植物的研究表明，如果精心照料它们以及它们生存的自然环境，它们的生长情况就会更佳，产品质量也更高。因此，被誉为全球最佳葡萄酒庄园的罗曼尼-康帝酒庄（Domaine de la Romanée-Conti，简称DRC）的掌门人奥贝尔·德维兰（Aubert de Villaine），已经开始采用生物动力法酿制葡萄酒。这是一种通过自然环境为葡萄无条件服务的方式。这一彻底的革新已经被成千上万高、中、低端的其他葡萄种植者实践。如今，一条旨在"酿造更具活力、更能体现当地风情的葡萄酒，且不损害葡萄种植者及其家庭或邻居的健康"的葡萄种植之路已经规划完毕。此外，随着质量的提高，这些葡萄酒也具有了更大的经济价值。然而，大多数葡萄园主仍在继续进行密集型栽培，这往往会破坏庄园土壤中的所有生物，并危及周围居民的健康。他们很难放弃广泛运用农药的机械化葡萄栽培方法，因为这意味着，用德维兰的话来说，"想酿什么酒就酿什么酒，想要多少就能造多少"[1]。即使亲眼见证了这一做法的实际效果和经济效益，大多数农民仍旧不认同利他企业的观点。可想而知，就更别提其他行业的企业了。

---

1 德蒙科特：《制造年份是一种电影剧本》，法国《快报》，http://www.lexpress.fr/tendances/vin-et-alcool/romanee-conti-un-millesime-est-une-sorte-de-scenariode-film_1655360.html，访问日期：2015年3月2日。

放弃旧的思维模式比采用创新的思想更难。旧模式是孤立地创造企业，然后直接、机械地经营企业，而不考虑其自然环境。不幸的是，尽管从长远来看该模式可能会削弱企业实力，并产生"附带损害"，许多企业家仍坚持使用。此外，这种旧的思维模式认为，企业虽然在结构上是为了创造经济价值而设计的，但可以通过其传统的运作模式创造社会价值。换句话说，企业不必改变这种传统运作模式，便可追求一种完全不同的价值。

请放心，我们即将介绍的利他企业并没有加入一场深受启发而放弃旧模式的秘密运动。这些企业彼此几乎互不相识。至于它们的领导者，每个人都经历了自身的转变，这反过来又帮助他们把自己的企业转变成利他企业。因此，这些企业都在各自的行业处于领先位置。你的企业所属的行业、规模或地理位置，在我们研究的几十家企业中，可能找不到一个完美的对应。然而，它们的多样性表明，任何企业都可以建立一种让员工无条件地为他人服务的组织结构——任何企业都可以成为利他企业。要做到这一点，的确很困难。但如果一家国际银行、一家法国医院、一家连锁超市、一家大型制药实验室，以及数十家各行各业的中小企业的领导者都完成了自我转变，并且创建了利他企业，那么，任何企业家都能从中汲取经验。飞度奶酪（La fromagerie Le Fédou）就是这样一家中小型企业。

畅游于利他企业的国度

自2014年3月起，我们开始了对利他企业的调研。首站是一个有60名居民的村庄，名叫海萨斯（Hyelzas），位于法国洛泽尔省（Lozère）南部的梅让高地（Causse Méjean），这里是飞度奶酪的所在地。我们在此处调研的意义，后期才被发现。随着时间的推移，我们逐渐意识到，这家小型奶酪制品企业似乎是全球变革的缩影。在这里，这场变革由一个利他企业的领导者和他的员工们（在各自的层面上）共同协作完成。

这次访问不虚此行。我们从蒙彼利埃（Montpellier）机场出发，沿着矗立着陡峭悬崖的盘山公路驱车两小时，到达目的地。在海拔900米的地方，风景一望无际，连绵不断的山脉在被风吹过的云层下变换颜色，时而黑灰，时而暗红。远处是埃古阿勒峰（Mont Aigoual）、努瓦高地（Causse Noir）和索维特雷高地（Causse de Sauveterre）。

我们此行的目的地梅让高地是法国最荒芜的地方之一，平均每平方千米只有1.4名居民。根据当地的说法，在这里，乌鸦会仰面飞行以免看到贫穷。然而，在多年前，正是这个地方吸引了弗洛朗丝·普拉特隆（Florence Pratlong）——飞度奶酪的创始人。

那年，弗洛朗丝14岁，已经和家人多次来海萨斯度假。然而，那个夏天，父母告诉她，他们不会再去高地度假了。弗洛朗丝拒绝了这个提议。她直接电话联系了每年接待他们的家庭，为独自前往做好了准备。"我的根在那里。"她回忆道，"当我还是个小女孩的时候，我就知道我想住在那里。我不想知道是什么吸引了我，我只是喜欢那里的风景，喜欢那里的人。"[1]

弗洛朗丝·普拉特隆一次又一次地回到梅让高地，并在那里遇到

1　出自2014年3月10日的个人访谈。

了她的丈夫克里斯蒂安（Christian）。克里斯蒂安的父母为保护这片土地付出了巨大的努力。1973年，他们创建了生态环境博物馆（Ferme caussenarde d'autrefois）[1]，展示梅让高地的历史和生活。1982年，弗洛朗丝搬到了海萨斯村。普拉特隆一家在此之前已经开始饲养母羊，生产奶酪卖给游客。弗洛朗丝对未来充满雄心壮志。她希望发展一项真正的经济活动，并将其当作杠杆，以提升梅让高地地区居民的生活质量。克里斯蒂安说："大约15年前，这个村子里有180人，现在有330人。"弗洛朗丝说："在我看来，财富不应一人独享，而应与众人共享。村里来了一位带着孩子的木匠，这也很重要。我们的孩子很幸运，能和其他15个孩子一起上学。在农村，要做到这一点并不容易。老人不想卖地，这是死路一条。"弗洛朗丝和克里斯蒂安很幸运：克里斯蒂安的父母同意把土地卖给他们。弗洛朗丝虽然不在这里出生长大，但她接受了这片土地，并努力改造它，希望造福高地的后代。在这场改造中，助她一臂之力的便是她一手创办的奶酪公司。

弗洛朗丝非常清楚飞度奶酪的经营理念。她希望与所有的合作伙伴建立真正的联系。这就是为什么她优先考虑向小规模乳制品店出售在海萨斯生产的15余种奶酪。运送服务由每位乳品店的特权批发商承担，很快，弗洛朗丝便与客户建立了一种非常直接的关系。她并不反对大规模零售，但两者的模式差异巨大。某日，法国一家大型零售企业对她的奶酪厂产生了兴趣。

"我们打算从审计工作开始，您要支付的费用将是这个数额。"这家大型零售商对弗洛朗丝说。

---

[1] 见 https://www.ferme-caussenarde.com/。

"如果您想知道我们是怎么工作的，没问题，欢迎来海萨斯，但我不会为审计掏一分钱。"弗洛朗丝回答道。

"好吧。我们会来看的，并且免费进行审计。"买方最终妥协了。

审计结束后，试卖期开始。没过多久，奶酪需求量显著增加。这家大型零售商要求降低进货价格。弗洛朗丝说："我告诉他们，同意做促销，但必须保证特价出售一段时间后恢复正常价，平均售价毫无意义。"此次对零售商经济模式的争议最终导致双方合作终止。然而，弗洛朗丝认为："只要对方诚心卖奶酪，而不是一味靠降价促销，与大规模零售商的合作还是有可能的。当我们的产品出现在这些店里时，卖东西的不是商店，而是人。"这番话无异于对大规模零售的经营模式提出了挑战。换句话说，弗洛朗丝不相信基于经济思维的客户关系。她相信的是生产者和客户之间的真正联系。正是有了这种联系，生产者才能无条件地服务客户。实践证明，这种商业模式行之有效。

在10年的时间里，飞度奶酪的员工数从1人增加到20人，为数十名满意而忠诚的客户提供服务。这种增长是连续的，企业不断投资，生产新的奶酪。然而，某一天祸从天降——这是新企业经常遇到的情况。在弗洛朗丝看来，祸起植物。2002年，一起严重的地表植物污染问题引起了人们对飞度奶酪大部分产品的质疑。在寻找污染原因的过程中，飞度奶酪迫不得已转而生产不像软奶酪般娇贵的干酪。不幸的是，飞度奶酪与大约12名母羊养殖户签订的合约中的价格，是在只生产软奶酪的情况下制定的。在当时的情况下，从经济角度来说，这一做法是无法维持企业生存的，因为飞度的羊奶采购价与干酪的售价完全不成比例。弗洛朗丝随后与奶农展开了一场艰难的谈判。你可能会说，奶酪厂家和奶农之间的谈判没有什么"艰难"之处。飞度奶酪决定另辟蹊径。

弗洛朗丝提出了一个包含两点的框架。"我们不会在谈判结束后立即决定要做什么，而是给自己和对方一年的缓冲期。""我们列出了双方的需求：作为奶农，你的需求是什么？作为奶酪制造商，我们的需求又是什么。"

随后，弗洛朗丝与奶农共享了一个Excel电子表格，双方都可以从表格里获得所有数据。每个人都可以根据不同的参数（数量、价格、利润等）进行模拟计算。在一年的时间里，双方每隔六周做一次面对面的讨论。最终，一个解决方案出现了：奶农同意降低羊奶价格，但要求增加羊奶订购量；与此同时，如果年底时羊奶评价较好，飞度奶酪将向他们支付额外的价格补贴。

污染问题的解决也充满戏剧性。经过3年的研究后，调查员一无所获，正打算空手而归。那天，他手头没有蒸馏水，就在水龙头边冲pH计[1]。原因找到了！自来水的pH值不正常。这位专家考虑了所有的假设——工作人员的卫生状况、进气口、羊奶的不匀质性，但他从未考虑过水的质量，因为，准确地说，生产线上的水质非常好。矛盾的是，几年前"水的标准化处理"被证明对于软质奶酪来说是一场灾难，因为要想生产软奶酪，这种pH值"不正常"的水反而是必不可少的。大自然似乎有它自己的规则。然而，这项研究持续了3年，间接地促成了飞度奶酪的另一次转型。

尽管与奶农的协议使这家奶酪厂得以生存，但它的财务状况仍然不理想。在价格谈判中，飞度奶酪就所创造的价值问题与奶农进行了

---

[1] pH计指用来测定溶液酸碱度值的仪器。——译者注

开诚布公的讨论。弗洛朗丝·普拉特隆提出，只要奶农愿意，都能成为股东。其中的4名决心冒险一搏，就这样，2008年，飞度奶酪股份有限公司成立。弗洛朗丝和奶农间的谈判类似于一些利他企业董事会的做法。不同之处在于，在飞度奶酪这一案例中，谈判直接促成了董事会的成立。不用说，董事会的成员，即弗洛朗丝和奶农，已经就该公司的社会愿景层面达成了一致。

事实上，奶农投资奶酪厂的益处远不止持有股份。对于这些农民来说，弗洛朗丝的远见意义非凡。帕特里夏·格拉纳（Patricia Granat）便见证了这一点。她从事羊奶生产超过20年，是谈判桌上的农民代表。她说道："我在成为普拉特隆一家的供货商之前就认识他们了。这家本土企业希望在当地继续经营下去，并从我们的羊奶中创造附加价值。因此，我们知道我们的羊奶将会变成什么产品，我们了解在奶酪制作过程中所付出的努力。羊奶的附加价值增加了当地就业，这对我们也有间接的影响——要知道，使20多个人得以在高地上工作和生活，并不是一桩小事。"帕特里夏最后总结道："这背后没有任何金融逻辑。"

可以说，弗洛朗丝建立的基于信任的关系，不仅将交易关系转变为奶酪厂与其供应商之间真正的联系，还帮助他们中的一些人成为股东。这些人认同飞度奶酪的社会愿景，并愿意分担风险。我们也可以换个角度思考。如果没有这些关系，没有这些建立在信任基础上的联系，没有这种共同的社会愿景，而是人人追求金钱利益至上，结果不外乎两种：奶酪厂挺过考验，不再购买奶农的产品，奶农破产；奶农拒绝降价，奶酪厂倒闭。这两种情况都将意味着奶酪产业在梅让高地的消亡，随之而亡的还有这一地区美好未来的可能性。

也就是说，作为供应商的奶农和成为股东的奶农一点儿也不后悔与奶酪厂合作，创造社会价值，而不是单纯的经济价值。因为，对利他企业来说，经济价值源自社会价值。如今，飞度奶酪的年营业额已达1500万欧元，客户数量超过250名。根据签订的协议，奶农供应商每年可获得2%—5%的价格补贴。至于奶农股东，则能参与企业的红利分配。

然而，这一切来之不易。就如所有其他利他企业一样，没有领导者个人的转变，就不可能有企业的转型。弗洛朗丝在个人发展方面走过了一条漫长的道路：多次接受培训，然后跟着专业人士学习如何变得亲善[1]——这是她成功的基石。"我们不能随便相信任何人。显然，我在这方面有了明显的进步。盲目的信任对我来说毫无意义。"在弗洛朗丝看来，信任不应该是模糊的、有所保留的，而应该是明确的、针对某个具体的人、百分之百的、无条件的。"我需要能够跟他们面对面谈话。"她说道。

就像其他利他企业一样，正是这种领导力为企业运作方式的转变创造了条件。转变之路并非一帆风顺。弗洛朗丝说："很多时候，当我们谈论企业的亲和力时，人们总会投来怀疑的目光，说'我们需要友善，但不应该过分友善'。我们几乎被描述为乌托邦主义者。然而，我深信，这不是乌托邦，我们完全能够做到。我认为，这是通向富足的道路。"换句话说，在与合作伙伴的关系中，亲善和信任间接地促进了企业的经济效益。2013年，弗洛朗丝获得了"仁策奖"，该奖旨

---

[1] 她的导师是朱丽叶特·图尔南德（Juliette Tournand），著有《亲善战略》（*La Stratégie de la bienveillance*）一书（InterEditions 出版社，2014，第3版）。

在奖励那些"与员工、供应商、客户以及所处的社会环境间相互关爱"的企业。[1]

将奶酪厂改造成利他企业似乎是一件小事，因为它的利害关系、产品和市场有一定的局限性。然而，正是这个小小的奶酪厂开启了一扇大门，帮助我们理解了其他数十家利他企业。这当中有大型跨国企业，包括某些上市公司，还有一些中型企业、医疗保健机构的领头者，以及某些细分领域里中小企业的佼佼者。总的来说，这些企业正在重塑"资本主义企业"（l'entreprise capitaliste）的概念——用社会学之父马克斯·韦伯（Max Weber）的话来说，传统资本主义企业"旨在通过官僚组织实现最大利润"[2]。具体来说，这些利他企业表明，利润不一定是企业的最终目标，但可以成为企业运行的结果。它们还表明，企业的运作模式可以由老板和员工以一种有机的、持续的方式共同构建，而不是机械的、不带感情地自上而下强加。

如果你认为可以在本书中找到一个神奇的方法，并能立即将它应用到自己的企业，那么，你会失望的。首先，如果事情真的那么简单，许多其他企业家早就这么做了——正如迪伊·霍克在他的自传[3]中承认的那样。他曾写过一本畅销书，介绍重塑资本主义企业的概念，展示它在维萨集团内的可行性。从1994年起，他花了10年时间在其他企业推行这一概念，然而一切都是枉然，他最终认输放弃了。必须指出的是，霍克的目标是改变民主社会几乎所有机构的运作方式，这些机构涉及的领域包括卫生、教育、能源、金融、农业、社会保障、

---

[1] 见 http://www.juliette-tournand.com/en/prix-de-la-strategiede-la-bienveillance/。
[2] 雷蒙·阿隆：《社会学思想的各个阶段》，伽利玛出版社，1967，第531页。
[3] 《一个心灵不安者的自传：对人类状况的反思》（第一卷），iUniverse出版社，2012。

军队……

其次，迪伊·霍克失望的原因之一可能是，尽管企业和公共机构正在寻找组织的经营秘诀和组织模式，但这种寻找是徒劳的。本书前言描述过四个教训，第一点便是"过职场内外统一的生活"，单独一个秘诀无法涵盖这点。除非写作一本关于个人发展的通用类书籍，否则，个人转变的途径就和领导者自身一样是多样化的。就我们研究的这些领导者来说，他们的转型之路根据各自的情况，或多或少是复杂的、痛苦的或令人沮丧的。第二个教训也是如此，即关于企业转型那一点。企业转型不是为了限制领导者和员工，相反，是为了激发他们的灵感，共同创造并达成他们独特的经营方式。

归根结底，一本推崇抛弃旧有秘诀的书，即从根本上为了创造经济利益而设计的机械式企业的秘诀，并无任何立场去推荐新的秘诀。任何真正的转变方法在本质上都具有创造性，并且是一种具有持续性的特殊的创造力。一家企业创造了一种新的模式，足以使其生意兴隆、长长久久，绝不是灵光一现，一时起意。相反，它是在利他企业哲学的基础之上，创造了一种独特的运营方式。这种方式将通过所有人不断的共同创造，在一个不断变化的世界里持续发展演变。在当今世界，哪个企业能够退回到机械模式，一味追求自身的直接利益，而间接地给社会造成越来越大的损害呢？在当今世界，企业为社会进步而行动，并通过这种行动，采取有机方式引领企业走向繁荣，你又怎能无视这一潜能呢？

第 2 章

接受之前学会给予

如何不费力追逐就能赚到钱

> 与那些我们刚刚给予快乐的人眼神交汇是一件快乐的事。
>
> ——拉布吕耶尔，《品格论》之"论心灵"，第45页

会议之家

会议之家（Châteauform'），这是什么呀？也许你第一次听到这个名字的时候，也会跟我们一样，有这样的反应。但是，对于许多企业来说，"会议之家"已经成为一个通用语，就像"便利贴"或"雀巢"一样。这是一个能唤醒大家竞争意识的词。会议之家先是为法国，继而为欧洲的企业和组织者提供了他们曾一直梦想拥有却从未找到过的研讨会场所。两位创始人之一的雅克·霍罗维茨（Jacques Horovitz）自己也主持过许多研讨会。在厌倦了场地的各种不便之后，他萌生了创造一个符合自己需求的理想会场的想法。

1987年，霍罗维茨在久负盛名的瑞士洛桑国际管理发展学院（简称IMD）担任培训顾问和市场营销老师。从一开始，他就把自己的研究方向放在客户服务上，通过写作和研讨会，不遗余力地维护客户的利益。许多培训师，尤其是管理学院的教师，喜欢用具体的案例来说

明他们的观点，这便是闻名遐迩的案例研究（case studies）。哈佛商学院是最著名的案例提供者。然而，霍罗维茨不喜欢这么做。尽管他也喜欢引用例证，但他更愿意用那些自己实地观察到的例子。他可以不惜一切代价，只为觅得这些案例。

1987年，在一次研讨会结束时，他突然发现其中一个参会者什么也没记，只是全程看着自己，就如某些老师口中的"打酱油"的学生。

"先生，我整整说了两天，您却什么也没记吗？"

"没有。"参会者回答说，"我喜欢您说话的方式，但您说的全部内容我都已经在做了。"

"我不信。"霍罗维茨反驳道。

与霍罗维茨的身型矮壮、声音严肃相比，这个参会者显得瘦弱而风趣。霍罗维茨很快便得知此人名叫丹尼尔·阿比坦（Daniel Abittan），是连锁店PhotoService的创始人，该店在当时是1小时快速冲印行业的领军者。为了避免错过这个没人深入研究过的案例，霍罗维茨立即向阿比坦提出了一个"交易"：他可以随意调研PhotoService，而阿比坦可以随时向他征询营销方面的建议。两人很快就建立起了友谊，甚至带家人在霍罗维茨的乡间别墅一起度过了周末。这套别墅后来在会议之家的历史上发挥了重要作用。

两年后的1989年，阿比坦成立了他的第二家公司——黎视坊（GrandOptical）。基于同样的"卓越的客户服务"原则，黎视坊迅速扩张。1993年，阿比坦正需一位市场营销总监，于是向霍罗维茨抛出了橄榄枝。霍罗维茨立马回答说："如果你愿意，我很乐意效劳。"就这样，不久前因为经济危机关闭了培训机构的霍罗维茨接受了阿比坦的提议。除了领导市场部外，阿比坦还要求霍罗维茨为黎视坊的所有员工提供服务质量培训。

两个"小气鬼"

时间到了1996年。整整一年，阿比坦的办公室都在上演同一出戏码。霍罗维茨仍然负责客户服务方面的培训，对这一问题的积极参与使得他自己也必须亲自承担一些课程。每晚课程结束时，他都会愤怒地走进阿比坦的办公室，说道："你知道你给我的预算吗？我要去宜必思（Ibis）这种廉价连锁酒店给员工培训？在这种情况下，你希望我怎样教大家服务质量呢？"

"雅克，别再抱怨了。"阿比坦说，"如果你能做得更好，那就去做吧。"

"小气鬼！"霍罗维茨回答道。

阿比坦继续一头扎进黎视坊的事务中，很快就忘记了这个小插曲。然而，霍罗维茨仍然耿耿于怀。一周后，他走进阿比坦的办公室，递给他一张纸，说："我有两个坏消息要告诉你。首先，你的市场总监辞职了。其次，你马上给我300万法郎，让这个项目运作起来。"

阿比坦接过纸读了起来，上面写的是新企业项目和商业模式"会议之家"的理念："宾至如归"的服务，一价全包，"无忧"服务，夫妻接待经营，室内外美景相融……应有尽有。

阿比坦停顿了一下，然后说："小气鬼！我们一起完成这个项目吧。会给你300万的。"

这是会议之家诞生前，两人第二次提到"小气鬼"这个词。

就这样，黎视坊的两位共同所有者阿比坦及其合伙人迈克尔·里奇尔曼（Michael Likierman）成了新公司会议之家的控股股东。新任首席执行官霍罗维茨则是位小股东。

必须指出的是，霍罗维茨之所以能够成功地用一页纸概括一个理想的研讨会场所的复杂概念，是因为他已经对其进行了试验。这就是创造性研究人员所说的"意外发现"——一种幸运的巧合。但这一切都始于一次不幸的事故。1996年初，霍罗维茨正要举办一次研讨会，然而就在前一天，他得知将要举办研讨会的那家酒店破产了。在如此短的时间内找到替换地点是不可能的事，于是，他做出了一个大胆的决定：邀请所有参会者到他的乡间别墅。可以想象，妻子并不喜欢丈夫的这项提议。尽管如此，身为地中海俱乐部（Club Med）负责装饰度假村的前员工兼首位女村长（地中海俱乐部度假村总经理）的凯蒂·霍罗维茨（Katy Horovitz）还是对参会者简单地表示了欢迎："别拘束，就像在自己家一样。"她如果不想和这些不速之客打交道，是情有可原的，但实际上，她对所有参会者都说了这句话，正如她欢迎包括阿比坦夫妇在内的所有来访朋友时那样。这种"宾至如归"的欢迎，这种如朋友般的主客关系，将成为霍罗维茨设想的会议之家的核心概念。这一意外"歪打正着"[1]，会议之家的概念元素由此诞生，霍罗维茨夫妇的宅邸也成为第一个"家"——会议之家的首个接待场所。

起初一切都很顺利，然而好景不长。没过多久，一出大戏每天在阿比坦的办公室里反复上演。每三个月，霍罗维茨都会进来对他说：

"就这样吧，丹尼尔。明天上午，我们就去申请破产。必须要停

---

1 源自巴斯德的名言："幸运只会垂青于有准备的人。"

止这场闹剧了。"

尽管霍罗维茨努力推广他的理念，但会议之家一直亏损，赔了很多钱。由于没有银行愿意贷款给资产负债状况不佳的公司，他只能申报破产，除非老板对此毫无觉察。

对"无知"的追求

阿比坦将"无知"和"无能"视作创业者成功的关键，对此，他毫不掩饰。在他看来，正因"无知"，才会勇往直前。因为你如果知道等着你的是什么，将永远不会着手开始某项事业，也就很难创造某个概念或者创建一个企业。[1]正如我们所看到的，阿比坦和霍罗维茨可以说是一时心血来潮，想要打造会议之家，他们丝毫没有预见可能出现的困难，这充分体现了他们的"无知"。"无能"则体现在霍罗维茨尽管是客户服务方面的专家，却是资金流动方面的门外汉（而正如阿比坦后来说的，现金是王道）。他的"无能"使其足以胜任研讨会场地管理的首席执行官。这两种缺陷——或者说是优点——相互作用的结果就是，阿比坦定期为会议之家注资。

由于霍罗维茨的"无能"，阿比坦认为必须要雇用一批拥有专业技能的人。但是，他告诫霍罗维茨："他们会按照他们的方式行事，而你，则必须按照自己的方式。"

---

[1] 文中丹尼尔·阿比坦的话语，如无特殊说明，均出自其2016年3月9日和24日接受的个人访谈。

幸运的是，企业家并不会止步于此。阿比坦认为，下一阶段是要意识到自己的无能。"当你一年365天每天工作12个小时，到头来却不赚钱时，必然会意识到自己的无能。"因此，企业家往往会更多地倾听那些能够引领企业发展的专业人士的意见。事实上，正是这种态度促使阿比坦参加了1987年的研讨会，并遇到了霍罗维茨。这是一个漫长的过程："慢慢地，随着年龄的增长、时间的推移，如果你够幸运，并且有钱，你就会变得有意识、有能力。"

但是，阿比坦警告说："一旦变得有意识、有能力，大多数人就会止步不前。真正的挑战是超越自我，变得'意识不到自己的能力'。"这听起来可能比较玄幻，但阿比坦阐明了这个终极阶段："1989年，当我开设第一家黎视坊时，异常艰难。2005年，我开了101家店，在拉脱维亚甚至沙特阿拉伯开设了分店。我开始意识不到我的能力。"

企业家的成功之路始于一种无意识，即"意识不到自己的无能"，并以另一种无意识告终，但这一次是"意识不到自己的能力"。最后一个阶段类似于美国心理学家米哈里·契克森米哈赖（Mihály Csíkszentmihályi）在他著作中所定义的"心流"（flow）（这本书正以此命名）——这是一种宇宙万物使我们在不知不觉中成功的状态。阿比坦认为，他在2016年凭借会议之家达到了这个境界：没有意识到自己的能力，无须实地考察，便开了好几家会场。这一切是在霍罗维茨和他在8个国家开设了近50家会场之后才实现的。

1996年，阿比坦的状态与此相距甚远。1996至2001年，情况更是糟糕，其间会议之家几乎每三个月就申请一次破产。然而，它的控股股东每次都成功地为公司纾困，除了最初的300万法郎外，还新注入了2200万法郎以维持会议之家的运转。这便是"鲁莽""无知"的代价。

会议之家的奥秘：两个梦想

2002年起，会议之家的经营状况有所好转。诚然，正如阿比坦自己承认的那样，尽管他们一点一点地学到了很多东西，但更重要的是，获得了资金援助，受到了上天的眷顾。正如美国棒球队经理布兰奇·里奇（Branch Rickey）所说："好运随谋划不期而至。"正是雅克·霍罗维茨在一页纸上提出的会议之家的理念，让它成为专业研讨会场所的风向标。

现在看来，成功的奥秘似乎很简单：专家——可以是教授或是顾问，外加一个认同其观点并有能力实现这些想法的商业领袖。但事实并非看上去那样。首先，以经济学教授约瑟夫·熊彼特（Joseph Schumpeter）为例，他被认为是20世纪最具影响力的思想家之一。当熊彼特担任一家私人银行的首席执行官时，他在3年内导致了这家银行的破产。其次，别忘了，霍罗维茨从不隐藏他的想法。相反，他几十年来通过许多研讨会分享了这些观点。如果它们真的如此简单，为什么没有其他企业家将它们付诸实践，或建议霍罗维茨与他合作呢？

我们与阿比坦的第一次谈话是在他的办公室里进行的。该办公室位于巴黎塞纳河左岸的会议之家中，那里摆放着一幅2014年去世的霍罗维茨的画像。阿比坦后悔弄丢了霍罗维茨介绍会议之家理念的那一页纸。尽管如此，后者还是借机一针见血地详细阐述了自己对于会议之家的看法。

会议之家每年都会为所有员工举办年度大学，2012年也不例外。但那一年，霍罗维茨决定给每个人一个机会，让他们说说对会议之家的个人感受。[1]他自己则录制了一段视频供所有员工观看。下面一小段是关于客户服务的[2]：

> 我的第二个鲜活的梦想是让会议之家成为客户会晤的理想之地。首先是慷慨：我们追求的不是规模，而是能满足不同需求的多样性。简洁：摒弃华而不实，追求每一位客户和我们之间的真诚关系，哪怕不能持久。亲近：客户不是孤零零地坐在房间的电视机前，我们应向他们提供交流和沟通的场所。柔和：多功能的会所不会给顾客带去冰冷忧伤的感觉，而应该让他们感受到装饰色彩、线条的柔和，尤其是接待的热情。友善：不因收到小费就笑脸待客，而应在收到小费前就用心服务。灵活：不该由客户来适应我们，而是由我们来适应客户。市场供大于求：客户完全可以去其他地方。如果我们不懂得变通，他们就会另寻他处。自由：不要把客户当作服务的对象——'（请不要进入此处，）您打扰了我们的服务'，而应该让他们感受到自己是主人，有宾至如归的感觉。自然：我们的会所与自然完美融合，如果它像巴黎的城市分店[3]一样经营地点受限，我们仍将以真诚的自然本性竭诚为客户服务。

---

[1] 员工的许多发言都被收纳到了由雅克·霍罗维茨汇编的《人道主义企业：价值管理》一书（艾利普斯出版社，2013）中。
[2] 感谢凯蒂·霍罗维茨和会议之家提供此视频。
[3] '城市分店'指会议之家开设在市中心的会所。

所有这些，都可以在会议之家中得到。霍罗维茨将其总结为"研讨会的魔力"。然而，很少有领导者把这些原则付诸实践。这并不是因为服务行业广受褒奖，事实正好相反。当时，《商业周刊》(Business Week)调查了许多企业的服务质量，并发表了专题文章《服务行业为何臭名昭著》(Why Service Stinks)[1]。

许多读者可能已经听说过"关爱对称"[2]。简而言之，这种方法意味着，如果员工在工作中的幸福感不高，那么企业不可能指望他们提升顾客的幸福感。印度大型信息服务公司HCL的首席执行官维尼特·纳亚尔（Vineet Nayar）更进一步。他说："首先要关爱的是员工，这样，他们才会关爱客户。"他将这种理念称为："员工第一，客户第二！"，并出版了同名畅销书。

霍罗维茨在会议之家的原始概念中融入了这个理念。他把这种类型的组织称为"人道主义企业"，其原则在2013年出版的一本同名书中有描述，该书由霍罗维茨汇编完成。[3]在他2012年录制的一段视频中，"关爱对称"被阐释得更为充分：

> 在创建会议之家的过程中，我有两个梦想，它们至今依旧存在。首先，对我来说，会议之家是人类以一种非传统方式

---

1 布雷迪：《服务行业为何臭名昭著》，《商业周刊》2000年10月23日第3704期，第118—128页。

2 "关爱对称"如今是法兰西服务学院的注册商标。受奥利维耶·德威斯（Olivier Devys）和格韦纳尔·勒乌鲁（Gwenael Le Houerou）两位酒店企业家的启发，迪坦迪（Ditandy）和梅洛宁（Meyronin）在《从营销管理到服务：发展企业服务文化》一书中提出了这一概念（杜诺出版社，2007）。

3 见雅克·霍罗维茨汇编的《人道主义企业：价值管理》。

创建企业的一次冒险。为什么这么说呢？第一，传统企业等级森严，而我取消了这种等级制度。只有一种关系：顾客是上帝。第二，传统企业里满是规则和手续，而在我创建的企业只需充分信任对方，因为他们认同我们的价值观。第三，传统企业里只有'命令'和'撤销原令'，而我们的企业是建立在讨论、参与和自主的基础上的。第四，传统企业的一切都以总部为中心，而我们创建了家庭会场，专门提供场地服务。第五，在传统企业里，如果你征询上司的意见，他很可能会表示'反对'或'赞成'，而在我想要打造的企业里，上司总是赞同员工的想法。第六，传统企业的目标是股东价值最大化，而我们的企业会优先考虑将企业成果分配给工作团队，并且，所有团队都是股东。第七，在传统企业里，大多是匿名的，而我想要一个以家庭精神为中心的企业，而不是充斥着工资条、文件等。第八，在传统企业里，规模的扩大会导致矛盾、冲突的产生，而我想要打造一个企业，放权到分布在各处的经营点，每个自治单位在内部协商解决事务。第九，传统企业注重数字，而我们的企业鼓励倾听，注重客户的反馈和建议，传播正能量……我希望，所有这一切都能增加员工在工作中的幸福感。

简而言之，如果员工在工作中毫无幸福感，那会议之家自然也不能成为客户理想的会晤场所。霍罗维茨在这段视频的最后明确地界定了这种联系："综上所述，会议之家是我的，也是你的（他指着摄像机）、他的、她的，是所有人的。正是你们，让客户满意而归……"

日本卫材株式会社（Eisai）——一家不致力于销售药物的制药企业

让我们暂时离开法国，前往"日出之国"——日本。你可能不熟悉卫材———家日本制药企业，但一定了解它的服务对象。卫材是治疗阿尔茨海默症等各种痴呆症的世界领先企业之一。在20世纪80年代，卫材研发出了安理申（Aricept），这是世界上最有效、最畅销的延缓阿尔茨海默症发病进程的药物之一。2002年，在这家上市公司近80亿美元的营业额中，安理申的贡献约占40%。卫材社长内藤晴夫（Haruo Naito）发表了如下言论："只有当产品变得无效时，我们的真正价值才会受到考验。"[1]

当时，他正向新上任的经理们发表讲话。他预料到这番话可能会引起大家的困惑，事先做好了解释的准备："例如，如果安理申变得无效，我们应该始终做到向患者提供他们需要的（关于其他可用的治疗方法）最佳信息。在卫材，我们必须在精神层面跳脱出来，不能单纯想着药品的生产和营销。"

你或许认为卫材正在考虑业务的多元化，进军其核心业务之外的行业，例如服务业。没错，卫材已经进军服务行业。然而，内藤这句话的意义不止于此。为了更好地理解其深层含义，必须回顾一下他上任之初的故事。

20世纪40年代初，经验丰富的药商内藤丰次（Toyoji Naito）创立了卫材。目睹同行们都只从事国外药品进口业务后，他决定自主研

---

[1] 文中内藤晴夫的发言出自卫材知识创新部2010年的内部文件《HHC之书：红皮书》或本书作者于2016年4月22日在东京对其进行的采访。

发。没过多久，卫材便开发了一系列治疗溃疡、胃炎和心血管类、神经性疾病的药物，以及维生素E补充剂。第二任社长，创始人之子内藤裕二（Yuji Naito）开创了卫材与日本同行的另一个不同之处：面向亚洲国家和美国的国际化。这一决策使卫材跻身世界30大制药公司之列。而1988年6月继承父业的内藤晴夫，则使卫材成为一家真正非凡的企业。

和前两任社长一样，内藤晴夫也着手进行了重大改革。不同的是，他改革的内容不是围绕"该做什么"而展开，而是关注"不该做什么"。更确切地说是"不该有哪些想法"。这位上任不到一年的社长对新入职这家久负盛名的制药企业，还在开心不已的员工说："医疗保健的主要目标必须是患者及其家属，以及更广泛的公众，我们必须为他们服务。"

这些新人中的一些人一定为发现卫材如此崇高的使命而欢呼雀跃了。而另一些人，尤其是那些已经有工作经验的人，可能会怀疑这些漂亮话是否会在日常工作中付诸实践。这不能怪他们。

1990年，卫材社长的各种公开发言构成了卫材的新理念——"关心人类健康"（HHC: human health care）[1]。其标志性特征是，对患者抱有同理心。

然而，由社长提出的这一理念并没有立即得到支持。事实上，在日本，和在其他地方一样，员工不相信长篇大论，而是等着看实际行动。在卫材，这样的行动数不胜数。

---

[1] 卫材借用了弗洛伦斯·南丁格尔的"关心人类健康"表达及其缩写"HHC"。南丁格尔是19世纪英国的一位社会改革家，以创立护理科学和专业原则而闻名。国际护士誓词就是HHC。希波克拉底誓言是医生的宣言。

因此，从本质上来说，内藤希望在全体员工的帮助下变革的是制药企业的传统思维方式。这种思维方式可以概括为，如何开发、生产药品并将其销售给客户。但是，假设你是药品销售人员，如果我们要求你忘掉这种思维方式，转而为患者及其家属的苦痛着想，你可能会觉得很困扰。卫材销售部就遇到了这种情况。

人们常会幻想销售人员的生活。销售代表经常出差，在豪华餐厅或是看台包厢宴请潜在客户和现实客户，甚至和他们一起打高尔夫。与此同时，他们可怜的同事却在封闭的办公室内埋头工作。当然，很少有销售人员过着那样的生活。事实上，除了少数几个过着所谓的"美好生活"，绝大部分人整日工作，疲惫不堪。除了每天的电话拜访和登门拜访外，他们还有一定的业绩指标，每月的提成和年终奖便取决于业绩。我们曾采访过一家大型集团子公司的人力资源总监，他在上任时，对销售人员40%的流动率感到惊讶。更令人惊讶的是，大部分人选择在夏天来临前离职。很快，这位人力资源总监就意识到，那些在5月份发觉业绩不佳的销售人员宁愿辞职在其他地方东山再起，也不愿在年底拿不到奖金。医药代表尾尻御海（Yumi Ojiri）过去在卫材的生活差不多就是这样。只是，她选择了改变。

2006年，精力充沛、面带微笑的年轻女子尾尻在东京某区找到了一份医药代表的工作。这可不是一份肥差。前一位代表留给她的客户只有20个。除此之外，还必须指出，她所属的销售部门是第5销售部，表现非常差。尾尻压力很大。

乐观的尾尻记下了访客路线，着手准备拿下她的主要目标——全科医生，却四处碰壁，吃了闭门羹。当然，一个好的销售人员永远不甘于听到否定的回答。她继续拜访，医生助理回绝说："现在不是时候。"她仍不放弃,医生终于同意见面,却对她说"我不指望从卫材的员工那里学到什么东西",还有更糟糕的,"我们再也不麻烦您了"——这是日本一种礼貌的拒绝方式。此外,GPS在2006年还没有普及,尾凥还要面对经常在街上迷路的问题,以及辗转寻找停车位的困难。

某日,当她经过第5销售部的办公室时,上司叫住了她,问道:"怎样?今天预约不多,是吧?"这6个月间,尾凥顶着巨大压力,每天早上6点起床,午夜才回家。每天晚上,她都会对自己重复这句话:"我想辞职,我想辞职。"

然而,几周过后,尾凥开始意识到在诊所被拒绝的原因。先前的医药代表基于卫材的声誉,只去拜访那些大量开卫材药品的医生,未曾拜访其他医生和诊所中的大部分。在这些医生和诊所看来,卫材从未重视过他们,难怪她去敲门时如此不受待见。

另一个问题与别家企业医药代表的行为有关。他们通过赞助当地医疗协会的会议,与大多数诊所建立了联系。作为回报,他们获得了潜在客户的资料和有价值的信息。卫材的代表则完全被排除在外。

尽管困难重重,巨大的压力使尾凥萌生了离开卫材的想法,但她还是坚持了下来。同事们都赞赏她和蔼可亲,并且坚韧不拔。她反复拜访自己负责区域内的所有医生,渐渐地,终于有了回报。一年后,她的销售额增加了4%。尾凥找回了动力,对销售前景非常乐观。然而,好景不长。

不幸的是,尾凥的上级想出了一个"好主意",将她调到了另一个区。上司把越来越满意的客户交给了一位新的销售代表,并把战斗力强盛的尾凥派到了一个前销售代表未能征服的地区。就这样,一天之内,尾凥的销售额增长率从4%变成了-3%——这是前销售代表留下的"烂摊子",现在不得不由她来收拾。更糟糕的是,前销售代表的业绩威胁着尾凥的饭碗。事实上,她所在部门的政策规定:对无法将销售额保持在稳定水平的销售人员,将予以解雇。

工作变动的后果很快在尾凥身上显现出来。她来之不易的动力土崩瓦解了,开始向同事抱怨对企业的不满。抱怨这一行为很常见,然而尾凥抱怨的内容却非同寻常,令人惊讶。她说:"我加入卫材是为了实践HHC理念。但我们在这里所做的一切,只是为了销售额!"或许是因为对卫材的信任,又或者是因为她的性格特点,尾凥决定将她的想法告知上级。上级表示同意尾凥的观点,并提议说:"我们需要找到能融入HHC理念的工作方式。"

如何不销售产品?

尾凥一边要担心销售额下降,一边还要操心HHC的问题,有一天,她终于找到了方法:"我不在乎销售没有改善。我要尽我所能,全身心地投入到HHC的活动中!"我们可能对尾凥的解决方法持怀疑态度。你可能会说:当做一件事无法达到预期结果时,立即决定放弃并转移注意力去对付其他的事,这也太容易了吧!此外,还有两个理由可能加深你的疑虑。首先,神经科学表明,快乐的人是专注的,而不快乐的人则三心二意,总在寻找改变工作甚至生活的方法。有人可能会说,尾凥不开心,所以选择了HHC,就像一些辞职去非政府组织工作的高管那样。其次,投身于HHC的宣言毕竟只是宣言而已,就像新年愿望那样——减肥或戒烟——许愿容易,坚持却很难。但尾凥并不是这样想的，上司们对于HHC似乎也并非无动于衷。

很快，在尾尻的领导下，一支由8名医药代表组成的工作组成立了，目的是反思业务活动，将HHC的理念融入其中。鉴于HHC的核心在于"与患者共情"，工作组花了大量时间思考如何更好地接近阿尔茨海默症患者或是如何帮助患者从骨质疏松症中康复，所有这些都是他们作为代表分内的事情。反思工作的初步成果并不理想：工作组只得出一个结论——每个医生和每个患者都是重要的。然而，尽管成果很微小，这两个因素却给代表们带来了新思路。首先，先前一直作为抽象概念存在的"患者"，变得像医生一样值得去关注和拜访。其次，正是对"每个"患者的关注使得尾尻告别了以往的做法。

也许，在候诊时，你曾注意到坐在身旁的那位女士或先生看上去并没有生病？他（她）穿着职业装，带着公文包或文件夹，看起来不像是一个焦虑或痛苦的人。他（她）一边等待，一边查看自己的日程表。你猜对了，这是一名医药代表，正在等待医生腾出时间跟他（她）见面。

尾尻便是这样一位负责东京某区的医药代表。她总是面带微笑，和蔼可亲，患者常常向她倾诉自己的故事。在顿悟HHC理念之前，她并没有太在意患者对她所说的话。但是，特别是在工作组得出"每个患者都很重要"的这第一个结论之后，尾尻开始认真地听取他们的意见。很快，她意识到，这些患者主动的"坦白"里充满了重要的信息：患者对不同医生、疗养院或附近诊所的看法。

一天，在一家骨科诊所的候诊室里，尾尻听到了尖叫声。她穿过走廊，发现一个患者正在做复健。在与医生的约谈中，尾尻讲述了她的所见所闻。医生解释说，一些患者在骨折后的康复过程中会经历剧烈的疼痛。尾凪出售的并不是止痛药，要在以前，她可能完全不会将这个小插曲放在心上。但现在，"患者第一，销售第二"的决策让她萌生了一个创造性的想法。

根据创造力研究者的说法，想要找到答案，很关键的一点是"重新措辞表述问题"。尾凪就是这样做的。她没有问"哪种止痛药可以缓解疼痛"，而是将其重新表述为"哪些方法可以预防骨折"。她心想："如果这个人没有摔倒，就不会骨折，也就不会那么痛苦了。"提出正确的问题，往往等同于解决了一半问题。尾凪立即向卫材建议为老年人提供预防跌倒的培训。不久后，这些培训便正式启动。

与此同时，尾凪与工作组分享了她的解决方案。再一次，正如创造力研究者所知道的那样，思路一旦打开，创意便会接踵而来。"我们是不是可以想办法避免患者卧床呢？"工作组中的一名成员问道。随后，工作组确定了卧床的三大主要原因，它们也被称为"三大疾病"：中风、骨质疏松性骨折和痴呆。当然，卫材确实有治疗这三种疾病的药物。然而，HHC的理念使尾凪将焦点从寻求产品及其与竞争对手的不同之处，转移到了患者及其疾病上。在这一变化的基础上，工作组制定了一个颠覆性的项目计划：创建一个以患者为中心的生态系统。我们稍后将详细介绍这个项目，现在，让我们将视线收回到会议之家。

一个小悖论

虽然会议之家旨在打造一家人性化的企业，为员工提供良好的工作环境，从而为企业客户提供优质的会晤场所，但它并没有试图让这些企业客户放弃传统的商业模式。恰恰相反，会议之家希望它们坚守固有的模式。乍一看，这似乎自相矛盾。但反观许多会议之家企业客户的传统商业模式——"层级化""充满规则和手续""命令和撤销原令"，这一"悖论"便消失了。

举行研讨会的决定通常是由老板或公司的一位总监作出的，他（她）希望会议能在最好的条件下进行，而负责组织会议的往往是其助理，或者宣传部、人力资源部的人。会议组织者最关心的是，如何在给定的预算范围内避免意外情况的发生，以免被上级责备。在会议之家，他（她）确信，每家会场的服务质量都有保障。这种确信来自他（她）自己的经验，或者经理、熟人的经验。正如某大型法国集团的一位研讨会组织者对我们说的："如果一切顺利，老板不会啰唆半句，但如果出现大问题，代价可能会很大。我的一位前同事就因此丢了工作。"把一切都托付给会议之家，组织者便能高枕无忧，因为他们知道，一切都会如霍罗维茨所承诺的那样"无忧无事"地进行。

2013年，会议之家分享这一原创概念的一部分，完成了"一半"的亮相。当时，会议之家公开展示了霍罗维茨两个梦想中的第一个：创建一个"工作令人愉悦"的企业[1]。你可能会问，这是否会导致他关门大吉。因为先前说道，会议之家在一定程度上利用了传统组织模式里客户担心出现意外而产生的焦虑心理。事实并非如此。

如今，会议之家继续飞速发展，总计拥有53个会场，1400名员工，营业额达2亿欧元。诚然，2015年11月巴黎发生的恐怖袭击导致外国客户流失，在一定程度上减缓了会议之家的步伐。为了避免会场集中

---

[1] 见雅克·霍罗维茨汇编的《人道主义企业：价值管理》。

在法国本土，也为了满足跨国公司的需求，会议之家决定将业务扩展到拥有大量城堡遗址的德国。这还不是全部。

2016年，会议之家推出了一项名为"Home"的新服务。"Home"作为会议之家的精华浓缩版本，让客户不仅在会场，甚至在自己的办公室也能体验"无忧无事"的服务。在企业内部研讨会上，你可能会遇到以下情况：电脑、投影仪出现故障，没有声音，视频无法播放；光线太强或不够亮；温度过高或过低；空调无法关闭；没有水、咖啡或茶；没有休息时的茶点，或者茶点不对胃口；公司食堂距离较远或吵闹；外部人员仅受到程序化接待，一头雾水；前一次会议的与会者把会议室弄得一团糟，或者干脆锁上了，拿着钥匙的人无法联系上……类似的情况不胜枚举。第一个公开的梦想——"以人为本"的企业——似乎并没有说服企业客户改善他们自己的客户服务，无论是对外的还是对内的。因此，这些企业继续选择会议之家组织他们的研讨会。这正中阿比坦的下怀，他得以追求自己的梦想：将营业额从2亿欧元增加到5亿欧元。[1] 话虽如此，一种经实践检验并且被阐明过的、可以随意观察的、强大的服务客户方法，竟没有对服务行业的企业起到激励作用，这似乎有些奇怪。一个小故事解开了这个谜。

追寻最优质的客户服务

2014年，我们当中的一位同事参加了一个大型集团董事和经理协

---

[1] 会议之家2018年的营业额为2.33亿欧元，2019年预计达到2.6亿欧元。

会组织的会议。随后，我们与法国一家大型银行的高管进行了交流，她也是会议之家的忠实客户。我们和这位高管分享了美国汽车协会联合服务银行（United Services Automobile Association，简称USAA）的经验。在USAA，客户经理有权自行决定与每位客户通话的时间。同时，我们也指出，一些USAA的客户经理会因为某些情况的严重性，连续打3小时以上的电话。最后，我们提到一个事实：USAA在每年数百万美国企业中客户服务质量排名第一或第二，其净推荐值（Net Promoter Score，简称NPS）[1]为82%。这位高管对USAA的例子很感兴趣。但是，她接着说："这种方法可能会打破我们呼叫中心的业务模式！"她的担心并非杞人忧天。

面对这种完全合理的反应，我们没有在该高管面前提及美捷步（Zappos）的案例。我们过去曾研究过这家企业，它以其卓越的客户服务而闻名。美捷步的首席执行官谢家华（Toni Hsieh）在其书中描述了这种服务——以客户的幸福为宗旨。我们想说的一件事是，美捷步的客户经理与同一客户通话的时间最长为9小时37分钟。那是在2012年。那以后，在2016年，另一位客户经理创造了10小时43分钟的新纪录！不用担心，我们可以立马向你保证：这些客户经理享有必要的休息时间。知道他们正在尽心为客户提供优质服务的同事还会为其送

---

[1] 净推荐值是根据客户对以下问题的反应计算出来的："你会向你的朋友或同事推荐我们的公司/产品/服务吗？"答案在0—10的范围内给出。NPS的计算方法是将回答9或10的人（被称为"推荐者"）的百分比减去回答0到6的人（被称为"诋毁者"）的百分比。根据弗雷德里克·赖希霍尔德（Frederick Reichheld）的一项研究（《你需要增长的一个数字》，《哈佛商业评论》，2003年12月，第46—54页），NPS是所有经济指标中预测未来企业收入的最佳指标。许多服务型企业的NPS为负，其战略目标是使其为零。

上饮料和小食。对了,有一点差点儿忘了说,这两项纪录诞生时,美捷步都组织了小型庆祝活动。

让我们回到先前说过的法国银行高管身上。她要求控制呼叫中心成本的论点完全合情合理。然而,参加了一整天关于"卓越服务"的研讨会后,她真诚希望找到一种方案,既能提高客户关系质量,又能控制成本。很显然,想要从与主流模式截然不同的客户服务理念中获得灵感,不是件易事。当涉及别人转述的案例时,比如USSA,是困难的。而要使人们在现实生活中看到大量的类似案例,也困难重重。因此,管理者很难接受像USAA或会议之家这样颠覆性的服务理念。那是什么让丹尼尔·阿比坦仅仅通过阅读一页纸就立即接受它的呢?

绝对命令

阿比坦于2010年创立了一家售卖光学仪器及助听器材的连锁店阿古迪斯(Acuitis)。如今,在阿古迪斯任意一家店铺后方的墙壁上,都有一块写着如下话语的牌子:

> 我赋予你们满足客户的所有权利,不管成本如何,也不需要征得任何人的同意。
>
> 丹尼尔·阿比坦
> 1982年5月5日

1982年,阿比坦在后来成为连锁店的PhotoService的第一家店铺写下了这句格言。随后，这句格言传到了PhotoService的其他店铺，再后来，传到了黎视坊连锁店的所有分店，现在，又出现在了会议之家的会场和阿古迪斯的店铺里。

当读到这句被阿比坦称为"我的绝对命令"的格言时，你也许和我们一样，会怀疑部分员工是否存在滥用权力的情况。阿比坦自己也承认："在任何一个群体中，总有2%的人会利用制度，98%的人是诚实的。可悲的是，每个人都制定规则，试图避免这2%的出现。而我说'我信任他人'，那么，是否有2%的人可以利用我呢？答案是肯定的。没错！来利用我吧！"

这不是开玩笑。我们忘了说明阿比坦所指的对象：员工还是客户？两者都可以"利用"（此处为贬义）他的"绝对命令"。企业为自己的员工和举止不端的顾客制定了一系列规则（只要看看一些酒店的公告就知道了："睡袍可以在前台购买"）。我在另一本书中提过，美国一家钢铁公司的老板戈登·福沃德（Gordon Forward），将企业为控制员工滥用职权而制定的所有规则命名为"3%的管理"。[1]他认为，总有3%的员工是不诚实的，这与阿比坦"总有2%"的理论差异甚小，几乎可以说是一种普遍的管理法则。然而，阿比坦说的是客户，而非员工。他的那句玩笑话"来利用我吧"也就很好理解了：他的目的是让顾客享受服务，哪怕是以一种滥用的方式。

一天，一家连锁店的老板跟阿比坦讲起了自己在黎视坊香榭丽舍大街分店的经历。这位老板在那里购买了眼镜，但几天后，当他擦眼镜时，镜片掉在地上打碎了。他来到那家商店，店员说："是的，先

---

[1] 艾萨克·盖茨、布莱恩·卡内：《自由企业》，法亚尔出版社，2012。

生,您可以享受保修服务。"但这位老板似乎格外笨手笨脚,一年内又两次摔碎了眼镜。每一次,店员都免费为他替换了镜片。他对阿比坦说:"他们太好了!从来不收我钱。但是,这样的话,你怎么赚钱呢?"阿比坦回答道:"几乎所有的朋友都这样或那样告诉过我,'丹尼尔,你无法想象我是怎么占你便宜的!你简直就像个疯子!我不知道你怎么能从中获利。'"最后,他总结道:"如果哪天他们这么告诉我的话,那我就成功了。"

因此,阿比坦的"绝对命令"并不是一个悖论:这是一家建立在自由发挥主观能动性基础上的企业发出的命令。相反,这完全是合乎逻辑的。"绝对命令"构成了企业的一种价值观,具体体现为"无条件地为客户服务"。

啊,价值观!说到这里,我们已经可以想象,你们中的一些人一定在大翻白眼:企业里有那么多的价值观,密密麻麻地在墙上展示着,而在实践中又有多少被执行了呢?没错。价值观是公司里每个人的行为准则,如果一些员工不尊重价值观,犬儒主义思想就会在企业里迅速蔓延。然而,确保每一位员工在任何时候都能牢记并以自己的方式践行企业价值观绝非易事,甚至可以说困难重重,特别是当员工在与难缠的客户打交道时。这些困难的性质可能会大不相同,甚至令人惊讶不已。

日常战斗

这是在卫生间里发生的场景。

故事发生在离阿比坦办公室不远的卫生间里，研讨会的参会者也可以使用这个卫生间。一天，阿比坦发现洗手台上一瓶仿水晶造型的洗手液不见了，取而代之的是可以随意在超市买到的普通的立方体包装的洗手液。

"法妮，能给洗手液换上漂亮的瓶子吗？"他问道。

"可是，丹尼尔，我受不了了！"这位员工解释说，"那些洗手液屡屡被偷。我不干了，我要改放这些丑丑的塑料包装。我受够了！"

阿比坦回答道："不，不行，绝对不行！"

阿比坦称这种每次都涉及不同事情的反复交流为"日常战斗"。他解释说，之所以叫"战斗"，是因为"员工们比我更加捍卫企业的权益"。也就是说，员工在理论层面上理解了他的"绝对命令"，并真诚地将其付诸实践。但面对某些滥用权利、贪图小便宜的客户，他们往往愤怒不已。"这些人不明白什么是慷慨。"叫"战斗"，还因为目标尚未达成，仍需继续努力。一些老板会觉得，一旦下达了指令，每位员工必定不折不扣地执行，他自己则能继续忙其他事。但阿比坦是个反例。例如，他要求亲自查看不满意的顾客的信息，并用心回复，致以歉意。然后，他会联系相关员工，提醒他们正在"越过警戒线"，即不执行他的"绝对命令"。作为领导者，必须要捍卫价值观，并对那些越界者严加管束。有限制的自由才是真正的自由，否则就会陷入一片混乱。

习惯了自由，包括言论自由的会议之家的员工并不轻易让步，他们经常回怼阿比坦："没错，丹尼尔。但是，这是不正常的……"接着，员工会抱怨各种难缠的客人。这很像在法国顾客经常会听到的一句话："问题在于……"为了不让员工使用这句话，阿比坦会反驳道：

"是的,这很正常!"

阿比坦不断重复说着"不,不行"和"是的,这很正常",即使没能说服员工,至少也能在争论中占据上风。要记得,感情上,他们是在保护企业的资产不受滥用权利的客户的侵害。但哪怕不情不愿,大多数员工还是会执行阿比坦的"绝对命令"。然而,并不是所有人都照做。在这种情况下,阿比坦就会使出"撒手锏":数字。以下是会议之家员工日常工作的场景,仿佛一场冒着生命危险进行的军事演习。

"一场研讨会平均有23人参加,费用约7800欧元,人均约339欧元。这只是个平均数,因为有些人会待两天,有些人只待半天。"阿比坦说,然后他问道:"如果有一位参会者对服务不满意,你会损失多少?"

"339欧元,丹尼尔。"一位员工脱口而出。

"错!"阿比坦反驳道,"当团队里有人不满意时,他会尽其所能,搞得人尽皆知,争取他们的声援:'你看到他们是怎么回答我的了吗?你看到什么了吗?'……所以,如果某天,有一位顾客不满意,我们损失的绝不是339欧元,而是7800欧元!就像你把一个烂透了的苹果放进篮子里,整个篮子的苹果都会烂掉!如果因为你的行为,导致23人中有一个人不满意,那我们就满盘皆输了。"

然后,阿比坦列出了这些潜在的致命危险:"如果客户需要纸,而我们没有准备,就完蛋了。如果客户需要投影设备,而放映机坏了,或是如果客户要求喝酒,而恰好没酒了,我们也完蛋了。瞧见没?每次客户有需求的时候,我们都有生命危险!所以,大家每天能满足每一场会议23人的需求,简直就是奇迹!但你必须满足所有客户的需求!"

"啊，的确，你说得对，丹尼尔。"员工们承认，他们面临着这样的危险。

阿比坦对员工们的回答很满意。他会终止这场"军事演习"吗？绝对不会！他等着乘胜追击："好，那现在，如果一整组的客户不满意，他们会告诉其他多少组呢？"

一片沉寂。

"10组人！"阿比坦自己回答道，"所以，我不仅损失了7800欧元，我还将损失7800欧元乘以10，也就是7.8万欧元。理论上，我将损失7.8万欧元！但，还不止这些。"

最后一问是对听众的致命一击："这些人平均来过我们这里几次？"

又是一片沉默。

"据我所知，在10年里，他们平均来7次。"他继续说，"有时，他们想去别家看看，或者他们厌倦了。所以得乘以7，在这个小组的生命周期中，是7乘以7.8万欧元。女士们，先生们，如果你没能满足他们的一个小小要求，那一天就会损失54.6万欧元。他们走了，永远不会回来了，一切都结束了！所以，伙计们，不是300欧元，不是400欧元，也不是500欧元。不是'他跟我说想去骑马，他骑成了但不想付马的钱'。我不管他是否想付马的钱，那是54.6万欧元！所以，我赋予你们满足客户的所有权利，不管成本如何，也不需要征得任何人的同意。"

话音刚落，阿比坦便走了。

在这样一场激烈的演讲之后，你也许会说：阿比坦赢得了这场"战斗"。因为员工们已经心服口服了，他们将执行"绝对命令"，在任何情况下，无条件地尊重每位客户——即使客户很难缠。是，也不是。要说"是"，是因为他们会执行"绝对命令"。他们已经看到了它的重要性，如果不加以重视，将会给会议之家带来严重后果。要说"不是"，是因为在情感上，有些人仍然觉得某些顾客"太过分了"，不值得会议之家慷慨对待。正如阿比坦自己承认的那样，员工们对他这番演示的反应通常是："好吧，算了。丹尼尔就是个疯子，但没关系，我们会追随他。"

这是最难解决的冲突之一：价值观的冲突。一方面，是员工面对滥用慷慨的客户时所展现出的个人价值观。另一方面，是无条件地为客户服务的企业价值观。这就是为什么企业内部的价值观认同成了一场"日常战斗"。心理学家认为，改变别人的价值观几乎是不可能的，只能改变自己的。然而，并不是每个人都想改变自己的价值观，即便是那些想改变的人，也需要时间。

"服务-服务"，让生活更美好

可能客户没有看到过会议之家幕后的故事，但这并不意味着他们不好奇。这些企业客户常常邀请阿比坦来自己公司阐释会议之家的理念。阿比坦认为这一理念非常简单，无须亲自到场即可解释清楚。他说："生活是什么？生活就是你帮我一个忙，我帮你一个忙。简而言之，理念很简单。"

如果你认为这个理念没那么简单，那你就对了。因为它只是表面上看起来简单。它的发明者阿比坦继续说："什么是客户？客户是赏光到你家来的人。你最起码应该热情款待他。然后他会提出要求，因为有需要。他为了交易而来，而我则需要和他建立一种关系：关联、忠诚、留住客户。这是一种人际财富。"

在阿比坦看来，企业能够（必须）提供给客户的服务不仅仅是满足他的需求，换取报酬。这是一种交易，一种纯粹的经济关系。提供服务则包括尽我们所能地与客户建立人际关系。"我对增加的价值不感兴趣。"他说，"在会议之家，重要的是附加温暖。"[1]这就是阿比坦制定"绝对命令"的原因，不惜一切代价满足客户，这也是阿比坦理念的根本所在。换句话说，有了这项"绝对命令"，员工可以忽略与客户交易的成本，从而将经济关系转变为人际关系。阿比坦为员工创造了实践这一价值观的自由条件："在会议之家，我们提倡自主和个人责任。夫妻加厨师的三人管理团队是自由的。规则就是没有规则……我们通过价值观来管理企业。没有职能，只有使命。"[2]霍罗维茨表示赞同地说："一个以价值观为导向的企业应具备执行速度，员工有动力，不拖拖拉拉，这是我们每天都在尝试做的事情。"[3]在会议之家，员工不是为老板，而是为顾客工作。这里实行"仆人式领导"[4]。例如，当阿比坦想要与一名员工交谈时——霍罗维茨也是这样做的——他总是询问他是否打扰了这名员工；如果员工正与客户交谈，他会稍后再致电，"因

---

[1] 《会议之家首席执行官丹尼尔·阿比坦访谈》，《集会》杂志，2016年7月11日，http://magazine.reunir.com/meetingwith-danielabittan-chateauform/。"附加温暖"一词的来源有争议，还有可能来自另一家提供特殊服务的企业——法国南特的IMATech呼叫中心。

[2] 同上。

[3] 卡雷斯金德：《经济中的梦想与诗歌》，卢森堡之地，2013年9月13日，http://www.land.lu/page/article/664/6664/FRE/index.html。

[4] "仆人式领导"是商业哲学家罗伯特·格林利夫（Robert Greenleaf）发明和发展的概念（见《自由，管用！》，弗拉马里恩出版社，2016）。

为客户是上帝"。阿比坦毫不犹豫地说:"我们正在进行一场永久性的文化变革,期望成为法国第一家被解放的企业!"[1]

有人可能会说,阿比坦的"绝对命令"听起来与康德的"绝对命令"如出一辙。这位德国哲学家将"价值观"精确地定义为"我们愿意为之自我牺牲的东西":潜在的牺牲越大——不仅是金钱,还有时间,甚至生命——这种价值观对我们来说就越重要。面对所有这些哲学论证,你很可能会反驳说,根据定义,企业与客户的关系不可能成为一种人际关系。我们也赞同这一想法。也许这就是为什么在会议之家,没有"客户",只有"友好的参与者"。我们已经说过,阿比坦将客户定义为"赏光到你家来的人"。作为呼应,霍罗维茨说,客户是"每天来我们这里和我们交朋友"的人。因此,对霍罗维茨来说,员工交到朋友的证据就是"回头客"。而对阿比坦来说,客户变成朋友的最好证明就是当员工听到下面这句话:"你不能事事都满足我。这样,你会破产!"众所周知,对于朋友,我们有求必应,无法拒绝。

我们可以换个角度理解最后一句话。如果你是那种喜欢招待朋友的人,可能听过这样的赞美:"你应该开一家餐馆。我们一定第一个去捧场。"人们想要一个可以像朋友一样受到接待的地方,所有那些善意和慷慨的举动都是友谊的证明。朋友都是忠诚的,不会滥用你的慷慨。

阿比坦和霍罗维茨开始了一场令人难以置信的冒险,他们坚信能够把友谊的概念转到陌生人——客户身上。与朋友不同的是,客户来到会议之家不是为了玩得开心,而是为了工作。因此,一方面,他们

---

[1] 见《会议之家首席执行官丹尼尔·阿比坦访谈》。阿比坦所说的"被解放的企业"指的是我们在之前的调查中描述的自由企业。

往往要求严苛，没有耐心，压力重重，有时甚至与员工闹不愉快，因为对他们来说，员工是服务者而非朋友。另一方面，如果员工拒绝周到的服务，客户不会说他们不友好，而会指责他们"态度冷漠""服务很差"。众所周知，这样一来，客户的忠诚度会急速下降。但阿比坦和霍罗维茨的冒险还不止于此。在阿比坦看来，将客户转化为朋友，创造人际财富极有可能带来另一种财富：经济财富。回首他创建的所有服务型企业，他甚至说："人际财富就是他致富的原因。"

为什么通过无条件地服务客户来创造财富有很高的成功率呢？我们可以通过"迂回"这一经济理论给出间接解释。

"迂回"原则

英国经济学家约翰·凯（John Kay）把"迂回"定义为"实现目标的间接方式"[1]。从字面上看，"迂回"（原义为"倾斜"）是指两条既不垂直也不平行的直线之间的关系。换句话说，这种关系确实存在，但用肉眼是看不出来的。以会议之家与客户的关系为例。阿比坦表示，客户是一位"朋友"："我们是这样规定的，在企业内部也是这样说的。"同时，阿比坦解释说，会议之家不需要把这种"语言"强加给客户。因此，与客户的关系既不是"垂直"的——以服务换取报酬，也不是像做慈善那样的"平行"。它更复杂，就像友谊一样。一位朋

---

[1] 约翰·凯：《迂回：我们为什么最好间接达成目标》，伦敦：Profile Books出版社，2010；约翰·凯：《迂回》，《资本主义与社会》杂志2012年第7（1）期。

友邀请你去他的乡间别墅度周末,他不会为自己的款待而向你收费。不过,如果你带了一些东西,或者提议承担某些费用,他是不会拒绝的(但也有可能会)。但无论如何,友谊和慷慨是分不开的。这是一种"迂回"的关系。这种人类交流的基本结构最先由法国人类学家马塞尔·莫斯(Marcel Mauss)提出并描述。

当然,在真正的友谊中,慷慨是相互的,而在会议之家的例子中,慷慨则是单向的:由企业到客户。但这恰恰是会议之家理念的精髓,也是员工竭尽所能,无条件地服务客户的赌注。

我们不难理解,为何会议之家没有明确地告诉客户,他们被视为朋友。美国等国家的法律能够包容企业另类的价值取向,而法国则不同,这样的企业很快会被贴上"宗派"的标签。但就像通常的情况一样,当一种现象被禁止时,它仍然存在,只是隐藏了起来。法国有句谚语:"隐姓埋名,幸福安定。"在文化方面,会议之家就是这样做的——以它独特的价值观和语言,将"后勤经理"称为"奶妈",将"保洁阿姨"称为"女主人"。我们必须承认,观察家们很难从这一切中看出,会议之家是如何在保持如此高水平服务的同时赚钱的。

的确,会议之家的做法很低调迂回,因为这家企业迄今没有大肆宣扬自己的文化,也没有绝对的把握说无条件的服务能创造友谊和忠诚。最重要的是,它缺少一个能够明确地将创造"人际财富",即忠诚的友谊关系,与创造经济财富直接联系起来的经济模型。阿比坦坦言,他无法用数学方法证明这一点,这是一种信念:"快乐的员工创造快乐的客户,反之则不成立。有件事骗不了人:我们的客户非常忠诚。在过去的5年里,100%的客户都会回到我们这儿参加研讨会。"[1]

阿比坦还坚信,如果员工和客户都满意,那股东也会满意。他将这种信念应用到了自己所有的企业里。他说:"我白手起家,如今被认为是最成功的企业家之一。我依靠的,只有这条绝对命令。也就是说,它是有效的。不管怎样,这样做还是有回报的。"

事实上,经济世界和整个世界的"迂回"现象比我们想象的要普遍得多。例如,当研究人员研究那些自称过得幸福的人时——心理学家将"幸福"定义为"快乐和活力的综合体验"——几乎没有人说自己的行为以追求幸福为直接目的。运动员通过训练提高成绩或技术,艺术家通过创作获得一种新的色彩或节奏效果,建筑师通过绘图创造一种新的城市解决方案,企业家通过创业发明一种新的方法来满足客户需求。当他们成功得到所追寻的东西时,就会说自己是幸福的。

史蒂夫·乔布斯(Steve Jobs)听到硅谷的年轻创业家们谈论"退出战略"(exit strategy)时,深感惋惜。"退出战略"是指将初创公司迅速出售给大型企业以获取丰厚利润的行为。乔布斯说:"与试图建立一个能持续几十年或者一个世纪,甚至更长时间的企业相比,这样做的野心太小了。"[2] 全球最大的企业——沃尔玛的创始人山姆·沃尔顿(Sam Walton)说:"创造巨大的个人财富从来不是我的目标。"[3] 沃伦·巴菲特(Warren Buffett)仍住在他以30年期贷款购买的那栋房子里。据说,每当他的朋友比尔·盖茨(Bill Gates)到奥马哈(Omaha)

---

[1] 见《会议之家首席执行官丹尼尔·阿比坦访谈》。
[2] 《没有了时尚创造者,苹果还能推出更多热门产品吗?》,《纽约时报》,2011年1月18日。
[3] 沃尔顿、休伊:《山姆·沃尔顿——美国制造:我的故事》,纽约:双日出版社,1992。

拜访他时，巴菲特都开着他的那辆旧林肯去机场接他。某次，车子半路抛锚。就这样，地球上最富有的两个男人被困在一个废弃的停车场里，等待救援！你可能会认为巴菲特先生太吝啬。然而，他承诺将99%的财产捐给比尔及梅琳达·盖茨基金会。

这些世界上最富有的商人，没有一味地追着钱跑，却变得如此富有。他们通过职业活动，在追求梦想的同时间接创造了巨大的财富。法国最大的零售连锁店之一迪卡侬（Decathlon）的创始人米歇尔·雷勒克（Michel Leclercq）说："一个人永远不应该只想着赚钱，而应该想办法为人民谋福利。"[1]

有人可能会反对说，"迂回"经济理论与某些无处不在的经济模型背道而驰，后者准确地解释了行动与经济表现之间的直接联系。但让我们再仔细看看。经济世界如此复杂，充满了不确定性——英语中称为VUCA：不稳定（volatile）、不确定（uncertain）、复杂（complex）和模糊（ambiguous），没有一个经济模型能够描述它或者预测它的发展。经济学家很清楚这一点，并毫不掩饰他们在模型中做出的简化现实世界的假设。这种坦诚，这种事先声明的警告在企业商业模式的演示中不太常见。正如创业思想家盖伊·川崎（Guy Kawasaki）在谈到向风险投资家展示的商业模式时所说的："如果你想从（他们）那里筹到200万美元，你就得假装自己对这桩生意了如指掌。但事实是，你对此并不了解。"[2]这种坦率在成熟企业中并不常见。据我们了解，有一家大型集团做了11次年度财政预算，每一次，之前模型的假设都与所

---

[1] 出自2017年11月28日，米歇尔·雷勒克在阿斯克新城向迪卡侬员工发表的演讲。
[2] 《在新的网络经济中，每个人都会一时糊涂》，《华尔街日报》，2007年5月16日。

处环境的现实相矛盾。

事实上，我们可以通过积极主动地采取行动，更好地了解自己所处的复杂环境。干脆，我们试着去探索它，而不是将其概念化："边做边学""修补式学习""设计思维""原型设计""敏捷方法""低成本实验""精益创业"，或者如法国金属制造企业 FAVI 常说的，"走一步算一步"，还有电影《托布鲁克的计程车》（*Un Taxi pour Tobrouk*）[1] 中的哲学。比罗（Biraud）和阿兹纳武尔（Aznavour）困坐在沙漠中，其中一人谈到文图拉（Ventura）的离去时说："两个坐着的知识分子还不如一个行走的野蛮人走得远。"

在会议之家，"迂回"并不意味着忽视经济结果，而是当客户在场时，将其暂时搁置一边。因此，研讨会会场内永远不考虑成本，所有东西无限量供应：食物、饮料、昼夜开放的自助式酒吧和厨房、游戏以及娱乐。正如霍罗维茨所说，这一切能让顾客有"家的感觉"，收获"幸福感"。如前所述，自 2013 年以来，会议之家的客户回头率接近 100%。至于员工，多亏了他们，才能实现这样的业绩，他们的离职率比酒店和餐饮业的平均水平低 5 倍。

阿比坦和霍罗维茨确实享有一些优势。首先，霍罗维茨在他的事务所里研究"无条件服务"，而阿比坦则在他之前的两家企业对这一理念进行了测试。其次，阿比坦白手起家，创立了两家大型连锁服务型企业，积累了相当多的经验。最后，阿比坦拥有一定的资本。

如果没有这些优势，会怎样呢？或者，更糟糕的情况，如果你甚至没有真正的客户，又会怎样呢？也就是说，现有的客户并不是好客

---

[1] 德尼·德拉帕特利埃导演的电影，1961 年上映。

户。这就是卫材及其员工的遭遇。前文说到，尾尻和她的工作组决定不再专注于产品的销售，而是关注患者及其病情。我们继续看看尾尻的故事。

寻找好客户

尾尻和她的同事并没有试图建立一家医院。医院和诊所确实存在，但它们只提供由专科医生针对三大疾病给出的单独治疗方案。然而，要想帮助患者康复、预防疾病或防止病情恶化，除了专科医生外，该生态系统中的其他成员也是非常重要的。首先自然是患者自己，还有关心病情的患者家属。然后是护理人员，最后是护工。从这一系统的方法中，产生了一系列的创新。例如，卫材除了对患者进行预防跌倒的培训外，还设立了信息亭，告知居民跌倒的原因。其次，工作组对医生进行了一项关于阿尔茨海默症诊断的调查。令人惊讶的是，该小组发现，许多全科医生并没有诊断出阿尔茨海默症，而是将其症状归因于患者的高龄。对这些医生来说，根本就没有办法或药物能够预防衰老这一自然现象。为了改变这种情况，工作组建议由阿尔茨海默症专家为全科医生组织一次会议。不出所料，大多数全科医生都不想参加。这个时候，工作组的医药代表身份帮了大忙。

工作组的8位成员定期拜访这些全科医生并不断跟他们提起这些会议，参与人数越来越多。很快，在东京举行的会议便成倍增加，效果显著。全科医生大大提高了对阿尔茨海默症的诊断率。此外，通过这些会议，医生之间逐步形成了关系网，医院和医疗协会也加入其中。要知道，之前卫材的医药代表很难与这些已被竞争对手攻下的医疗协会建立关系。不久之后，当地帮助患者的慈善机构，甚至个人，也加入了这个网络。

没过多久，工作组开始收到全科医生的感谢信。许多医生在信中写道，患者告诉他们，卫材的行为改善了患者的生活。

当被问及为什么其他医药企业没有建立类似的关系网时，尾尻回答说："对他们来说，这种投资的回报似乎是不确定的，不一定会带来收益。但这正是卫材HHC理念的不同之处。我们只是希望这些活动——比如防摔培训——最终能挽救患者的生命。"

从那以后，工作组乘胜追击，不断创新，举办了一系列活动：关于预防中风、骨质疏松和骨折的公共讲座；全科医生治疗阿尔茨海默症的培训；改善私立诊所与公立医院之间的关系……读到这里，你可能会觉得，推广HHC理念已经成为这些前医药代表的全职工作。一方面，所有这些活动都需要付出大量的努力，几乎没有时间开展业务活动。更重要的是，HHC理念本身也要求他们关注患者，而不是销售。就这样，8名医药代表成了HHC的完美实践者。但这是对HHC含义的误解。HHC呼吁将对患者及其家属的关注融入卫材的业务活动中。因此，卫材要求每位员工进行反思，在不中断正常业务的基础上，实践HHC。

就这样，尾尻和工作组的同事一起，继续拜访医生。前文说过，尾尻在2007年接替了某商业区医药代表的工作，该代表业绩不佳，营业额下降3%。尾尻从HHC理念出发，反思工作方式，取得了显著成果。仅在前6个月，她的销售额就增长了5%。其他同事的业绩也有所提高。2006年，尾尻刚加入第5销售部时，该部门业绩垫底，短短几年之内，便一跃升至领先地位。

我们称这个故事为"如何不销售产品"。这个标题看似故弄玄虚，实则基于道家的"无为"原则，即让事物按照自身的必然性自由发展，不对它横加干涉。[1] 这意味着不应该刻意追求某种结果，而是创造条件，使其自然发生。因此，"不销售"并不意味着放弃销售，而是让客户主动找上门购买产品。尾尻和她在东京地区负责药品销售的7个同事就是这样做的。他们没有放弃销售，但通过关心患者及其家属，来自医生和诊所的药品销售额稳步增长。其他销售部门的同事借鉴"不专注于销售"的方法，也取得了不错的业绩。负责安理申在美国的销售任务的市场经理松野（Matsuno）就是这样一个例子。

松野负责在美国开拓市场，为此需要招聘一批医药代表。他深知，想要吸引最优秀的人才，必须支付高薪。人才招聘成功后，一切就会水到渠成：医药代表全力以赴销售产品，赚取丰厚的佣金，卫材则实现高营业额。然而，松野卡在了第一步，即招募优秀的医药代表。应聘者一听到薪资待遇，立刻提出了一系列意料之外的问题："贵企业到底是做什么的""贵企业的愿景是什么""我的经验如何能对此有所帮助"。招聘还在持续，同样的问题不断出现，深受困扰的松野为此常常失眠。后来有一天，他的记忆深处浮现出三个字母：HHC。他在日本时听说过这一理念，当时的他认为HHC并不适用于自己的销售部门。然而此时，身处美国的松野忽然意识到，HHC恰恰回答了这些应聘者提出的问题。事实证明，这一想法是正确的。"这正是我想要的。"其中一位应聘者说。"这是个很伟大的理想，我很感动。"另一个人说。"我过去业绩不错，生活富裕，过得很开心，但我总觉得缺

---

[1] 艾斯纳·卡约：《金鱼悖论：中国式的成功之路》，圣西蒙出版社，2015，第37页。

了点什么。HHC让我找到了答案。"第三个人说。就这样，松野凭借HHC的理念成功招募了100名顶尖的医药代表。"不专注于销售"的方法不仅使松野实现了目标——在美国建立销售部门，开拓市场——更重要的是，也让许多销售人员找到了更合适的工作方式：通过开展业务，在赢得订单的同时，也收获了其他东西。

然而，受益良多的不仅仅是销售人员。研发部的同事没有放弃他们的研发活动，生产部的同事也没有放弃他们的制造活动。他们所做的就是将注意力转移到患者及其家属身上，而这种完全专注于他人的"结果"，或者说"成果"，正是卫材社长内藤所期望的。故事说到这里，你应该已经明白：如果内藤没有在卫材内部发起一场真正的变革，这些不同部门的变革就不可能发生。现在，我们再来看看，是什么原因促使日本最大医药企业之一的首席执行官做出了如此重大的突破，并且是在日本这样一个非常重视传统的国家。

1968年的武士

2016年，当我们在内藤位于东京的办公室里见到他时，他的第一句话是："做决定，就像是做选择题，要选择最中意的那一项。卫材喜欢选择对患者最优的那个选项。"出于对HHC的兴趣，我们第二次到访卫材。其间，我们问内藤先生：HHC为何能有助于做出正确的决定。内藤告诉我们，HHC不仅是他们的企业理念，还是每个具体情况下的决策标准：选择对患者及其家属最好的治疗方案。他立即举了个例子："拿副作用来说，每家医药企业都要面对这个问题，有时甚至还有未知的副作用。这种情况下您会怎么做呢？我们选择对患者最有利的方法。我们会告诉他：'我们已经发觉了这个问题，并决定花更多的时间进行深入分析。等有了进一步消息后，我们再来找您。'"

当被问及制药企业在这种情况下通常会有什么反应时，内藤回答说："很可能是先做进一步分析，等待结果，再对外公布。"

内藤解释说，卫材与其他制药企业的不同之处在于，卫材总是向患者提供他们想要的信息，哪怕是发出一个可能未经确认的警报。我们起初认为，内藤是偶然选择了副作用的例子，但事实并非如此。

1988年，在内藤成为卫材社长后不久，几起违规丑闻严重打击了卫材，也几乎击垮了内藤的身体和精神。这段时间里，他暴瘦20公斤。他说："精神上，我极度虚弱。我身为企业领导者，却不能做出正确的决定。"他暗下决心，如果这类丑闻重演，他将辞去社长的职务。这一决定促使内藤踏上了探索企业理念的征程，他试图寻找一种方法，能使企业里任何一个人，包括身为社长的他在内，做出的决定都不会使自己蒙羞：HHC便是那次探索的最终结果。

说到饱受羞耻折磨的社长，你的脑海里可能会立刻浮现出这样的画面：日本某株式会社社长在民众面前，深鞠躬致以最诚恳的歉意。如果你把这种习惯归因于日本文化，也不无道理。内藤本人就曾明确表示："不能做任何会让名字蒙羞的事情。"这一原则来自武士道。第一批指导武士行为的口头准则出现于11—13世纪。从1600年的江户时代起，武士道便有了书面记载，对日本社会的伦理道德产生了很大的影响。内藤也向我们解释了其中的缘由。

在江户时代，也称德川幕府时代，日本经历了一段和平时期。因此，武士阶级被要求承担管理国家的新任务。从那时起，武士道更加适应公民社会的发展。武士必须对地位低下的人表示同情，采取行动维护自己的良好声誉，等等。内藤认为，武士"对社会负有责任，必须为人民谋幸福；如果他们没有履行这一义务，就愧对武士的称号"。他总结道："武士道精神是日本人的共同利益和基因：对公众负责。这就是为什么在卫材，我们不会做出让自己感到羞耻的行为。"

从内藤的这番话中，我们可以推断，正是日本文化的某些方面催生了HHC理念。这种日本文化是日本中世纪文化的产物，也是对中国精神传统的继承。正如艾斯纳·卡约（Hesna Cailliau）所解释的："与犹太-基督教文化不同，对于所有受中国文化影响的民族来说，痛苦的主要来源不是内疚，而是羞耻，害怕社会评判，害怕让家人蒙羞。"[1] 然而，当我们问内藤是什么个人原因促使他推广HHC理念时，他提到的并不是日本传统文化。他先是笑了笑，然后告诉我们，他接下来要讲的事，从未对外提起过。然后，他谈起了越南战争。

当时，内藤还是一名高中生。"我们那一代的年轻人与如今享受繁荣果实的年轻人略有不同。我参加了反越南战争的示威游行。那个时候，社会很不稳定，人人都在寻找改良的道路。在我们看来，过去采取的方针似乎无法指引我们走向一个良好的社会。"紧接着，他讲述了年轻时的经历如何让他质疑卫材过去的定位——专注于医生和利润——是否对社会有益。

或许有人会认为，是一场学生运动决定了身为日本最大医药企业之一的卫材的发展方向。内藤说："我们并不放弃盈利。每年末，我们

---

[1] 艾斯纳·卡约：《金鱼悖论：中国式的成功之路》，圣西蒙出版社，2015，第97—98页。

都很高兴取得了好的结果，实现了不错的业绩，但盈利只是结果，而不是最终目的。我们的目的是，通过企业的业务活动，改善人们的生活，推动社会发展。"

最后一句话中有好几个关键元素。

一段时间以来，企业界就如何更好地发挥它们的社会作用展开了一场严肃的辩论。内藤和卫材在这场辩论中的立场是，企业的根本目的是服务社会。用另一位首席执行官让-弗朗索瓦·佐布里斯特（Jean-Francois Zobrist）的话来说，卫材在改善患者与患者家庭的生活，促进社会发展后，势必会盈利。

在内藤的那句话中还有一个更重要的元素。他提到"通过企业的业务活动"改善社会和生活。换句话说，卫材没有通过赞助、遵守道德或环境标准（例如减少碳足迹）等与企业业务平行的行动来发挥社会作用。这些方法的确值得称赞，但卫材选择了另一种方式：通过商业活动履行自己的社会责任。更简单地说，社会责任正是卫材的宗旨。

在内藤看来，服务社会的想法理所当然。然而，对于卫材来说，起初却并非如此。与其他企业一样，卫材也有自己的经济甚至财务目标。"企业金融化"，指的是具备一定规模的企业改制上市，成为金融市场的内生力量并实现盈利的过程（税息折旧及摊销前利润，简称EBITDA）。例如，某企业的EBITDA预期为12%，管理团队会将其转化为一种具体的商业模式，然后将这一商业模式分解为业务流程，每个环节管控成本、保证收入。最后，为了保持流程的运行，每个环节都需要资源：财务、物质和人力（通常按这个顺序），包括在该商业模式被证明是错误的时候进行调整所需的资源。

应当指出的是，卫材作为一家上市公司，一切行为必须以促进经济效益和财务绩效为目的。如果卫材为了创造社会价值而放弃经济效益和财务绩效，那么它必须从根本上改变其做法。

前文已经介绍过，一些销售经理是如何通过改变工作方式来创造社会价值的。在卫材，经历"个人转型"这一阶段后，还伴随着另外两个阶段，正是这两个阶段改变了企业的整个运营流程。我们稍后会作出解释。在那之前，我们先来看一个转型的例子，它发生在HHC理念推出后的第15年。这场变革超越了企业本身。

2005年，卫材已经对各方面进行改革，但有一点仍旧没有改变：公司章程的第一段始终写着，卫材的宗旨是实现利润最大化。对一个企业来说，这再正常不过了。然而，这段文字与HHC理念相矛盾。当然，对于卫材社长内藤未修改章程的行为，人们也许能表示理解，毕竟卫材几乎100%的股份在证券交易所公开发行。但内藤认为，这种情况函矢相攻。

2005年6月，在近2000名股东出席的股东大会上，内藤提交了一份章程修正案进行表决。他提出了两个新段落，以取代先前关于利润最大化的第一段：

1. 卫材的企业理念首先是关心患者及其家属的情绪（喜悦、愤怒、悲伤和快乐），并增加医疗保健带来的好处。秉承这一理念，卫材的宗旨是"关心人类健康"。

2. 卫材的使命是提高患者的满意度。卫材相信，完成这一使命后，销售额和利润将随之而来。卫材重视使命和结果之间的这种正序关系。

你完全可以认为，股东大会面对内藤的提议，不仅不会投赞成票,还要弹劾这位社长。几乎可以说,内藤对股东的要求无异于"资本自杀",放弃法律赋予他们的在企业所有决策中享有的"股东至上"的权利[1]。

的确,许多股东表达了他们的反对意见,并且被听取了。内藤解释说:"我们总是非常仔细地听取股东们的意见。但在最后,投票决定一切。"选票统计完毕,结果是,绝大多数人赞成修正案。因此,在2005年6月的这一天,在日本历史上,上市公司首次通过股东投票,不将利润最大化或其他经济结果作为最终目标。

内藤对这一看似矛盾的投票作出了解释:"股东们不只是关心金钱。他们很欣赏卫材在其他事情上作出的贡献。"

本书的核心是企业的社会目的及其如何适应市场经济。我们将看到,内藤提到的股东不仅仅存在于日本。虽然这看起来很矛盾,但作为其社会目的的一部分,企业可以像为客户、供应商或经营所在地服务一样为股东服务。不过,日本文化至少能在一定程度上解释许多卫材股东的这种态度。对于内藤来说,卫材必须尽其所能,不让股东因为丑闻而感到羞愧——这是日本人中普遍流传着的武士道精神。现在,我们将举例说明卫材的这种新组织模式。

---

[1] 1919年,在道奇和福特案中,密歇根最高法院确立了一项规则,从此指导了美国的商业活动。法院命令福特公司以股东的利益而不是慈善的方式做出决定。这个案例经常被引用为对"股东至上"原则的肯定。该判决表明,企业有广泛的经营自由,但亦指出"企业的经营目标必须是增加股东的利润和收益"。值得注意的是,虽然此次诉讼确立了股东的优先权,但在这方面很少有股东提起诉讼。

"所有的经济活动都是社会的,所有的社会活动都是经济的"

2011年,卫材开始向世界卫生组织免费提供一种治疗淋巴丝虫病的药物。根据泰勒及其同事的研究,该病是一种由寄生虫引起的热带疾病,总计感染了1.2亿人,并导致其中的4000万人患有严重的残疾。[1]卫材在该药品的开发、生产、运输等方面总计花费1300万美元,却没有从这一行动中获得任何经济效益。许多企业会将此类活动归类为"企业社会责任"。但正如我们看到的,卫材的行事总是别具一格。

内藤解释说:"预计到2020年,我们将向世界卫生组织免费提供22亿粒药片。然而,这对我们来说是一项经济投资。因为患者一旦治愈,就能重新投入工作,并凭借工作收入成为他们国家中产阶级中的一员。"我们知道,生病的公民是社会和国家卫生系统的负担,正如泰勒的研究所表明的那样。然而,患者一旦康复,就能通过缴纳税款和社会保障金,重新成为国家经济和社会保障体系的贡献者。同时,他还会成为一个需要包括药品在内的多种产品的消费者,其中就有可能是卫材的产品。这样看来,卫材的行为真的是大公无私的吗?"

一天,在一次出国旅行中,我们当中的一个人在长途旅行中与一位出租车司机进行了如下对话。和往常一样,司机问我们是做什么的。在礼貌地听取了我们的回答后,司机告诉我们,在成为出租车司

---

1 泰勒、霍劳夫、博卡里:《淋巴丝虫病和盘尾丝虫病》,《柳叶刀》2010年第376(9747)期,第1175—1185页。

机之前，他曾是一家文具批发店的销售，他非常喜欢这份工作。他的工作是去所在地区的所有便利店尽可能多地获得订单。这样的工作并不轻松，我们试图找出他喜欢这份工作的理由，探求他是如何衡量这点的。他回答道："因为我非常擅长我所做的事情。很简单，我的目的从来都不是卖出商品。即使他们想要跟我预订价格昂贵的产品，如果我知道有同等质量的，但价格更优，我总是向他们推荐对他们来说性价比最高的。有时，我会询问他们是否忘记订购这款或那款产品。因为有些人会因为忘记订购，在缺货时打电话给我，支付高价紧急下单。"他的方法激起了我们的兴趣，我们迫切地想要了解更多。"终于有一天，我知道我成功了。"我们的好奇心达到了顶点。"那天，一位便利店老板对我说：'去仓库看看少了什么，填好订单，拿过来让我签字。'他没看就签了字。"于是，我们明白了这位前销售员成功的标准：全权负责客户的采购事宜。尽管他描述了那些让他赢得客户完全信任的行为，但我们始终觉得，他还有个小绝招没有透露。他最后补充道："的确，一切对我来说很自然，因为我爱他们所有人。这也是我热爱这项工作的原因。"

如果你对这种"关爱客户就能销售产品"的方法被大规模采用持怀疑态度，我们对此表示理解。愿意将采购全权委托给供应商销售代表的客户更是少之又少。从市场经济最基本规则的角度来看，两者的利益是严格对立的，只有在双方达到获益的平衡点时交易才能进行。这意味着，一个精明的客户总是会对来自销售人员的帮助（表面上是免费的）持怀疑态度。因此，企业严禁采购人员接受供应商的任何贿赂。这几乎是经济学中的准定律。

米尔顿·弗里德曼（Milton Friedman）有句名言："天下没有免费

的午餐"[1]。弗里德曼的这句话暗指了一个商业惯例：一方邀请另一方共进午餐。他提醒我们，这种邀请势必需要得到回报，并且，毫无疑问，回报将远高于午餐的价格。你可能会注意到，在无私的外表下，卫材的行为实则是一项划算的投资，就像为潜在客户提供午餐以换取未来订单一样。内藤的那句话正是这个意思，他的的确确谈到了投资。但我们也可以换个角度理解。

如果你熟悉经济模型，我们邀请你思考下发生在2010年的一个假设情况。设想一下，你在董事会上发表了这样的演讲："我建议，从现在开始，对一种治疗热带疾病的新药开发的最后阶段进行投资。如果试验阶段取得成功，我建议生产22亿粒药片，并在10年内陆续运往被感染的国家。这些国家非常贫穷，无法支付费用，因此我建议免费提供这些药物。整个项目的投资约为1300万美元。最后，我想补充一点，我们有希望从这项投资中获益。当这些目前非常贫穷的国家出现中产阶级时，这一天就会到来。"如若是在一家传统型企业，这样的演说不会引起任何共鸣。但卫材不一样，它知道"如何大量、高质量、持续地生产药品"，这番话完全符合卫材通过核心业务活动创造社会价值的使命。这就是内藤不愿将卫材的行为归结为"企业社会责任"的原因。更具体地说，对内藤而言，"所有的经济活动都是社会的，所有的社会活动都是经济的——这就是我们的立场"。[2]这句话着实令人惊讶。然而，仔细一看，它以一种不同的方式诠释了"利他企业"。

是的，通过满足顾客的需求——无论是食品、交通、健康还是保

---

[1] 虽然这句话经常被认为出自米尔顿·弗里德曼，而且他还以这个名字写了一本很有名的书，但这个表达似乎在20世纪30年代就被新闻界使用过。

[2] 内藤的原话翻译成英语为"All business is social and all social is business"。

险——任何企业的经济活动都能促进社会发展，使每位社会成员生活美好，工作顺利。然而，以利润为导向的企业对社会的贡献是间接的。米尔顿·弗里德曼在他1970年发表的著名文章《企业的社会责任是增加利润》[1]中提出了这一观点。他表示，企业对社会的贡献是间接的。内藤对这一论断的两方面都提出了质疑。

如果用内藤的话解释弗里德曼的观点，那便是："企业的经济责任是直接为社会作出贡献"。这意味着企业核心业务中的所有经济活动都必须以社会为导向。在早期的卫材，情况并非如此，这正是内藤向员工提出进行组织和运营模式变革的意义所在。如果没有这样的转变，卫材对社会的贡献将只能是间接的、微弱的。如果卫材要尽可能创造社会价值，就必须完全通过其核心业务活动来实现，因为这些活动是企业实力的体现。具体来说，卫材帮助根除丝虫病的最佳方式不是启动一个单独的新项目，而是利用其核心业务活动来生产和供应这种药物，并且一切免费。不要忘了，卫材的宗旨是创造社会价值，而不是经济效益。这就是"社会活动变成经济活动"的过程。

这种"梦想-愿景"可以立即被写入企业的新章程，或者像卫材那样，推行15年之后被正式纳入企业章程，也可以像1989—2005年间卫材所做的那样，只出现在内部文件中。然而，这是个次要问题。正如MAIF（定位与利他企业近似的法国医疗互助保险公司）首席执行官帕斯卡尔·德米尔热（Pascal Demurger）所说："章程不是美德。"[2] 最重要的是，员工们都认同这样的"梦想-愿景"，并将其作为自己的

---

[1] 该文章发表于《纽约时报杂志》，1970年9月13日。
[2] 德米尔热：《21世纪的企业是否会被政治化》，黎明出版社，2019，第210页。

奋斗目标。此外，这个问题还与企业所处环境有关。正如我们所看到的，内藤并未对股东进行大肆说教，因为他们中的大多数人已经被武士道精神和为改善社会作出贡献的愿望所激励。因此，他们同意将这一愿景纳入企业章程。

在其他传统或环境中，向股东说明一切的做法可能合适，也可能不合适。同样，向企业外部人员阐释社会愿景的做法在某些情况下可能有意义，但在另一些情况下则没有意义。我们观察到，有几十家这样的企业决定将其经济活动以"无条件地创造社会价值"为导向，并且深信，只要完美践行这一理念，它们定会蒸蒸日上，蓬勃发展。我们将采纳这种理念的企业称为"利他企业"。

虽然要在实践中创造社会价值，成为利他企业，每个企业都必须进行变革，但既没有标准的企业模式，也没有万能的实现方法。当然，有一些值得借鉴的灵感，我们将在本书中进行描述说明。但是，每家企业都必须将这种无条件服务的社会导向与自己独特的人文、文化和经济环境联系起来，开发自己的专属做法。

许多企业都希望得到客户和当地社会的赞赏。为此，他们常常举办各类慈善活动，以树立企业的积极形象。但事实上，慈善活动并非必需，因为大部分企业都能通过自身的核心业务促进社会发展。正如内藤所言，卫材知道"如何大量、高质量、持续地生产药品"，因此，企业创造社会价值的最佳途径就是通过其核心业务活动。企业只需赋予这些活动真正的意义：服务他人。如果企业通过其核心业务活动尽其所能地为他人服务，就能创造一个持续超越竞争对手的有利环境。我们研究的利他企业便发现了创造这种环境的方法。

通过无条件地为客户、当地社区、供应商和合作伙伴服务，这些企业取得了一定程度的经济效益,而这正是竞争对手的唯一目标,且他们中的大多数都无法达到。这些专注于服务他人的企业的表现往往优于其传统竞争对手,并且在许多情况下,业绩增长速度惊人。有些企业,如会议之家和卫材,是跨国企业,而另一些企业,如LSDH乳业(后文将讨论其案例),则只涉足法国市场。它们涵盖了服务业、工业、高技术产业和农业等多个行业。有些规模不大,比如芬兰道科瑞癌症治疗中心(Docrates Clinic)、美国加利福尼亚州水果电商水果佬(FruitGuys)和日本的古久根(Kogune)铸造厂。而另一些则颇具规模,如拥有近1.2万名员工的瑞典商业银行(Handelsbanken)。其中一些,如卫材,是上市公司。另一些,如挪威最大的集团之一莱坦,是家族企业,且似乎无意改变。

这些企业尽管各不相同,但都是无条件为他人服务的范例。这条建设之路异常艰辛。企业家必须坚定不移地认为,企业的使命就是无条件地为他人服务。如果你像这些企业的员工们一样,认同这一观点,就能理解丹尼尔·阿比坦对会议之家员工所下的"绝对命令":"我赋予你们满足客户的所有权利,不管成本如何,也不需要征得任何人的同意",或者卫材企业章程的第一段:"卫材的企业理念首先是关心患者及其家属的情绪……"有些企业,比如会议之家,在建立之初就与传统企业截然不同。另一些企业,如卫材,则必须彻底转变经营方式。然而,利他企业的建设之路很少始于企业内部,它往往诞生于领导者自己的头脑之中。我们即将要探讨的正是这段个人的心路历程。

第 3 章

从"两个自我的拉锯战"到"无条件地为他人服务"

不要试图调和社会价值和经济价值的矛盾

> 在我们人生旅途走到一半的时候,
> 我发现自己身处一座阴暗的森林,
> 因为笔直的康庄大道已然消失。
>
> ——但丁,《神曲》

很多读者可能都熟知如下场景:在一家大型酒店会议室的讲台上,一位首席执行官正在向一群渴望获得建议的高管和经理分享自己的经验教训。这正是 2016 年 5 月初在卡萨布兰卡发生的一幕。摩洛哥出生的迈赫迪·贝拉达(Mehdi Berrada)现在是一家国际食品企业的首席执行官,此时的他重返故乡,并将停留数日。

贝拉达经营的这家中小型企业,并不像其他知名企业那样将总部设在首都的著名商圈。该企业名为波特(Poult),是欧洲领先的零售品牌饼干的生产商之一。作为许多连锁超市自有品牌的代加工厂,波特不为大众熟知。它虽不是行业龙头,却值得关注借鉴。波特的主要工厂位于法国西南部城市蒙托邦(Montauban),总部设在图卢兹(Toulouse),这里也是年幼的迈赫迪·贝拉达和家人一起离开祖国之后,生活和工作的地方。

乍一看，没有什么事情注定贝拉达要经营这样一家企业。在巴黎以出色的成绩完成学业后，他被罗斯柴尔德（Rothschild）[1]聘用，开始了成功的投资银行家生涯。然而，有些事情总是困扰着贝拉达。这是他在罗斯柴尔德的第七年，一段时间以来，他一直在经历一种人格分裂。"我感到两个'自我'在拉锯，"讲台上的他解释道，"一方面，是职业的自我，我的工作，我在高级金融世界的行为方式；另一方面，是真正的自我，即我的价值观和理想抱负。"

初到罗斯柴尔德时，贝拉达便发现自己对社会问题很感兴趣，尤其是南北分歧[2]。他试图施展抱负，加入了几个协会，但这些协会并没有给他任何令人信服的经验。同时，他继续从事银行家的工作。2005年，他接手了波特的相关文件，因为当时的所有者委托罗斯柴尔德出售饼干工厂。也是在这个时候，他遇到了波特集团时任首席执行官、前投资银行家卡洛斯·韦卡林（Carlos Verkaeren）。贝拉达被韦卡林构建的全新的社会愿景所吸引。促使贝拉达最终离开罗斯柴尔德的既不是图卢兹这座城市的吸引力，也不是更合理的工作时间安排，而是"波特项目"。贝拉达认为，加入这家中小型企业后，内心"两个自我"相互拉锯的情况将不再出现，无论是在工作中，还是生活中，他都可以保持统一的自我。贝拉达的选择是正确的。波特凭借社会创新在2010年初获得多个奖项，其事迹还被写进了颇负盛名的欧洲工商管理学院（INSEAD）的商业案例研究系列。对于在"波特项目"中起到重要作用的贝拉达来说，这是一次非凡的冒险，并将给他留下终生难

---

[1] 世界上最大的独立金融咨询集团之一。——译者注
[2] 南北分歧或称贫富分歧，是指发达国家（北营）与发展中国家（南营）在社会经济和政治上的分歧。——译者注

忘的记忆。

贝拉达并不是唯一一个致力于为他人服务的企业家，也不是唯一一个在职业生涯的某一刻感到两个"自我"相互拉锯的企业家。在这项研究中，我们遇到的大多数企业家都经历过受企业经济利益驱动的工作行为与个人价值观和抱负之间相矛盾的情形，无论他们当时是员工、经理还是高管。这种矛盾往往不被当事人所觉察，有时会潜伏数年，直到某一事件或某一次个人危机的爆发才使其浮出水面。

生命不能承受之轻

阿比坦与贝拉达有许多相似之处：阿比坦也出生在摩洛哥，后在法国求学，获得了政治经济学学士学位以及税法高等深入研究文凭（DEA）。他的职业生涯同样始于一家著名的国际公司——普华永道（Price Waterhouse）会计师事务所。渐渐地，他也感受到了内心的挣扎。1981年，在普华永道任职4年后，30岁的阿比坦清楚地意识到了这一问题，他说："我意识到，自己犯了一个'会计错误'，我讨厌这份工作。"他决定结束这段会计生涯，并问自己："我这一生想做什么？"

我们将看到，导致两个自我之间的紧张关系"浮出水面"的事件可能是偶然的——就像贝拉达与波特的相遇，也可能是消极的——就像阿比坦面对工作时的不如意，当然，这一事件有时也可以是令人开心的。但是，无论这一刻到来时，我们怀着怎样的心情，有一点是不变的：它总是挑战常规，这种表面上看似轻松的生活，并将长期隐藏的内在紧张关系揭示出来。

本节标题借用了捷克作家米兰·昆德拉（Milan Kundera）的著名小说《生命不能承受之轻》（*L'insoutenable Légèreté de L'être*）。昆德拉在书中将一些人物轻松的生活与其他人物的沉重进行了对比——后者的一言一行都受到道德考量的约束。昆德拉对这两种态度都不赞同，他寻求的是一种介于两者之间的状态。然而，吸引我们的是形容词"不能承受的"。当我们无法继续承受"生命之轻"时，就会开始寻找另一种存在方式。

在今天，当一位高管意识到自己做出了一个糟糕的职业选择时，通常会去咨询职场导师。后者帮助高管明确自己的价值观、梦想和抱负，从而找出其无法在职场大展宏图的原因。接着，重新找回价值观和理想抱负的高管就能做出更符合其"个人自我"的职业选择，这在心理学上也被称为"深层自我"。

然而，1981年的那一天，当阿比坦意识到现下的这份工作无法让他开心时，咨询职场导师的做法并不像今天这样普遍。于是，他开始着手分析工作的各个方面，终于发现了问题所在。导致他不开心的并不是工作本身，而是他不愿处于从属地位的基本价值观："我意识到，我不想依赖任何人，并且这一意愿极其强烈。换句话说，对我来说，比起指挥一大帮人的乐趣，我想要的是，不需要听任何人发号施令的特权。"这段小插曲强调了"独立"的重要性，这一点对阿比坦来说极其重要。但是，放弃"指挥的乐趣"也反映了一种更重要的价值观——所有人的内在平等。

正是这两种价值观——独立和人与人之间的内在平等——引领阿比坦走入新的阶段。企业家的新身份使他有机会在行动中将两者结合在一起。阿比坦转行进入了零售行业。用他自己的话说，他完全没有意识到自己在创业、零售业和管理方面的三重无能。就这样，他开了 PhotoService 的第一家店，并按照自己的理念来经营（后来他将其称为"我的管理方针是价值观，而非规矩"）。阿比坦和合伙人之间良好的股东协议确保了"独立性"。至于"内在平等"，阿比坦则将其视为管理的核心，遇到问题时，他不会把解决方案强加于人，而是希望员工能够自己寻找答案。他解释道："我从未建立过等级制度，我所打造的是一个人性化的社区。"事实证明，这是一次富有成果的冒险。20世纪80年代，PhotoService 成为法国最大的摄影服务连锁店。

阿比坦选择成立一家服务型企业而不是一家工业企业的原因，不仅仅是家族影响，这点我们将稍后讨论。本章讨论的主题是导致一个人反思其职业选择的环境，也就是说，使他无法继续承受"生命之轻"的环境。

正如最近一本畅销书中推广的一句古老的格言所说："每个人都有两次生命，第一次是出生，第二次是当你意识到生命只有一次的时候。"有了这种意识后，许多人会转行或跳槽到其他企业寻求职业发展。但阿比坦没有这么做。相反，他审视自己的内心，确定自己的价值观（例如"独立"），并成了一名企业家。

说到使阿比坦和贝拉达无法承受"职场生活之轻"，并促使他们追求各自向往的价值观和理想抱负的环境时，两者的情况有所不同。但这两个案例也有共同之处：两人都是受过良好教育的高管，并在跨国企业开始了自己的职业生涯。因此，将这两个案例放在一起研究有一定的意义。然而，在整个研究过程中，我们遇到了几十位首席执行官，他们也经历了某些事件，从而引发了对一种新的经营方式的探索。

新的经营方式

在某种程度上,我们研究的所有企业家都建立了自己的企业理念。这些方法虽然各不相同,但都有一个共同的基础,我们称之为"利他企业"。值得注意的是,这些企业家最初都没有对他们未来的理念有一个明确的概念,更不用说在他们的企业中体现这种理念的具体业务模式了。包括阿比坦和贝拉达在内的所有人都是经济活动的参与者和所在企业的头号人物,在日常工作中都取得了成功。

罗歇·皮纳尔(Roger Pinard)是法国夏朗德省(Charente)中部优林区(Fins Bois)的干邑生产商[1]。自17世纪初起,他那典型的夏朗德风格的农场就一直生产蒸馏型葡萄酒。1967年,罗歇·皮纳尔是众多为大型酒庄供货的生产者之一,他的客户包括拿破仑干邑(Courvoisier)。但有一天,一场意外让他的生活发生了翻天覆地的变化。从他的农场可以俯瞰整个葡萄园,他的孩子经常在那里玩耍。那天,他们惊恐地跑回家,眼睛红红的,双手发炎。罗歇很快就意识到是使用杀虫剂造成的。他立即决定转向有机种植,并成为第一个进行有机种植的干邑生产商。他的儿子居伊(Guy)在这个家族企业中延续了同样的理念,后来开发了自己的干邑品牌。"地球,与其说是祖先留给我们的,不如说是子孙借给我们的。"[2] 2002年,当居伊把土地交给自己的儿子让-巴蒂斯特(Jean-Baptiste)时这样说道。但在此之前,他已经从他的经营理念——关心他人——中取得了意想不到的结

---

1 出自2013年6月1日与罗歇·皮纳尔的儿子居伊·皮纳尔的交谈。
2 《皮纳尔做有机食品》,《西南报》,法国滨海夏朗德省,2002年6月17日,第7页。

果,这就是迂回原理的作用。居伊·皮纳尔发现,香水制造商正在寻找对皮肤无害的成分。事实证明,与传统干邑不同,有机干邑具有这种品质。因此,"巴赫花精"(一种被认为能平衡身心、调理情绪的植物香精)的生产者成为居伊·皮纳尔的原材料的狂热买家。居伊·皮纳尔和妹妹受损的皮肤成为该企业无条件为他人服务的诱发点。令人惊讶的巧合在于,许多客户使用巴赫花精正是出于护肤需求。该企业如今辉煌业绩的一部分都要归功于它。

让-米歇尔·奎奎纳(Jean-Michel Queguiner)[1]也是一位最初对自己未来的商业理念没有明确想法的老板。1975年,29岁的他有三个孩子。当这个工作狂得知自己身患癌症时,他决定辞职接受治疗,开启与自己独处的时光。奎奎纳与病魔的斗争持续了一年,他觉得这段时间难以置信地美好,因为他很幸运地能够"审视内心""仔细思考"。这些反思使奎奎纳得以发展他的人生哲学和商业哲学。

奎奎纳解释道:"人类自出生起,就被各种关系束缚,无法独自生存,需要他人。这意味着,因犯致死的原因,不是缺乏食物和水,更可能是缺乏关系。关系是至关重要的。在我看来,企业的唯一功能就是建立关系。"他之后成了布列塔尼工场(Bretagne Ateliers)的首席执行官,并根据这一理念将其成功改造为一家雇用残疾工人的中小型企业。十年后,该企业不仅在汽车行业的利基市场[2]上处于领先地位,也是最大的雇用残疾人的工业企业,其80%的员工是残疾人。奎奎纳围绕"关系"建立了企业。事实证明,生活中经常处于被社会"隔离"

---

[1] 出自2006年10月3日的个人访谈。
[2] 利基市场,又称缝隙市场、壁龛市场、针尖市场,指在较大的细分市场中具有相似兴趣或需求的一小群顾客所占有的市场空间。——译者注

状态的残疾人比他们的非残疾人同事对此受益更多。在工作中，他们体验到了真正的生活。因此，他们对企业的付出是无可匹敌的。布列塔尼工场在没有刻意追寻经济效益的情况下，再一次通过"迂回"的方式成为行业中的佼佼者。

虽然不能一概而论，但我们必须认识到，往往是不幸或偶然的意外事件促使人们探索新的经营方式。

意大利作家亚历山德罗·达威尼亚（Alessandro D'Avenia）曾说："一个人必须经历世界的消极面，才能对生活持开放态度。"[1]正是这些企业家们经历过的"世界的消极面"，促使他们寻求一种不同的生活方式。然而，表面上的成功有时也会让我们"脱轨"。

戈登·福沃德的故事很好地说明了这一点。[2]在麻省理工学院（MIT）获得博士学位后，这位才华横溢的工程师加入了一家大型钢铁集团的研发部门。一天，经理把他叫到办公室，对他说："你的研究做得很好，我们对你的工作很满意。我只是想告诉你，如果你留在我们这里，二十年后你会做到什么位置。"经理透过窗户指着研究中心所处的对面大楼的顶层说："你会在最顶层的一间大办公室里，成为整个集团的研发总监。"福沃德告诉我们，该经理认为，通过这种方式，可以激励他在集团中继续努力工作。的确，对很多人来，与上司进行这样的交流，他说他欣赏你的工作质量，并承诺给你一个辉煌的职业生涯，这可以被视为一件非常积极的事情。然而，福沃德并不这样认为。他离开经理办公室时，暗自想道："我不想知道二十年后我会在什

---

1 查尔斯·贾伊古：《一封来自意大利的写给文学老师的信》，《费加罗报》，2018年1月18日，第15页。

2 出自2007年9月25日的个人访谈。

么地方。我想要改变世界，做重要的事情，在工作中获得乐趣，并以此取得成功。"当天晚上，他便辞职了。

福沃德向我们解释说，该集团内部存在诸多问题，尤其是生产部门不愿意采纳研发部门的建议，使他难以顺利作出自己的贡献。然而，使福沃德意识到自己无法忍受处于"正轨"的生活的契机，并不是这些问题，而是经理对他工作非常积极的反馈。"我不喜欢为了研究而研究。"这位冶金学专家表示。福沃德找到了一份新的工作，仍旧是在钢铁行业，但这次是在一家炼钢企业。很快，他成了其中一家工厂的厂长。福沃德接手时，该厂的经营状况并不乐观。通过在操作工人和行政人员之间建立真诚的关系，福沃德扭亏为盈。后来，福沃德成为该企业的首席执行官，并继续推行他的理念。他的目标是为现实世界作出贡献，通过自己的行动影响人们的生活。正是这一目标促使他寻求创新型经营方式。作为扎帕拉尔（Chaparral）集团首席执行官，他将领导小型钢铁厂的革命。与拥有大型熔炉的钢铁厂不同，小型钢铁厂主要通过回收废钢生产钢铁，耗能和占据的空间很少。通过采取"迂回"的方式——专注于员工的福祉——该集团成功地将建筑用钢材的生产成本降低10倍，并通过大力推行回收政策，帮助降低了能源消耗。

在研究过程中，我们遇到了几十位企业家，他们都曾在某一天下定决心改变经营方式，构思新的企业理念。他们所有人都经历过让他们"脱轨"的事件，这些事件可以是不愉快的、偶然的，也可以是快乐的。对工业中小企业太阳液压（Sun Hydraulics）的首席执行官鲍勃·科斯基（Bob Koski）和印刷巨头科德图文（Quad Graphics）的首席执行官哈里·夸德拉奇（Harry Quadracci）来说，契机来源于他们作为高管所管理企业内部社会关系的严重恶化；对水果佬（一家总部位于美国加利福尼亚州的中小型企业）的首席执行官克里斯·米特斯塔德（Chris Mittelstaedt）来说，这是一名员工向客户作出的荣誉之举；对飞度奶酪的弗洛朗丝·普拉特隆、阿尔代羊毛（Ardelaine）合作社创始人热拉尔·巴拉斯（Gérard Barras）和贝亚特丽斯·巴拉斯（Béatrice Barras）夫妇来说，是农村地区的日渐荒芜；对阿尔代羊毛的新任首席执行官，曾经领导过一家织造工坊的梅里姆·弗拉德·于贝尔（Meriem Fradj Hubert）和德兰西街基金会（Fondation Delancey Street）创始人约翰·马厄（John Maher）来说，则涉及城市地区的犯罪问题。所有这些触发因素都打破了常态，让"正常行驶的火车停了下来"。

当火车不再行驶时

你可能经历过这种情况：某个工作日的早晨，一列高速列车正驶向一个大城市。很多乘客都在出差途中，他们的注意力都集中在电脑上。突然，火车渐渐慢了下来，停住了，在例行的"不要开门"的警示之后，列车上开始播报：前方出现事故，停靠时间待定。快速消化了这一情况后，大多数之前还在办公的旅客开始一边查看并修改日程表，一边通知客户、同事和家人。不管怎样，他们试图暂时将这起事故放在一边，尽可能按原计划行事——这是一种完全正常的反应。现在，想象一下，你的邻座一动不动地坐了一会儿后，突然拿起电话说："我们必须取消与潜在客户的预约。还有，帮我取消所有的预约。

事实上,我打算辞职,我不是做咨询的料,我不干了。我打算创业,但暂时还没有具体想法。我得好好想想。"这番话一定会让你大吃一惊。

这正是我们所研究的企业家们经历的情况。他们就是那个邻座。事实上,这样的事件,例如突如其来的疾病、糟糕的职业选择、对社会不公的震惊、缺乏尊重、当地社区的荒芜等,发生在他们的生活中,也发生在许多其他高管的生活中。然而,这并没有在每个人身上引发对新的经营方式的思索与追求。当然,有许多人最终选择跳槽、改行,甚至完全离开商界。在我们研究的这些企业家中,同类事件触发了他们对于存在主义的探索,这在某种程度上就像个谜。

心理学家和小说家都知道,年轻人往往通过反抗自己的所处环境而得到成长。18世纪到20世纪中叶,歌德(Goethe)、伏尔泰(Voltaire)、本杰明·贡斯当(Benjamin Constant)、司汤达(Stendhal)、简·奥斯汀(Jane Austen)以及后来的福楼拜(Flaubert)、赫尔曼·黑塞(Hermann Hesse)和托马斯·曼(Thomas Mann)等人的小说探索了年轻人的成长历程,彻底改变了当时以史诗叙事为主导的文学。在青年时代,主人公往往信奉某些与他周围世界相悖的理想、某种价值观,并经常采取行动充分践行这些价值观。青年时代之后是"理性时代":受工作和家庭生活所迫,不得不与现实妥协,留给理想的空间越来越少,有时甚至没有任何空间。于是,上述谜题的一个可能的答案就出现了:这些理想和价值观可能在少数人身上比在其他人身上更根深蒂固,他们的天性使他们对自己的内心生活更敏感。未来的企业家好似一座休眠的火山,随时准备在特定的"地质"环境中醒来。

阿比坦也有这种奇怪的感觉。他身无分文地来到巴黎,却受到了一群"追求平等"的朋友的收留和支持,这种氛围与他在企业里所经历的从属关系截然相反。还有贝拉达,他还是个孩子的时候,就意识到了自己家庭内部的重大社会裂痕,这些裂痕是他无法用作为银行家的才能来消除的。又或者福沃德,从小就受父亲的熏陶。他的父亲是一位伟大的科学家,致力于寻找对社会有用的创新,例如,通过水下驳船向加拿大的盟军运送物资抵抗纳粹。他从未"为了研究而研究"。

每个案例都有所不同,但这些企业家都有一个共同的特征:在那个紧要的关头,工作与个人价值观相互冲突,无法调和。"火车事故"让他们意识到这个问题,让它变得"不能承受",并引发了对解决方案的探索。这种探索之路并不明朗。正如但丁在《神曲》的开篇所写的:"在我们人生旅途走到一半的时候,我发现自己身处一座阴暗的森林,因为笔直的康庄大道已然消失。"许多企业家正是用这类问题来定义他们追求的核心:"服务他人""社会正义""社区需要""共同利益",甚至"人类的未来",等等。问题的根本在于企业利益与人类价值观、理想和追求之间的对立。康德的道德哲学认为,这个问题是无法解决的,因为根据定义,道德价值和利益是对立的。我们越愿意牺牲自己的利益来捍卫某种价值观,这种价值观对我们来说就越重要。历史上有许多为了捍卫自己的价值观而绝食、入狱,甚至牺牲生命的例子。

理论上,这个问题是无法解决的。但就像职业棒球运动员尤吉·贝拉(Yogi Berra)所说:"理论上,理论和实践之间没有区别,但在实践中却有区别。"在实践中,一些企业家长期以来一直在努力协调企业利益和他们的社会抱负。

社会创新的先行者[1]

　　1815年至1825年间，距英国格拉斯哥（Glasgow）东南部约40千米处克莱德（Clyde）河畔的苏格兰小村庄新拉纳克（New Lanark）经常上演这样的一幕：欧洲、美洲甚至澳大利亚的实业家和重要人物，包括皇室成员——奥地利的两位王子和俄罗斯未来的沙皇尼古拉斯一世——在当地一位实业家的介绍下，参观众多多层的石头建筑。尽管该地区风景宜人，但这些游客——10年内超过2万人——并非仅仅为了观光而从世界各地蜂拥而来。当然，观光是主要目的，只不过旅行的目的地是一家棉纺织厂，厂址即构成了这座"村庄"，这样的方式开创了"工业旅游"的先河。事实上，这是一个前所未有的经济和社会结合体。

　　在工业化初期，工人的生活条件艰苦，尤其是童工，而新拉纳克工业区的情况却让人倍感意外。在这里，每周有规定的工作时长，工业区内还建立了全球第一家厂办托儿所和幼儿园，以及英国第一家免费的小学[2]。教育和文化中心向所有成年人开放，包括来自周围村庄的成年人；商店以低于市场价格25%的价格向工人提供优质产品；建立

1　本章节的素材取自《自传：罗伯特·欧文的一生》，1857年，http://www.robert-owen-museum.org.uk/manchester；《罗伯特·欧文的故事》，新拉纳克信托组织，2012；哈里森：《罗伯特·欧文对美国新道德世界的探索》《罗伯特·欧文的美国遗产：罗伯特·欧文200周年诞辰会议记录》，印第安纳波利斯，印第安纳历史学会，1972；西蒙：《从工厂到乌托邦：1785—1825年的新拉纳克——模范工人村的故事》，2013年11月22日里昂第二大学答辩通过的博士论文（简化版标题为《罗伯特·欧文在伦敦新拉纳克的实验》），英国帕尔格雷夫麦克米伦出版社，2017。该章节还包括我们2018年1月访问新拉纳克的所见所闻。

2　只要支付少量费用，家长便可以把未满12岁的孩子送到学校接受教育，不过大多数家长更愿意把他们送到工厂赚钱补贴家用。

医疗保险和养老金制度；儿童在10岁之前禁止在工厂工作。

最后一项措施在今天看来有些可笑，但在当时，实施起来并不容易。过去，只要家长同意，工厂就可以雇用他们的孩子。另一方面，在一些母亲不工作的大家庭里，孩子的收入，即使是6岁的孩子，往往也是必要的。因此，为了说服家长接受10岁的工作年龄限制，新拉纳克的老板开设了这家托儿所，这样，母亲便能外出工作，她们的收入也比只能做基础工作的孩子多。最终，这些家庭同意将孩子送往学校，而不是去工厂做童工。在没有一个国家就这一问题立法的情况下，最低工作年龄是一项前所未有的社会创新，而这仅仅是纺织厂众多惊人成就的一方面。纺织厂的建立克服了来自各方面的阻力。事实上，这些进步举措远远领先于时代，欧洲和美国花了一个多世纪才将其推广普及。有些措施，如厂办托儿所，仍然没有普及。

让我们再次回到旅游参观的话题上。给这些"朝圣者"当向导的当地实业家名叫罗伯特·欧文（Robert Owen）。1799年7月，28岁的他和其他8位合伙人从未来岳父手中买下了这家纺织厂。的确，这个年轻人选了个好亲家。然而，应该指出的是，他并不是通过未来岳父、苏格兰实业家兼银行家大卫·戴尔（David Dale）的赠予获得这家纺纱厂的股份，而是自己收购了这家工厂。此外，尽管戴尔宅心仁厚，享有崇高的声誉，但真正被载入经济和社会史册的却是欧文。

新拉纳克，英国最大的棉纺织中心

欧文接管工厂时，那里的工作和生活条件比其他任何地方都好，因为在他之前,岳父已经开始关注工人的状况了。在其他地方,经常可以看到被家长送来的,或是被孤儿院和慈善机构的员工带来的五六岁的孩子在工厂工作。工作时间是周一至周六,每天13或14小时。制造业,包括纺织业,会导致严重的呼吸道疾病。安全状况导致了许多工作事故,酗酒和暴力也对工厂造成了破坏。大多数工人家庭住在棚户区。1792年起,欧文的岳父开始实施一系列的改进措施,将被认为是不相容的因素结合起来:工厂的繁荣、人民的健康与道德[1]。之所以选择新拉纳克,是因为克莱德河在此地水流湍急,能够提供巨大的能量。然而,当地人口不足以满足对劳动力的需求。因此,戴尔为许多因为大型地产发展而被赶出苏格兰高地的农村家庭提供了就业机会。为了安置他们,戴尔在1778年命人建造了四层石屋,每个家庭都有一个房间。这些石屋宏伟壮观,就像大城市主干道上的建筑一样。也许正是因为戴尔与欧文对企业家的社会角色持有一样的看法,才同意把他的新拉纳克纺织厂卖给这个年轻的威尔士人和他的合伙人,而没有像他原先希望的那样把它交给一个"老实的苏格兰人"。

然而,欧文比岳父想得更远,经历也更曲折。

从制呢学徒到社会创新者

欧文最早是一名曼彻斯特的制呢学徒,后来成为一名呢绒商人。18

---

[1] 出自1792年大卫·戴尔写给詹姆斯·柯里的信,该信被爱德华·罗伊尔引用在其所著的《罗伯特·欧文和千年的开端》(曼彻斯特大学出版社,1998)一书中;以及西蒙所著的《从工厂到乌托邦:1785—1825年的新拉纳克——模范工人村的故事》(第105页)中。

岁时，他从哥哥那里借了100英镑，与两个合伙人一起创办了一家小工厂，但只运行了几个月。此后，他又开了另一家，大获成功，每周可获利6英镑。必须指出的是，18世纪末到19世纪初，英国中部地区对纺织业的重要性，就像今天的硅谷对高科技的重要性一样。

欧文精明能干，20岁的时候，应征了当时一家大型纺纱厂的总经理一职，这家工厂隶属于曼彻斯特主要实业家之一——德林克沃特（Drinkwater）。欧文要求100英镑的年薪，理由是他的收入不能低于现有生意的利润。这与前初创企业的老板在谈判首席执行官薪酬时采取的方法非常相似。你可能会认为，这是唯一的相似之处：前初创企业的老板不可能只有100英镑的年薪。让我们来仔细分析下：1791年的100英镑相当于今天的13万英镑，就购买力而言，相当于78.5万英镑[1]，这些薪酬与当今并无太大区别。因此，欧文在非常良好的条件下开始工作，并通过技术和社会创新迅速扩大工厂，工人数量超过500人。在那里，他可以实现自己的理想——"进行一项思考了很久的实验"[2]。

欧文深信，良好的物质和道德环境对经济成功至关重要。为此，他改善了工人的工作和生活条件[3]。无意间，他开始实践我们所提到的"迂回"原则。但是，他渴望开创自己的事业以完成宏伟计划的愿望仍然没有改变。1794年，在德林克沃特拒绝接受他为合伙人后，欧文离开了工厂。不久之后，他与另外三名合伙人在曼彻斯特郊区建立了一家蒸汽纺织厂。纺织厂很快便大获成功。

---

1 1795年的英镑转换到2016年的价值详见 www.measuringworth.com/ukcompare。
2 《自传：罗伯特·欧文的一生》，1857，第46行。
3 同上书，第3页。

欧文在1800年接管新拉纳克纺织厂时，该厂已经雇用了大约2000人，是英国最大的棉纺厂。用今天的术语来说，欧文接手后的第一件事，便是进行"业务整改"。他解雇了戴尔同父异母的兄弟，一个懒散的生产部经理，取而代之的是他在德林克沃特纺织厂的一个熟人。两人一起建立了质量、成本和库存控制，以及考勤制度。对于偷窃、旷工和慢性酗酒的工人，欧文也毫不犹豫地一律解雇。他管理严格，甚至有工人给他起了"爆脾气"的绰号。然而，这些管理方法被实践证明是行之有效的。1799年到1810年间，纺织厂盈利9万英镑，其价值从1799年的6万英镑上升到1813年的11.4万英镑。[1]

人们可能会认为，在新拉纳克，欧文很快就忘记了他想要改善工人及其家庭的理想，转而采用所有实业家都熟悉的老方法。然而，以下事实将打破这种猜想。他的"管理方法"尽管在如今看来显得很严格，却与当时的主流方法大不相同。当时，法律允许对未履行合同的工人实施体罚。欧文从不允许体罚发生在他的纺织厂内。此外，受反对体罚学生的教育改革家约瑟夫·兰卡斯特（Joseph Lancaster）的启发，欧文决定将不良行为公开可视化，而不是施加惩罚。为了做到这一点，他在每个工人身旁挂了一个四色立方体，他称之为"无声监视器"。如果工人在白天的表现很好，工头会把立方体指向白色的一面；如果表现尚可，黄色的一面；表现一般，蓝色的一面；表现不佳，黑色的一面。每个工人每天的表现都会有记录。如果工人对工头的评价有异议，可以直接向欧文申诉。欧文注意到，这一措施很快营造了一

---

[1] 《自传：罗伯特·欧文的一生》，1857，第8页（9万英镑相当于今天的3.73亿英镑，而11.4万英镑相当于今天的4.52亿英镑；参见 www.measuringworth.com/ukcompare ）。

种有利于自我调节行为的氛围，比担心受到惩罚积极得多。然而，在实施其他社会创新措施时，欧文遇到了不少困难。

欧文对超长工作时间的抨击引起了合伙人和工人们的强烈抗议。合伙人们不同意欧文将每天的工作时间从13个小时减少到10个小时的提议。起初，他们甚至强迫欧文增加到14个小时。此外，欧文还有自己的教育计划。大卫·戴尔已经建了一所学校，为学徒，尤其是穷人，提供阅读、写作、算术、缝纫和宗教方面的培训。然而，欧文的计划有所不同：他想禁止所有10岁以下的儿童进入工厂，并送他们上学。他还想打造一栋名为"性格陶冶馆"的新建筑，为成年人提供教育和文化活动。1809年，欧文构思了这两个项目并开始实施。然而，他又一次遭到了合伙人的反对。

1813年，欧文终于成功开办了儿童学校（托儿所和小学），但合伙人拒绝将工厂的这么多资金用于教育和社会项目。我们在前文介绍过的"迂回"概念在当时和今天一样很小众：欧文的合伙人们无法想象，工人及其家庭生活的改善这一最终目的会带来更好的经营业绩。当时，欧文只拥有工厂1/9的股份。同年，为了解决这一分歧，合伙人决定卖掉纺织厂，并希望回购欧文的股份。令他们吃惊的是，欧文设法召集了一群大投资客和他一起收购了这家工厂。这些投资者中包括几位贵格派[1]教徒和哲学家杰里米·边沁（Jeremy Bentham）[2]。新合伙

---

[1] 这个诞生于17世纪的英国教会异见宗教运动也被称为"教友派"。其成员为废除奴隶制、和平主义、社会正义开展强有力的社会行动，并为工人的子女建立学校。他们还大力参与金融城的事务，在经济领域创立了许多大企业，包括劳埃德银行（Lloyds）、巴克莱银行（Barclays）、吉百利巧克力（Cadburry chocolate）和其乐鞋（Clarks shoes）。

[2] 作为一名伟人的改革家，边沁影响了法国革命者，并被授予"法国荣誉公民"称号。

人不仅对欧文的社会创新感兴趣，还同意将分红限制在利润的5%以内，其余部分用于新拉纳克的教育和社会项目。1814年1月10日，当欧文以厂长和新的共同所有者的身份回归时，从《格拉斯哥日报》得知消息的工人家庭们奏起乡村管弦乐，挥舞着旗帜，大声欢呼着，迎接他的到来。大胆的社会创新之路再无障碍。就这样，欧文开始推行每天12小时工作制。1816年1月1日，"性格陶冶馆"也成立了。

欧文推行了众多社会创新举措，例如为工人及其家庭设立的免费学校，就连1814年1月庆祝欧文回归的活动也是其创新的结果之一。你们可能会认为，欧文立即获得了工人们的支持。然而事实并非如此。自从欧文在新拉纳克上任以来，他花了6年时间才与工人们建立起牢固的信任。工人及其家人，以他们的经验，不相信企业家会真心实意地考虑工人的利益。最后，欧文依靠法国获得了工人们的信任，尽管这个国家并没有意识到这一点。1806年，拿破仑刚刚经历了特拉法加海战的失败。由于无法在海上击败英国人，他随后颁布了大陆封锁令。一夜之间，欧洲大陆与英国之间的海上交通全部中断，对英国纺织出口行业造成了前所未有的经济危机。产品远销俄罗斯的新拉纳克遭遇了与多数纺纱厂相同的命运，无法继续生产。转眼间，英国所有的纺织工人都遭遇了技术性失业，除了欧文的新拉纳克。他继续支付工人工资，直至4个月后，工厂复工。从来没有工人见过这样的事情，从那以后，欧文彻底赢得了工人们的信任。

然而，欧文的创新方法并不仅仅体现在工人身上，他还与客户保持真诚的关系。例如，他会毫不犹豫地提醒客户棉花价格可能发生的变化："现在就买，比3个月后买要便宜！"或者相反："3个月后再买，因为价格很快就会下跌！"

欧文对工人的家庭也关怀备至。当时，英国所有的实业家都以"工厂货币"支付工人工资，这种货币只能在工厂商店流通。直到19世纪30年代，英国政府才立法规定，工资必须以英镑支付。然而，"工厂货币"只能在工厂商店使用还不是最困难的，最糟糕的是，许多寡廉鲜耻的老板订购劣质产品，有时还以高于市场价的价格出售。欧文却反其道而行之。一方面，他确保订购高质量的产品，另一方面，商店以仅略高于批发价的零售价出售这些产品。当他设法通过谈判成功降低产品的采购价格时，会直接把降价让利给商店的客户，也就是工人和他们的家人。对于客户他也是这么做的。最重要的是，商店的收入用于资助新拉纳克的教育项目。他还规范了店内啤酒和威士忌的销售，打击酗酒行为。不用说，所有这些措施都大大改善了工人家庭的物质和生活条件。但欧文并没有就此止步，他还着手处理了教育问题。

欧文认为，教育应该是自然的、自发的，最重要的是，对孩子们来说，应该是快乐的。[1]这与当时盛行的包括体罚[2]在内的"专制型育儿方式"[3]完全相反。此外，他反对惩罚和奖励，提倡应当唤起儿童对所学课程及所参与活动的兴趣。以下是新拉纳克学校的十条指导原则[4]：

---

1 见新拉纳克学校网址：http://robert-owen-museum.org.uk/New_Lanark_Schools。
2 欧文很早就开始对他那个时代的先进教学方法感兴趣，尤其是来自瑞士的佩斯塔洛齐教授（Pestalozzi）的方法。欧文将这位教授的方法用在了他的幼儿园（3—6岁）和小学（7—10岁）。
3 哈里森：《罗伯特·欧文对美国新道德世界的探索》，第40页。
4 见http://robert-owen-museum.org.uk/New_Lanark_Schools。

- 不责骂也不惩罚儿童。
- 为了在教师和受教育者之间建立起真实的感情和充分的信任，每一位受聘用的教师，要始终以和蔼的语调、表情、言语和行为毫无例外地对待所有儿童。
- 通过考察现实事物和它们的特性来进行教学，通过教师和受教育者之间无拘束的谈话，来说明这些现实事物和它们的特性，并且始终允许受教育者提出他们自己要求得到解释或者得到新知识的问题。
- 回答这些问题，始终要以和蔼和合乎理性的方式。
- 学校不必有固定的室内时间。教师要注意的是，当受教育者或自己的精力因室内上课而疲倦时，如果天气好的话，就把室内的课改为室外体操；如果天气不好的话，就改为室内体操、音乐练习。
- 除了音乐外，这些工人的子女要接受军事训练的教育和操练，培养他们遵守秩序、服从命令和严格要求的习惯，以改善他们的健康状况和仪态举止，让他们在最佳时期，用最佳方式做好准备，一旦需要，就能以最小的代价和最少的困难去保卫祖国。要教他们跳舞，而且舞要跳得好，以改善他们的仪表、风度和健康状况。
- 但是，当这些操作熟练了，并且成为受教育者享受的乐趣时，就不能再继续进行。一旦他们露出厌倦的迹象时，就回到室内的心智课上。
- 把儿童带出去，让他们熟悉花园、果园、田野和森林，了解家畜和一般自然史。

- 训练工人阶级的子女合乎理性地思考和行动,获得对他们以后一生中都有用的实质性知识。
- 把工人的子女置于比任何其他社会阶层的子女都优越的环境中。

从遥远的新拉纳克向整个社会前进!

鉴于欧文在新拉纳克的社会创新在世界各地引起的兴趣,人们可能会以为,他的同行,英国的实业家们,会认为这是一种进步。但事实并非如此。欧文的人生发生了翻天覆地的变化:从企业的社会创新者变成了国家的社会改革家。

1813年起,欧文开始致力于将自家纺织厂已经成功实施的工作条件向全英国推广。然而,进展并不顺利。实业家们不希望政府干涉一般的商业生活,尤其是工厂。这种反对导致了诸多困难,包括来自工业界乃至其他社会各界的诽谤。事实上,欧文的自由思想与当时盛行的宗教思想格格不入。面对被否决的项目,欧文的想法不再局限于企业领域。

1820年,欧文在他的《致拉纳克郡报告》中提出了一个改变整个社会的计划。根据新拉纳克的经验,他提议通过在全国建立农工业社区来解决自拿破仑战争结束以来一直存在的失业问题。这一次,欧文又失败了。然而,他的言论得到了一些追随者的倾听。他们是"欧文主义"的创始人,这一学派将在后来促成英国工会主义和社会主义的诞生,但仅此而已。面对同胞们的惰性,欧文决定前往美国寻找实验空间。他与几位美国总统有过接触，最终于1825年在印第安纳州创办了一个新的社会和经济组织：新和谐公社（New Harmony）[1]。几年后，这个实验也以失败告终。

欧文经常被马克思和恩格斯贴上"空想社会主义者"的标签。从1813年开始，改革整个社会的尝试屡遭失败，这与此有很大关系。至于欧文于1800—1825年在自己的工厂内进行的社会创新，有时被称为"家长式作风"。可以肯定的是，如果由一个现代的企业家来实践，他们中的许多人都应该被贴上这个标签。但是在欧文的时代背景下，这些改革措施具有革命性，并将成为宝贵的遗产，值得流传下去。

从企业家到社会创新者：探索另一条路

罗伯特·欧文对社会创新影响巨大。工业领域的许多企业家纷纷效仿。例如，位于法国中东部城市勒克勒佐（Le Creusot）的施耐德（Schneider）家族，还有东部的阿尔萨斯地区和北方的企业家。他们为工人提供住房，开办学校，建立当地的社会保障和退休金制度。英国连锁店玛莎百货（Marks & Spencer）的创始人迈克尔·马克（Michael Marks）和继承人在20世纪20至30年代开发了一系列针对客户（为工人阶级提供价廉物美的商品）、供应商（建立长期合作关系）和员工（工作条件在当时非常先进，配有食堂、医疗服务，建立养老保险

---

[1] 公社实行生产资料公共占有、权利平等、民主管理等原则。在当时，欧文的这些想法只能是空想。——译者注

制度等[1]）的社会创新。在其他地方，例如美国，原连锁百货"黄金法则"（Golden Rule）的创始人詹姆斯·卡什·佩尼（James Cash Penney）在20世纪初，也引入了一系列针对客户（绝不靠牺牲客户利益获得利润）、员工（工作安全、带薪假、病假、人寿保险、继续教育、分红等）以及当地社区（每家门店都必须为当地发展作出贡献[2]）的社会实践。20世纪30年代，捷克斯洛伐克著名鞋业实业家托马斯·拔佳（Tomáš Bat'a）领导的一系列社会创新，在很长一段时间内都是欧洲乃至全世界借鉴学习的对象。这些企业家和其他许多人都被称为社会创新者，欧文就是其中的第一个历史性代表。

或许欧文的所有成就，以及他所激发的那些成就，都可以用另一种方式来解释：吸引和留住员工可能是一种经济需要，就像如今的硅谷IT人员一样。虽然我们尚不清楚硅谷的做法将如何影响社会实践，但欧文及其继任者的做法已经引发了重大变革。对这些实业家来说，工人及其家庭和村民不是无名的生产力，而是一个个有名字、有面孔的人。

但这不仅仅是单纯的经济参与者之间的关系。一切都发生在某个特定的地理区域——当地社区。在过去，农民、手工业者或商人与"公社"一级的地方当局有直接的联系。"公社"（法文：commune）首先指的是一个居住生活的地方，由其成员共同享有和管理。其法律地位可以追溯到古罗马的"res commune"一词，即"公共物品"。可以想象，当公社的一个成员是一家大工厂时，公社的关系会发生怎样的

---

1 奥图尔：《开明的资本家》：纽约：哈珀商业出版社，2019。
2 同上。

变化。通常，为了工厂的利益，公社全员都会被动员。

就时间方面而言，例如，工匠与未来和过去几代人之间的关系至关重要。首先，在很小的时候，孩子们就被送去做学徒学习手艺，就像欧文年轻时经历的那样。随着工业革命的到来，许多家庭把孩子送到工厂，却无法让他们学习一门能保证自身经济独立的手艺。此外，没有师徒结对，就不可能传承手艺。工业化也改变了师徒关系。老工匠的知识不再有用，因为现代生产方法在生产手册里都事无巨细地提前写清楚了；年轻人在现场接受培训，学习生产方法，即他们需要完成的有限且精准的工作任务。

总的来说，工业革命改变了经济世界参与者之间原有的人性化关系和直接关系，使它们变得非人性且间接，参与者不再被视作有具体面孔的个人。然而，在过去的两个世纪里，一些企业家、经理和商人，紧跟欧文的脚步，一直在寻找重新建立真实关系的新方法，重新塑造经济世界参与者的面孔。前文提到了欧文及其继任者推行的一些社会创新的例子，虽然不完美，但在当时的实践背景下具有创新性。如今，我们也可以看到许多领导者在社会领域的创新举措。在商业发展200余年的历史中，已经有几种方法旨在为他人服务——尽管是在某些条件下。

如何协调企业利益和为他人服务？

第一代做法是让企业进行慈善活动，大多数时候由管理层自行组织，选择他们关心的项目。自古以来，富人就支持社会事业，被称为赞助人。他们的贡献使其成为社区里备受尊敬的人物。如今，企业常常设立基金，赞助各类活动。诚然，此类行为旨在强化企业在客户心中的形象。但当一个城市的资源有限时，居民们很希望文化遗产得到修复或特定的艺术收藏品得以维护。

基于第一代基础上的第二代方法出现于20世纪90年代。除了传统运作方式外，社会导向成为一种约束，迫使企业遵守某些标准。但这并没有改变企业的主要目的，即经济目的。此外，还出现了专门管理这些约束的部门。这些方法，无论是"企业社会责任""3P原则"〔人-地球-利润（people-planet-profit）〕还是"三重底线"（Triple Bottom Line），都有助于促进企业反思各类社会问题。尽管如此，还是有越来越多的人呼吁企业采取进一步行动。

第三代方法出现于21世纪：

迈克尔·波特（Michael Porter）和马克·克雷默（Mark Kramer）将十几家企业的方法理论化，称之为"共享价值"（shared value）[1]。该理论表明，通过一些经济活动，企业可以同时追求经济价值和社会价值[2]。

美国最大的天然食品和有机食品零售超市"全食超市"（Whole Foods）的创始人约翰·麦基（John Mackey）携手

---

1 应该指出的是，迈克尔·波特和马克·克雷默在2011年公开的方法与早在2003年曼弗雷德·马克在他的《全部价值》（INSEP Consulting出版社，2003）一书中发表的想法非常接近。

2 迈克尔·波特、马克·克雷默：《创造共同价值：如何重塑资本主义，并释放一波创新和增长浪潮》，《哈佛商业评论》2011年第89（1—2）期，第62—77页。

营销学教授拉杰·索迪亚（Raj Sisodia）提出了另一种方法，被称为"自觉资本主义"（Conscious Capitalism）[1]，强调企业要以所有利益相关者为导向，而不仅仅是股东。

最后，"美国共益实验室"（B Lab）[2]为那些以追求利润和积极的社会、环境影响为目标的企业设立了"共益企业认证"（Certification B Corp）。全球有2000多家公司获得了这一认证。与此同时，美国30个州创建了"共益企业"（Benefit Corporation）[3]这一企业类型并规定企业的目标不仅是经济效益，还有社会和环境效益。

所有这些第三代方法都代表了企业在社会贡献方面的重大进步，并对许多批评企业在环境或社会问题上做得不够的声音作出了回应。但这还不够，许多人继续表达不满。例如，在价格和质量相同的情况下，89%的美国人会考虑换一个有社会使命感的品牌。[4]这比1993年增长了33%。另一项研究表明，80%的人认为企业应该给予社会利益和经济利益同等的重视[5]，这在某种程度与第三代企业的做法相吻合。最后，安永（Ernst & Young）和霍华德大学（Howard University）的

---

[1] 约翰·麦基：《自觉资本主义到底是什么》，《加州管理评论》杂志2011年第53（3）期，第83—90页；约翰·麦基、拉杰·索迪亚：《自觉资本主义：解放商业的英雄精神》，哈佛商业评论出版社，2013。

[2] 见http://www.bcorporation.net/what-are-b-corps/about-b-lab。

[3] 见http://www.benefitcorp.net/，在2018年的法国，没有同等法律地位的企业，但相同理念的企业常被称为"使命型企业"。

[4] 见Cone Communications，CRS研究，2017，第12页，http://www.conecomm.com/2017-cone-communications-csr-study-pdf。

[5] 出自爱德曼品牌信任报告（2016）。

研究表明，87%的千禧一代认为，"商业成功的衡量标准不应仅仅是财务表现"。所有这些数据都反映了当下的主要趋势。通过研究1970年至2006年间"物质主义者"（金钱回报、经济繁荣和保障）与"后物质主义者"（自主性、归属感、社区意识、关注生活质量）的比例，"世界价值观"组织创始人首任主席英格勒哈特（Inglehart）[1]发现，2006年，在西欧国家和美国，"物质主义者"相对于"后物质主义者"已经成为少数。

或许是为了应对新一代人的这些需求，2016年6月，达能集团首席执行官范易谋（Emmanuel Faber）在对巴黎高等商学院毕业生的演讲中说："在经历了几十年的增长之后，经济的挑战，全球化的挑战，是实现社会公正。没有社会公正，就没有经济。"[2]同样，在麻省理工学院《斯隆管理评论》（*Sloan Management Review*）早年发表的一篇专栏文章中，印度塔塔集团（Tata Group）前首席执行官拉丹·塔塔（Ratan Tata）及其合著者写道："在当代商界，有一个经久不衰的神话，认为商业的最终目的是实现利润最大化。然而，利润最大化并不是存在的理由，而是一个结果。我们支持这样一种假设，即从长远来看，实现

---

[1] 英格勒哈特：《从1970年到2006年西方公众价值观的变化》，《西欧政治》杂志2008年第31期，第130—146页。熟悉美国心理学家德西（Deci）和瑞恩（Ryan）研究的读者会注意到，"后唯物主义"价值观在很大程度上符合这些研究人员所认定的普遍心理需求，即存在于世界各地所有人身上的心理需求。对这一悖论的一种解释是，"唯物主义者"不相信他们的心理需求——至少在工作中——能够得到满足，因此求助于外在的，尤其是物质的激励因素。然而，英格勒哈特的研究表明，在西方，大多数人相信他们的普遍需求能够得到满足，因此信奉"后唯物主义"价值观。

[2] 巴黎高等商学院毕业典礼，2016年6月24日，https://www.youtube.com/watch?v=x4rj4MfNkys。

利润最大化的最佳途径是不把利润作为首要目标。"[1] 这些领导者指出，尽管取得了一些显著的进步，我们尚未开始将全球经济朝着这个方向发展的转变。

不满情绪不仅体现在一些老板身上，也体现在员工身上。当然，无论是企业基金会还是志愿者活动，很多人都很感激企业允许他们在正式工作之外参与对社会价值有贡献的活动。此外，他们愿意减少工资或更换企业，以期有机会对社会作出贡献。[2] 然而，不满情绪在年轻毕业生中更为明显。2018年9月发布的《绿色觉醒学生宣言》呼吁"改变经济体系"，3万名学生联合署名表示不再信任这一体系。

投资者的预期也在上升。2017年底，由先锋集团（Vanguard Group）董事长威廉·麦克纳布三世（William McNabb III）领导的机构投资者联盟，在一封致受邀参加投资者论坛的首席执行官的信中表达了同样的担忧。该论坛由CECP（Chief Executives for Corporate Purpose）组织，其使命是让企业成为造福社会的力量[3]。麦克纳布三世要求首席执行官们在向投资者介绍时回答7个问题，其中就包括"企业如何与员工分享其在社会中扮演的角色"[4]。

在此前的两个论坛上，管理着25万亿美元基金的投资者们聚集

---

1 塔塔、哈特、夏尔马、萨尔卡合著：《为什么仅仅赚钱还不够：这个世界迫切需要目标高于利润的企业》，《斯隆管理评论》，2013，第96—97页。

2 罗伯特·弗兰克在1996年发表的文章《道德高地的代价是什么？》（《南方经济杂志》1996年7月第63期，第1—17页）中描述了此现象。此后，这一趋势一直在加速。正如前文提到的，87%的"千禧一代"认为，"商业成功的衡量标准不应仅仅是财务表现"。

3 CECP是由首席执行官们组成的联盟，他们认为企业的社会战略——企业与员工、当地社区、投资者和客户互动的方式——决定了企业的成功（http://cecp.co/about/）。

4 见http://cecp.co/cecp-investor-letter/。

在一起，听取了一群市值约1万亿美元的企业的首席执行官的意见。1999年，演员兼企业家的保罗·纽曼（Paul Newman）和其他企业家共同创立了CECP，汇集了全球200多家最大的企业，营业额达7万亿美元，员工数达1300万。

2018年1月，全球最大资产管理集团贝莱德集团（BlackRock）的首席执行官拉里·芬克（Larry Fink）在一封给旗下控股企业的管理者的信中[1]，比麦克纳布三世更为深刻地总结道："企业必须有利于所有参与者，包括股东、员工、客户和所在地区。"

的确，企业不会直接接到股东（尤其是小股东）的指令，这些只是贝莱德集团的愿望。然而，拉里·芬克是世界上最大的机构投资者的老板，他管理着6.3万亿美元的资产，是法国GDP的两倍，还是法国巴黎CAC40指数[2]的大股东，以及1/5美国上市公司的最大股东。有些人很快指出了贝莱德集团的伪善，理由是贝莱德尚未减少在煤炭或化石燃料方面的投资[3]。然而，2018年的这封信并不仅仅是一次机会主义的宣传行动。它表明了一种强烈的意愿，在2019年1月发表的新的年度信件中[4]，芬克重申了这一点。信中还详细描述了贝莱德集团希望与所投资企业的首席执行官进行的讨论：企业存在的目的、企业文化

---

1 拉里·芬克致贝莱德控股企业老板的信，2018年1月12日，第1页，见http://www.novethic.fr/fileadmin/user_upload/tx_ausynovethicarticles/BH/Lettre_de_Larry_Fink_aux_dirigeants_des_grandes_entreprises_2018_FR.pdf。
2 法国CAC-40指数是法国股价指数，由40只法国股票构成，由巴黎证券交易所（PSE）以其前40大上市公司的股价来编制。——译者注
3 见https://www.fnlondon.com/articles/purpose-and-profitlarry-finks-real-letter-to-ceos-20190117。
4 见https://www.blackrock.com/corporate/investor-relations/larry-fink-ceo-letter?mod=article_inline。

（尤其是员工在确定存在目的方面的参与）以及长期策略。

面对来自大型集团首席执行官或大型机构投资者的这些言论，一些批评人士指出，这只是夸夸其谈，实际行动很少。这种质疑并非毫无道理。例如，CECP的企业成员虽然创造了7万亿的营业额，但只有186亿欧元用于"社会投资"中。因此，许多观察人士正在等待企业采取更有力的行动。前文提到的市场营销公司Cone Communications的研究表明，71%的千禧一代希望企业能够在应对全球社会挑战方面发挥领导作用。

在这些当代辩论中，我们可以看到一种更深刻、更古老的关切。正如老子所说，"道"的伟大不是来自"善"或"义"的法则：

大道废，有仁义；六亲不和，有孝慈；国家昏乱，有忠臣。[1]

（译文：大道废弛，仁义才显现；家庭不和，孝慈才显现；国政昏，忠臣才见出。）

炫耀自己的美德是缺乏美德的表现，字典将这种现象定义为"伪善"。换句话说，当一个人开始"为正义而行动"，却时刻将自己的善行挂在嘴边，不断宣传时，自然会引起别人的质疑。

公民，特别是新一代的公民，以及某些老板、员工或投资者的不满情绪不无益处，因为这样能促进对现有方法的评估从而进行创新。

换句话说，将企业的经济目标与社会责任联系起来的问题没有令人满意的解决方案，应当换个角度，重新拟定问题。或许，关键不在于"如何协调企业利益与社会愿景"，而应该是"如何反思并改进企

---

[1] 出自《道德经》，第十八章。

业活动，从而无条件地为他人服务"。

这种新构思的问题为信奉利他主义的商业领袖开辟了一条创造性的解决方案之路。这看起来有点像一个奇迹，但发生在他们身上的事情在关于创造力的研究领域已经广为流传。接着，我们稍微偏个题，来具体看看这方面的研究。

"创造性发现"的奇迹

也许你曾做过某道数学题，想尽一切办法试图证明某个定理却没有成功？或者，写了一个电脑程序，却运行不了，于是花了一整天的时间来寻找漏洞？然后，早上醒来时，创造性的解决方案在脑海中突然闪现，就好像那道数学演算题或计算机代码被重写了一般，使你找到了解决方案。我们也有过这样的经历。任何遭遇过类似情况的人都经历过"创造性发现"。

几个世纪以来，思想家们一直试图解开"发现"的奥秘：毕达哥拉斯发现了几何学原理，布鲁内莱斯基（Brunelleschi）发现了建筑学原理，牛顿发现了物理学原理，哥伦布发现了美洲大陆……古希腊人认为，缪斯女神像在花瓶中注水一样，将灵感注入了创造者的头脑中。研究人员已设法对这一神秘的心理过程作出了解释。

20世纪初，数学家、哲学家儒勒-亨利·庞加莱（Jules-Henri Poincaré）[1]在一篇关于认识论的文章中提出假设："发现"不是一个孤

---

1 儒勒-亨利·庞加莱:《科学与方法》，弗拉马里翁出版社，1908年。

立的行为，而是一个创造性过程的结果。这个假设来自庞加莱对他在数学上的一些发现的反思。美国心理学家格雷厄姆·沃勒斯（Graham Wallas）受到庞加莱以及德国物理学家、生理学家赫尔曼·冯·赫姆霍尔兹（Hermann von Helmholtz）的启发，认为"创作过程"由四个阶段组成[1]，数学家雅克·阿达玛（Jacques Hadamard）也支持这个观点[2]。

第一阶段是"准备"，未来的创造者有意识地探索问题的各个方面，并寻找创造性解决方案。这一阶段需要付出大量努力来获得相关知识，以便处理问题。下一个阶段称为"酝酿"，是一种"前意识的阶段"，因为此时，人们不会有意识地专注于要解决的问题。他可以通过着手另一项任务或者干脆放下手中的工作来达到这个目的，例如，从办公室开车回家。第三个阶段是"启发"，我们忽然意识到某个潜在的解决方案，这就是著名的"尤里卡"（灵光一现）。这是一个非常短暂的时刻。例如，如果你正打算睡觉，别忘了立即记下你的想法。最后一个阶段称为"验证"，验证潜在的创造性想法是否确实有效。

四个阶段的创造过程模型为大量创造性研究提供了基础，并经历了多次修改和扩展[3]。我们特别感兴趣第一阶段的先决部分：重新拟订问题。当我们寻找某个问题的创造性解决方案时，提出问题的人往往不是我们自己。在经济领域，问题可能由客户或上司提出；在科学领域，由其他研究人员提出；在艺术领域，由其他艺术家或者某个

---

1 格雷厄姆·沃勒斯：《思想的艺术》，伦敦：乔纳森凯普出版社，1926。
2 雅克·阿达玛：《数学领域的发现心理学》，Gauthier-Villars 出版社，1945（1991年再版）。
3 卢巴特等主编《创造心理学》，阿尔芒·科林出版社，2003。感兴趣的读者可以在该书中找到更多关于创作过程的研究细节，包括那些质疑四个阶段模型的研究。

要求学生创作静物画的美术老师提出。两位美国心理学家盖泽尔斯（Getzels）和契克森米哈赖在1976年便研究了这个绘画案例。[1]

两位心理学家发现，一些学生一拿到画笔就开始创作，而另一些学生则不急着动笔。相反，他们花了很多时间来排列老师要求的静物：花瓶、半身像、水果等。只有当他们对物体的排列感到满意时，才开始提笔创作。盖泽尔斯和契克森米哈赖并没有就此止步。他们要求评委根据学生的创造力对学生的静物画进行排名，然后统计"玩"（摆弄）静物的时间和创造力之间的相关性。令人惊讶的是，学生"玩"的时间越长（他们不在画画的时间越长），他们的画就越被认为富有创造力。

这一矛盾的结果（在其他领域也有类似的结果）的背后，正是在创造之前对问题进行重新拟订的过程。通常情况下，最初的问题没有解决方案，或只有平庸的解决方案。只有通过"摆弄"问题的各个方面，重新定义问题，才能找到创造过程的关键。

我们再来看个案例。在马塞尔·比奇（Marcel Bich）爵士进军剃须刀行业之前，市面上所有的生产商都在努力改进产品，使其更耐用、质量更好。比奇对这一问题没有解决方案，也没有在寻找解决方案。相反，他通过满足不同的需求——低成本、简洁性和可靠性——重新定义了这个问题。1975年，比奇推出一次性剃须刀Bic，很快就在男性群体中占据了相当大的市场份额，后来，又出乎意料地在女性群体中占有了相当大的市场份额。让比奇爵士和其他领域的许多设计

---

[1] 盖泽尔斯、契克森米哈赖：《创造性视野：艺术中问题发现的纵向研究》，纽约：威利出版社，1976。

师做出"创造性发现"的关键正是重新定义问题[1]。

我们所研究的企业家在处理他们所关心的关于企业愿景的具体问题时就是这样做的。当然,他们中的许多人最初都在尝试解决以传统方式定义的问题:"如何同时追求企业利益和社会愿景?"但是,他们往往对找到的解决办法不满意。于是,他们开始质疑问题本身,逐个分析问题的各个组成部分。正是这种探索使他们重新定义了问题,并最终促成创造性解决方案的出现。

创造性解决方案:无条件为他人服务的利他企业

1989年,当内藤晴夫宣布"医疗保健的主要对象应当是患者及其家属,以及更广泛的公众,我们必须为他们服务"时,他内心明白,这意味着他的制药实验室将发生根本性的转变。但当时,他和员工都不知道他们需要打造什么样的"卫材独特属性"。这种老板和员工共同建设的过程就像是一种发明创造,目的是开创企业开展经济活动的新方式,使其能够无条件地创造社会价值。卫材开发这些新方式的同时,还试图将其理论化,作为不断调整的HHC理念的一部分。2014年

---

1 航海领域"重新定义问题"的一个著名例子是哥伦布。作为葡萄牙海军的一名船长,他曾有一段时间试图解决和其他舰长面临的一样的问题:寻找一条绕过非洲前往印度的海上航线。他自己乘船去了安哥拉。16世纪初,其他舰长找到了这条路线,但是哥伦布没有。他重新定义了这个问题:"向西航行如何到达印度"。他最终找到的解决办法不是去印度,而是去美国,你也许会说,这是不恰当的。然而,这对西班牙的国王来说是决定性的,因为他们真正想要解决的问题不是"如何主宰通往亚洲的贸易路线",而是"如何成为主宰世界的强国"。针对这一问题,美洲加入西班牙王国的版图是一个很好的解决方案。

我们第一次参观卫材时，这种理论的形式如下表所示。

"企业社会责任（RSE）"方法	"创造共享价值（CSV）"方法	"关心人类健康（HHC）"方法
√ 核心价值观：行善	√ 核心价值观：与成本相关的经济和社会效益	√ 核心价值观：共同利益
√ 公民，慈善，可持续性	√ 为企业和社区创造共同价值	√ 不同企业共同创造符合社会需求的价值
√ 非必须，或迫于外界压力	√ 竞争所固有	√ 不受竞争影响
√ 与利润最大化分开	√ 利润最大化所固有	√ 利润是共同利益活动的结果
√ 目标由外界报道和个人偏好决定	√ 目标为企业特有，由内部产生	√ 所有企业共享同一目标
√ 受限于社会和企业环境影响以及分配给企业社会责任的预算，影响有限	√ 调整公司的整体预算	√ 在企业正常经营预算之内
√ 例如：采购过程中遵循"公平贸易"原则	√ 例如：为提高质量和产出而改变采购	√ 例如：在价值链中考虑客户需求
企业必须转变组织结构，追求比盈利更重要的目标；必须从同时追求经济价值和社会价值过渡到**无条件**追求社会价值，而社会价值的产生最终也会带来经济价值。[1]		

（资料来源：卫材内部文件[2]）

表格的前两列讨论的是"企业社会责任"和"创造共享价值"方法，信息来源于2011年波特和克莱默发表的文章《创造社会价值》。值得注意

---

[1] 作者将原英文术语"单一的追求（single-minded pursuit）"翻译成法语的"无条件的追求（poursuite inconditionnelle）"。法语字典里把英语的"单一的"表示为"顽强的"或"坚决的"。然而，卫材的文件中将"单一"与"同时"进行了对比。然而，"顽强"和"坚决"并不是"同时"的对立面。

[2] 出自2014年4月24日作者参观卫材期间获得的内部文件。

的是，卫材在1990年推出了自己的HHC方法，因而相较第一列里的"企业社会责任"方法来说，时间更为靠前。因此，列的顺序（从左到右）并不表示随时间推移而取得的进步，而是代表了这三种方法的社会贡献水平。

表格下方对这一发展的总结，与我们研究的利他企业领导者所面临问题的重新表述非常相似："如何反思企业活动，从而无条件地为他人服务"。

首先，会议之家和卫材都无条件地追求社会价值的创造。这与"创造共享价值"的方法非常不同，后者试图重新思考企业的活动，以同时追求经济和社会价值。其次，两个问题都提出要重新思考企业的运行模式和组织方式。这不同于强调在现有经济活动基础上增加社会导向新活动的"企业社会责任"，也不同于要求重新思考某些核心业务活动，以便能够在创造经济价值的同时产生社会价值的"创造共享价值"。例如，重新考虑企业提供的活动（营销、研发、生产、销售）或其价值链的活动（供应链、采购）。换句话说，对于卫材和其他利他企业来说，从长远来看，这是一个重新思考公司所有核心业务活动的问题，而不仅仅是其中的一些。这不仅是重新考虑这些活动的问题，更重要的是重新创造组织模式的问题。这就是卫材呼吁企业"改变组织结构"，而不仅仅是改变商业活动的原因。卫材的目标是改变组织实践（绩效监控和评估，管理者的角色），以及组织结构（强大的等级制度，筒仓结构）。

简而言之，重新思考企业业务，无条件地为他人服务，需要一个创造性的解决方案。这相当于组织创新，而迎接这一挑战的首先是管理者——首席执行官或者运营总监，因为他们肩负最终的责任。这个创造性的解决方案是什么？这些管理者是如何推动可能涉及大多数员工的组织和社会创新的？我们将在下一章探讨这些问题。

第 4 章

改变自己

少点自我保护,多点人际关系

> 我是另一个。
>
> ——阿尔蒂尔·兰波,《致保罗·德门尼》,1871年5月15日

　　为了能够无条件地为他人服务而改变自己的需要似乎是多余的。我们都认识一些不求回报、默默付出的人。他们没有经历过个人发展的过程,也没有接受过如何给予的具体指导。这对他们来说是自然而然、由心而发的。然而,无条件地为朋友和熟人服务是很自然的事,但无条件地为陌生人服务就不那么自然了。这正是那些无条件为他人服务的企业所做的。根据我们的研究和观察,对这些企业的管理者来说,无条件为他人服务并不是一件理所当然的事情。要做到这一点,通常需要提前做好准备。

　　无条件为他人服务并非易事。这样做会使我们变得脆弱,并面临"被滥用信任"乃至"被背叛"的风险。事实上,正是由于"被滥用信任"的经历,才会出现诸如"现实点"或"信任并不意味着放手不管"的说法。爱把"信任并不意味着放手不管"挂嘴边的人往往不知道,这句话其实源于斯大林:"健康的不信任是集体工作的良好基

础。"[1] 20世纪40年代，一部苏联电影用俄语押韵的短语"doveriai, no proveriai"（信任是必须的，但核实也是必要的）表达了这位"人民之父"的思想。飞度奶酪的弗洛朗丝·普拉特隆则提到了一句类似的法语谚语："我们很善良。但凡事都得有个限度，不能太过了。"

在这样的社会压力之下，许多人为了保护自己而选择有条件地服务他人，也就很容易理解了。在经济领域，这种"条件"往往以"合同、契约"的形式出现，将一方向另一方提供服务的关系转化为交易关系。

契约，人类的进步

合同因其程序烦琐、语言晦涩，有时在企业内部名声不佳。亚当·斯密（Adam Smith）则不以为然。这位著名的哲学家指出，封建社会将人类按垂直关系排列，不允许出现平衡的经济关系。处于社会底层的人不享有与他们之上的人同样的权利，前者只能依靠后者的慷慨和恩惠。因此，斯密认为，独立各方自由达成契约的经济交易，使人们不必再依附于他人的善意，恢复了他们的尊严。因此，在他看来，没有经济契约的前现代世界不是一种由尊重和信任组成的田园诗般的社会，而是一个强者对弱者进行永久统治和专制滥用的世界。

例如，在现代市场经济中，不及时付款的人很快就会失去其声誉和供应商。在19世纪初伟大的俄国小说家列夫·托尔斯泰的笔下，封

---

1 亨利·巴布斯在《斯大林：一个男人眼中的新世界》（弗拉马里翁出版社，1935）一书中引用了这句话（第八章《掌舵的人》）。

建社会的规范要求贵族军官第二天必须偿还牌局上的债务。然而事实上，他们可以多年来一直欠裁缝或鞋匠的债，却免受刑事或社会制裁。斯密对封建社会也提出了类似的批评，他认为，人们能够在经济市场，包括劳动力市场中，以独立的身份行事是一个巨大的进步。[1]然而，在发展的过程中，人类也失去了一些东西：经济关系被简化为单纯的合同交易。

意大利经济学家路易吉诺·布鲁尼（Luigino Bruni）称之为"亚当·斯密的原罪"[2]。根据布鲁尼的说法，亚当·斯密希望把经济参与者从有悖于人类普遍尊严的封建统治关系中解放出来，但这无异于"把婴儿连同洗澡水一起倒掉"。当然，合同让每个参与者都受到保护，不受违约和其他滥用行为的影响。然而，这份合同也在参与者之间制造了隔阂。如今，每个人都生活在一个受保护的、无菌的泡沫中，随着经济渗透到我们生活的各个领域，这种情况变得愈加糟糕。我们认为，经济关系不应仅仅局限于为了维护人类尊严而进行的合同交易。这一观点与布鲁尼的观点相似，并且否定了斯密的看法。为了更好地理解这一点，我们来了解下合同法的相关知识。

---

[1] 与英语国家不同的是，在法国，职场关系仍深受封建传统的影响，工作被视为从会滥用职权的"强者"处获得的一种"负担"，因此有必要进行自我保护（见菲利普·德里巴内发表的文章《劳动法改革失败：法国为何与众不同》，费加罗报，2016年3月15日）。在达沃斯世界论坛的竞争力报告中，法国的社会关系质量被认为是所有发达国家中最差的之一，处于许多欠发达国家的水平，这并不是巧合。对于斯密来说，作为"店主之国"（指英国）是一种骄傲，但对拿破仑皇帝来说，这是蔑视英国的理由。

[2] 对斯密著作的分析大量借鉴了路易吉诺·布鲁尼的著作《创伤与祝福：经济、关系和幸福》（纽约：新城市出版社，2012）和《国民幸福：历史视角下的经济学与人类繁荣》（纽约：劳特利奇出版社，2006）。

为什么商人不喜欢契约？

对私法最令人惊讶的研究之一是美国威斯康星大学法学教授斯图尔特·麦考利（Stewart Macaulay）的研究。[1] 20世纪60年代早期，麦考利就合同的使用问题采访了43家企业的商人和6家律所的律师。他发现，商人很少在合同中预见到所有可能出现的问题。有时，交易是通过口头承诺达成的。如果签订了合同，双方很少阅读所有的条款和条件，尤其是那些小字印刷的内容，例如一般销售条款和条件。更令人惊讶的是，当双方签订了正式合同，出现问题时（如订单取消、未支付或服务不合格），当事人很少诉诸法院。这是一个悖论，因为根据定义，合同存在的基础是法律，正是法律的力量促使双方遵守合同。

麦考利的发现得到了大量研究的证实。2004年，他解释说，合同一方因产品不合格而诉诸法庭的可能性极低。[2] 相反，合约双方更愿意"避开法律解决问题"。这样，他们便能够把法律义务置之一旁，采取创新的解决办法。例如，供应商可以更换不合格的产品，或者客户可以延长原定的产品交付周期。麦考利称之为"不受合同约束"。他发现，在难以履行合同的情况下，这些解决方式是常态而非例外。

麦考利采访的商人对他们的行为给出了两种解释。首先，双方在诚信的基础上，在商业社会规范的框架内（如"必须支付订单"）建立经济关系。社会压力迫使他们遵守规范，否则就有可能失去声誉（"某某花了一年时间才向供应商支付款项""某某总是交货晚"）。其次，当事人之间的

---

1 斯图尔特·麦考利：《商业中的非契约关系：初步研究》，《美国社会学评论》1963年第28（1）期，第55—67页。
2 《契约的自由：寻找问题的解决方案？》，《威斯康星法律评论》，2004，第777—820页。

关系往往比单个的问题案例重要得多。诉诸法庭，除了需要支付相关费用外，还将终止这种交易关系，而私下解决则能挽救这一关系。当然，艰难的长期谈判也可能损害这种关系，并最终造成双方之间的不信任与隔阂。

除了商业合同之外，一些股东在商务午餐结束时在A4纸上起草并签署的协议，比许多律师撰写的数百页的协议更牢固、更持久，原因也在这里。无论如何，商人似乎更愿意过一种危险的生活。

米尔顿·弗里德曼的午餐和亚当·斯密的晚餐

米尔顿·弗里德曼的格言"天下没有免费的午餐"大受欢迎，我们不由得会认为，这句话一定包含了一些道理。在私人生活中，我们经常请朋友吃饭或者帮朋友忙，又或者接受朋友的邀请或帮助，这其中并没有任何利益或是算计的意思。尽管弗里德曼在"商业午餐"的问题上持谨慎怀疑的态度，但他肯定会接受朋友的邀请。然而，有个问题值得我们深思：经济环境中是否存在一种真正的、免费的、具有友谊特征的服务关系。

亚当·斯密非常清楚这个问题。他在《道德情操论》和《国富论》中探讨了友谊的问题。尽管斯密认为友谊优于其他形式的关系，但他并不认为友谊可以成为市场经济的基础。他写道："在文明社会中，（人）总是需要大量（他人）的合作和帮助。然而，人的短短一生之中只能赢得几个人的友谊。"[1]

斯密生活在现代社会的早期。从经济的角度来看，现代社会常与

---

[1] 出自《国富论》，第一章。

工业革命和蒸汽机联系在一起。然而，在斯密看来，现代社会起源于一项重大的组织创新，即劳动分工。劳动分工导致了生产力的爆炸式增长和"国家财富"的增加。然而，劳动分工还有另一个后果。

在前现代社会，工人（至少在理论上）可以通过自己或与其有友好关系的社区其他成员来满足自身许多物质需要。随着劳动分工的出现，对于一个工人来说，这已经变得不可能了。他每天的工作任务非常简单有限，不再负责一件产品从头到尾的生产。理论上，他仍然可以在市场上买到他需要的商品。然而在实践中，正如我们在第2章中说过的那样，这并不常见：工人的工资是工厂发放的"代币"，这意味着他们不能去市场购买商品，而必须去工厂附属的商店，与市场销售的产品相比，商店的物品通常价格更高，质量却不佳。

斯密不遗余力地指责那个年代（18世纪60年代和70年代）企业家的做法："商人和工业老板经常抱怨高工资带来的一系列负面影响，例如商品价格上涨从而导致国内外销量降低等。然而，他们对高利润、提高销售价格、自身获利的负面影响只字未提。他们只会抱怨别人的收获所得。"[1]

企业家明白，不能无限制地提高商品价格，因为这样会承受失去客户的风险。他们轻而易举地发现了在不降低利润的情况下提高工资的方法：用"工厂代币"而不是现金支付工人工资。[2]

---

[1] 出自《国富论》，第一章。
[2] 19世纪30年代，这一制度在英国等资本主义国家被定为非法。在20世纪20年代到50年代早期，它曾在苏联的古拉格（苏联政府负责管理的劳改营）被使用，迫使数百万政治犯在没有报酬的情况下工作。但由于低下的工作效率，以及出于至少补偿囚犯付出的成本的义务，古拉格的领导者引入了工资制度。但是，囚犯只有在释放时才能获得酬劳。在监禁期间——通常至少是10年——他们用代金券在劳改营商店里购买香烟或一些食物。

斯密认为，以契约为市场经济基础的现代社会面临双重挑战，一方面要满足许多物质需求，另一方面又要摆脱封建主义的残余。必须强调的是，许多实业家仍然受到封建主义的影响。著名的英国电视连续剧《唐顿庄园》(Downton Abbey)中，贵族对仆人客气、仁慈，这可能会让我们产生相反的想法。但斯密不相信，借助友好关系可以满足人类对物质和尊重的需求。在他看来，只有在双方自愿的基础上建立起的正式契约关系才是解决之道。

虽然亚当·斯密的著作在大学里很少被研究，但下面这句话却广为人知："我们的晚餐，可不是来自屠夫、酿酒商和面包师的仁慈，而是来自他们对自己利益的关注。我们不求助于他们的博爱，而是求助于他们的自利心；我们谈论的绝不是我们自己的需要，而是他们的好处。"[1]

将弗里德曼的格言中的"午餐"换成"晚餐"，就与亚当·斯密的这句话很相似了。然而，斯密这段话的后一句却很少被引用："除了乞丐，没人会选择主要依靠同胞的仁慈过活。即便是乞丐，也不会完全依靠他人的仁慈……他大部分日常需求的满足方式与其他人一样，即通过约定、以物易物和购买。他用别人给他的旧衣服去交换食物，或者换钱去购买食物。"[2]

当然，斯密并不认为乞丐的处境是令人羡慕的。相反，他通过这个极端的例子来表明，所有人（包括乞丐）都不愿意依靠陌生人的仁慈、恩惠或善意来满足自身的物质需求。同时斯密认为，正如前文所

1　出自《国富论》，第一章。
2　同上。

说，我们也无法依靠朋友的仁慈来满足自己所有的需要。

我们对斯密最后的这句话深信不疑。然而，我们感兴趣的不是市场经济中的个体参与者，而是企业。对个体来说不可能的事，对企业是可能的。因此，我们探索了一个不同于斯密或弗里德曼理论的假设，表述如下：

企业可以通过建立足够数量的友好关系，无条件地为他人服务；这些关系可以使它们满足大量经济伙伴的需要。更重要的是，通过专注于这种无条件的服务，将经济效益作为结果而不是目的本身，这些企业将比传统竞争对手取得更大的成功。

需要指出的是，这种可能性并不意味着取代市场经济中的所有交易。我们建议，除了市场经济交易之外，还有另一种关系存在的可能性，这种关系建立在无条件为对方服务而非交易的基础上。这是一种潜在的可能性，在任何时间、对任何企业家都是触手可及的，但需要有意识地选择。

我们在前文中已经看到，丹尼尔·阿比坦和他的"绝对命令"在很大程度上引导会议之家的员工与客户建立了这样的关系。我们也看到，飞度奶酪的老板弗洛朗丝·普拉特隆和她的员工是如何与奶农合作的。接下来，我们将看到美国加利福尼亚州一家中小型企业以类似方式对待客户和供应商的案例。此外，我们还将在为奶农提供服务的大型工业乳品企业 LSDH（Laiterie de Saint-Denis de l'Hôtel）看到这种情况。我们将展示在研究过程中观察到的其他十几家企业的案例，这些企业只占采用这种方法的企业的一小部分。

所有这些企业，无论过去还是现在，本可以采取不同的方式，保护自己不"被滥用信任"，或向经济伙伴表明，这样或那样的"恩惠"

其实是"需要付出代价的"。然而，它们最终选择了承担随之而来的风险和脆弱性——它们选择了"危险地活着"。换句话说，为了建立更多友好关系，它们选择了在较少的保护下生活。

"危险地活着"

事实上，我们认为，这样的选择反而会降低生活的风险。任何一家企业，无论其法律保护程度如何，从根本上来说都是脆弱的：它不可避免地会遭遇事故或是坏天气。这时，它需要别人的善意、支持和帮助来渡过难关。然而，并非所有这些善意的小举动都会被写进合同里，它们只能来自一种由双方有意识地、耐心建立起来的真诚关系。与合同不同，尽管这些信任关系代表了在需要时提供真正帮助的承诺，但信任被滥用的风险仍然存在。这便是企业签订合同的原因。

美国第六大航空公司捷蓝航空（JetBlue）的首席执行官乔尔·彼得森（Joel Peterson）主张将信任作为企业的基本原则。彼得森认为，总会有人背叛信任，这些人"把自己置于世界的中心"，因此注定会"把他人视为工具，即自己当前目标的促进者或障碍"。他解释道："对这样的人来说，信任是一种可以被滥用的东西。它的存在本身就可以被这些人用作诱饵或武器。"[1] 在一个乍一看像投资高手沃伦·巴菲特的人背后，可能隐藏着欺诈大师伯尼·麦道夫（Bernie Madoff）。

面对信任被滥用的风险，一般人倾向于进行无差别的自我保护，

---

[1] 彼得森、卡普兰:《信任的十大法则》，纽约：Amacom出版社，2016，第104页。

而不是继续给予信任。研究人员将这种现象称为"恶大于善"[1]。的确，一些研究表明，"以自我为中心的行为"的负面影响抵消了"亲社会和合作行为"的正面影响。你们可能很好奇，是什么让我们研究的企业家们选择"危险地生活"并继续给予信任的。

正如哲学家和经济学家布鲁尼所解释的那样，从存在主义的角度来看，我们必须接受他人是潜在的伤害来源，并学会与这种威胁共处。布鲁尼还指出，这并不是因为受到伤害是件好事。想要"不惜一切代价避免伤害"远比"偶尔被背叛"邪恶得多。因为，要将受伤的风险降至零，就必须切断与他人的联系，生活在受保护的泡沫中。布鲁尼认为，这正是现代社会中日益普遍的状况。成为一个放弃保护、接受被伤害的可能性并以此为代价换取真挚关系的人，需要极大勇气。甚至有人会说，这是一种不墨守成规的态度，打破了"对信任的心理障碍"这一社会规范。

对社会因循守旧的心理学研究表明，我们中的大多数人很难打破传统。我们经常评价这个或那个人"很特别"，甚至"疯狂"。打破传统的勇气与一种特殊的心理特质有关——对被众人拒绝的社会风险有很强的承受力。例如，丹尼尔·阿比坦在评价别人对会议之家与客户之间的信任关系的反应时，说道："有人很快就说我们是异类，但没关系！"因此，做自己认为正确的事情，并坦然接受可能遭遇的拒绝，是一种对社会风险的高度承受能力，也是一种勇气。

同样，从心理学的角度来看，风险承受能力不仅仅适用于社会领

---

[1] 鲍迈斯特、布拉茨拉夫斯基、芬克瑙尔、沃赫斯：《恶大于善》，《一般心理学评论》2001年第5期，第323—370页；保罗·卢辛、爱德华·鲁伊兹曼：《消极偏见、消极支配与传染》，《人格与社会心理学评论》2001年第5期，第296—320页。

域。心理学研究将"风险偏好"以及与之相反的"风险厌恶"描述为一种性格特征：有人喜欢冒险，有人则讨厌。当然，这种性格特征在生活的各个领域，如个人、家庭、职业或社会中，表现得各不相同。许多人很坦然地接受了开车发生事故的风险，或者开始一段恋爱关系后有可能面临分手的风险。与此同时，这些人却往往在工作中追求"零风险"。正如本章开头部分所说，传统的企业环境受合同交易制约，很难克服这种"风险厌恶"。在任何企业、任何文化中，一个人对风险的态度都是可以通过训练改变的。就老板而言，他们决定在企业中是推崇信任文化还是一味寻求保护，情况千差万别。

有些人，比如丹尼尔·阿比坦或前FAVI首席执行官让-弗朗索瓦·佐布里斯特，并不需要这样的训练，他们本身就喜欢冒险。其他人，比如弗洛朗丝·普拉特隆，则需要专人指导。尽管有些人天生倾向于信任，但一种特殊的论证可能会对他们有所帮助。因此，在经历多次信任被滥用后，乔尔·彼得森将滥用的风险与另一种风险进行了对比："建立复杂的监督和控制机制，会带来另一种失败的风险——错失机会的风险，并且永远不能体验明智地给予信任所带来的充满合作精神的生活。"[1]因此，尽管无法避免某些滥用的情况，但对彼得森来说，信任比保护更可取。这个观点也可以用另一种方式来表达，即人际关系中固有的不确定性随着信任的增加而减少。

彼得森还提出了另一个支持信任的观点。[2]与破坏关系的自我保护不同，信任是关系的基础。因此，即使信任被辜负，关系被破坏，只要关

---

1 彼得森、卡普兰：《信任的十大法则》，纽约：Amacom出版社，2016，第105页。
2 同上书，第111—115页。

系还存在，便仍有被修复的可能。彼得森认为，受害方拒绝报复和加害方真诚道歉可以为恢复信任铺平道路。当然，即使修复成功，也很少能达到原来的水平。然而，无论修复成功与否，都会导致人们重新思考给予信任的标准。研究表明，那些事先选择信任别人的人并不天真。[1]与多疑的人相比，他们建立了更多的人际关系，也因此更容易失望。然而，他们从这些经验中吸取教训，并调整标准，因为正如彼得森所说，这是"明智地给予信任"，而不是盲目地给予。例如，在经历了某些事情之后，彼得森决定不再信任那些以自我为中心、戒心强、不会内疚自责的人。

无论个人经历如何，所有冒险建立利他企业的领导者都倾向于信任他人。他们中的一些人必须独自或在他人的陪伴下变得强大成熟起来。但在一开始，他们就倾向于选择信任。哲学家路易·拉韦尔（Louis Lavelle）称这种倾向为"醉酒"："酒劲一过，人就会睡着。理性紧盯着它，使它服从于秩序法则。"然后他又补充道："理性到极致的人，其实并不爱理性。"[2]一位伟大的芬兰癌症专家正是经历了这种从强烈的倾向出发，并伴随着哲学思考的成熟过程。某一天，他决定离开公立医院，创办私人诊所。

建立"无条件为患者服务"的诊所

一位教授离开公立医院，创建自己的诊所，无条件地为患者服

---

[1] 卡特、韦伯：《非盲目乐观：较高的普遍信任能够预测测谎能力》，《社会心理和人格科学》，2010年第1期，第274—279页。
[2] 路易·拉韦尔：《日常生活的规则》，阿富扬出版社，2004，第107页。

务，这既合乎逻辑，又自相矛盾。一方面，这位教授可以继续从事本职工作，并有望获得更丰厚的经济报酬。但另一方面，公立医院似乎比私人诊所更适合无条件地为患者服务。自希波克拉底（Hippocrates）以来，医学的使命就是为患者提供这样的服务，而且在公共医疗服务中，医院通常不要求任何回报。然而，蒂莫·约恩苏（Timo Joensuu）在公立医院工作时遇到的一些情况解释了这个悖论。

大约10年前，这位在巴黎圣安东尼医院（l'hôpital Saint-Antoine）工作了两年的癌症医生开始对他的职业深感厌倦。作为一名参加临床试验的年轻医生，他对自愿参与试验的患者和正常患者受到的关注度的差距感到惊讶。在他看来，所有的患者都应该被给予高度关注和尊重，而不仅仅是那些参与试验的患者。后来，在治疗方法这一核心问题上，他指责相关人员没有选择最好的解决方案而作出妥协。

必须指出的是，约恩苏教授的项目可谓雄心勃勃。它关系到世界卫生系统面临的最大挑战之一：与癌症的斗争。约恩苏教授坚信，自己手握王牌。作为一名公共医疗系统的癌症专家，他深知，大多数医院使用的策略是相当标准化的。虽然每位患者都享有一定程度的个性化治疗，但大多数治疗都是在没有精准确定肿瘤位置的情况下进行的。放疗或化疗往往针对很大一块区域，这样能够增大击中肿瘤目标的可能性，但也有可能对身体的其他部位造成不良影响。[1] 约恩苏教授说："如果对肿瘤的位置有一个非常精确的了解，治疗效果将会大大提高，甚至可能从根本上提高。"他带着这个想法，创办了欧洲最好的肿瘤诊所之一。为了解释约恩苏教授的这一观点，我们需要对癌症学做一个简要介绍。

---

1 此处描写的是20世纪90年代芬兰医院的情况。

医生在提出治疗方案之前，必须对疾病做出正确的诊断。就癌症而言，首先要确定它的特征。这通常是通过PET扫描（正电子发射断层扫描）来完成的。随着遗传学的发展，现在的技术能够确定肿瘤的精确分子结构，研究其500个基因组特征，以获得细胞的基因图谱，包括变异细胞、扩增细胞以及正常细胞。约恩苏希望这种先进的基因技术能应用于所有患者。

接下来，如果要进行靶向放射治疗，关键在于确定癌症细胞在体内的确切位置。约恩苏认为，只有这样，治疗的有效性才能最大化，放射治疗的副作用才能最小化。在其职业生涯之初，约恩苏仅研究2个放射治疗区域[1]，1995年和1999年时分别增加到4个和7个。他希望更进一步，能研究700个乃至更多区域。他在自己工作的大学附属医院制定了一种治疗方案，大大提高了癌症存活率。例如，前列腺癌晚期病人的平均生存率为8.35年，远高于平均观察到的2—3年。

约恩苏发表了这一治疗方法，起到了很好的宣传效果。然而，这反而增加了他的挫败感，因为他的科室无法收治所有慕名前来的患者。资源有限，而且公立医院的运行方式不允许这样做。正如约恩苏所描述的那样，"患者必须打电话给泌尿科医生，然后预约化疗，然后再预约放疗，在此过程中，他还必须与另一位专家会面，重新向他描述病情。"[2] 简而言之，就像在流水线上一样，患者根据治疗方案或分

---

[1] 放射治疗区域相当于一个辐照区。采用多个治疗区域时，好比从不同角度攻击肿瘤，能够减弱对附近区域的副作用。因此，采用的区域越多，单个的辐照场就越弱，而且其本身没有副作用。只有多个治疗区域集中在癌症细胞的精确位置上产生非常强烈的累积效应时，才能将其摧毁。

[2] 文中蒂莫·约恩苏的所有话语均出自其2016年5月2日接受的个人访谈。

析报告往返于各科室之间，无论是自己走着去还是被抬着去。这似乎很正常，因为每个治疗领域都需要大量的专业设备。但这正是约恩苏的第二个创新思想之所在。

约恩苏解释说："从2003年开始，我就计划建立一个多学科交叉的部门，全面照顾患者，使他们不用再追着医疗团队跑，而是让医疗团队追着患者跑！"公立医院的同事对他的这一想法纷纷表示吃惊。但约恩苏不知道如何才能改变现状，极度沮丧。2003年的一天，他听说赫尔辛基大学（University of Helsinki）的另一位教授、哲学家埃萨·萨里宁（Esa Saarinen）自1995年起，就在塞浦路斯的帕福斯（Paphos）组织研讨会。萨里宁的意图既简单又雄心勃勃：帮助他的同时代人反思并改善他们的生活。约恩苏决定去一探究竟。

在去往阿佛洛狄忒出生地的路上

在希腊神话中，帕福斯是爱神阿佛洛狄忒的出生地。我们的医学教授很快发现，接待他的研讨会主办者萨里宁有点浪漫。他宣称要为神圣的哲学和他的妻子皮普萨（Piipsa）服务[1]。他不需花太大力气，就让几位原以为会在"地中海上安静地待上一段时间，顺便听几次哲学讲座"的参会者打消了念头。萨里宁很快就让参会者意识到，他的哲学更多的是受到詹姆斯·邦德（James Bond），而不是阿

---

[1] 对埃萨·萨里宁及其实践的描述部分来自2016年5月1日的个人访谈，部分来自作者参加埃萨·萨里宁会议时的所见所闻。

佛洛狄式的启发：遇到问题时，邦德并不责骂埋怨，而是立即着手寻找解决之道。他还播放了一些精彩的视频来佐证他的观点：阿里（Ali）和福尔曼（Foreman）之间的传奇拳击赛，芬兰和俄罗斯之间的冰球比赛，电影《杀死比尔》(*Kill Bill*)的片段，或者Lady Gaga的剪辑视频。

然而，惊喜过后，约恩苏开始意识到，"看似疯狂，实则有因（There's method in madness）"。萨里宁并没有提出任何理论模型，也没有把哲学当作故事来讲。研讨会上回顾了那些困扰人类的主要问题，并配合视频，激发心灵对话。萨里宁甚至说，这种举办研讨会的方式类似于一种艺术表演，丝毫没有学术氛围。[1]事实上，这个研讨会非常接近苏格拉底的哲学对话，而选择帕福斯这样一块充满古希腊历史的土地，似乎也是非常合理的。

与其他参会者交流后，约恩苏意识到，自己被困在了某种信仰体系中，这种信仰使他无法展示自己最好的一面，以及发掘自己和周围一切的可能性。突然，他灵光一闪："我意识到，我不需要做别人的工作，也不需要和别人比较。看到芬兰冰球队进球时，我明白了团队合作，一起做好一件事是什么感觉。所以我对自己说，我能做好我的工作。我有能力在这个世界上做些好事。"然后，他决定停止抱怨环境，并且亲自行动。

---

[1] 想要更多地了解这种方法的读者可以阅读埃萨·萨里宁的文章《生活-哲学讲座，作为自我的一项系统-智能技术》(《哲学研究杂志》，2015年1月）。

一家为患者服务的诊所

约恩苏略带尴尬地说:"我从未想过要自己开私人诊所。"要记得,约恩苏感到沮丧的主要原因是无法为公众提供治疗,以及多年来,他试图说服公立医院进行改革以采纳他的治疗方式。在帕福斯,约恩苏意识到,要想实现他所有的想法,必须创建自己的诊所。

与大多数初创企业一样,约恩苏需要大量的启动资金。尽管经常很难找到投资者,但令约恩苏大为惊讶的是,他很快就找到了相信其项目的股东。资金筹集到后,就得着手给诊所起名。那一年,也就是2006年,芬兰硬摇滚乐队洛迪(Lordi)赢得了在希腊举行的欧洲歌唱大赛冠军。这让约恩苏想起了在帕福斯的经历,以及苏格拉底是如何帮助人们理解内在自我的。这就是他想要的与患者共事的方式:帮助他们了解自己的内心,与他们一起作出正确的决定。就这样,结合"Doctors"(医生)和"Socrates"(苏格拉底)这两个词,诊所的名字诞生了:道科瑞(Docrates)癌症中心。

在道科瑞成立之初,约恩苏设法召集了包括来自公立医院的前同事和知名专家在内的12名医生。他们一致认同约恩苏"建立一个无条件为患者服务的诊所"的愿景。当然,这个诊所将是他们所有人的共同创造。某一天,约恩苏把他们叫到一起,问道:"你们梦想中的医院是什么样子的?"接着,大家开始畅所欲言。

"在肿瘤科,为了防辐射,进行放疗的房间没有窗户。我们可以有自然光进入的房间和办公室吗?最好到处都是自然光的那种!"一名护士建议。

"能不能有个医生和护士共用的厨房,而不是像公立医院那样分开使用？"另一名护士建议。

"我们需要自己的医药实验室来制造放射性药品。大多数时候，这种实验室都在几十千米之外。可以在我们诊所建一个这样的实验室吗？"一位医生建议。

"是的，所有这些都在同一层……在患者周围。旁边还有制造药物的回旋加速器和医疗成像设备。"一位放射科医生补充道。

"还要有一个可以处理MRI（核磁共振）以及SPECT[1]或PET-CT[2]的独立控制室。这将是闻所未闻的。"另一位放射科医生激动不已。

"也需要自然光吗？"护士补充问道。

"还有控制室里的电脑，它们通常很吵，很快就会落满灰尘。可以把服务器放在一个完全隔音的单独房间里吗？"一位技术人员问道。

其中一名团队成员甚至提出了一个世界上独一无二的想法：放射治疗室的掩体门很重，开启的系统很复杂，并且可能会发生故障。更重要的是，对患者来说，很容易产生幽闭恐怖症的感觉。这位工程师建议用一扇普通木门代替，通过迷宫般的通道进入。此外，放射治疗机的一半可以嵌在两米深的铺有瓷砖的墙上。这堵墙可以在两小时内拆除，使得每8—10年就需要进行一次的更换机器工作更加容易，再也不需要在寒冷的芬兰冬天，敞开大门，施工两个月。从后门进入后，就能完成更换。

---

1 SPECT，单光子发射计算机断层扫描，一种利用伽马射线的核医学成像技术。见 https://en.wikipedia.org/wiki/Single-photon_emission_computed_tomography。

2 PET-CT，正电子发射计算机断层显像，一种结合了两种扫描仪的核医学成像技术——一种产生正电子发射断层扫描，另一种产生x射线断层扫描。通过结合解剖定位和功能成像，该技术彻底改变了诊断。见 https://en.wikipedia.org/wiki/PET-CT。

约恩苏激动不已。"告诉我你一直梦想的事情，不要甘于平凡。"他的这个指令奏效了。约恩苏想与团队成员一起打造一个全新的诊所概念。他相信，大家能集思广益，贡献许多点子。

约恩苏想要实现所有这些想法。但为了实现它们，必须要建造一栋新的建筑，并且最好是在一个独特的地方。所有的创造者，包括企业家，都知道前文提到过的"意外发现"原则，即机遇只青睐有准备的人。2006年，在多次寻找地点失败后，约恩苏前往当地政府，向工作人员讲述自己的梦想：建立世界最著名的癌症治疗中心之一。会面期间，他不假思索地大胆提出，需要在海边、市中心的位置，并且如果可能的话，此地可以立即开始施工。所有人都告诫过他，不可能同时满足这三个条件：赫尔辛基市中心已经饱和，海边没有剩余空间，等等。但约恩苏还是冒昧地表达了他"最疯狂的梦想"。一个月后，市政厅向他推荐了赫尔辛基港的一个码头，这个码头将被搬迁到更远的地方——这对约恩苏有准备的头脑来说是一个幸运的巧合。他的梦想终于可以实现了。但是，约恩苏想要为患者服务而进行的建筑创新，如果没有真正的患者护理理念，将毫无意义。

"肩并肩"，体验"人与人"之间的关系

今天的医学以某种"医患关系"为标志。当然，在对抗疾病的过程中，强调两者协作治疗。然而事实上，患者常常处于被医生支配的地位。医生掌握一切，却对患者有所隐瞒；医生负责手术，患者只能服从；医生作出决定，患者承受后果。这种关系有时会产生一种"傲

慢"，就像医学之父之一盖伦（Galien）在临终前说的："我从来没有犯过错误。"蒂莫·约恩苏对此忍俊不禁。

与这种"医患关系"的观念相反，如今，越来越多的医院和诊所称病人为"客户"而非"患者"，以便为他们提供更好的服务。然而，这样的定位会导致医疗团队投入程度降低。即使患者没有得到充分的信息，也没有意识到其选择可能产生的后果，医生最后也可能会说："患者想要这样或那样的治疗，我们尊重他的意愿。"可能还有更严重的问题。备受"客户"青睐的某些治疗很容易影响诊所，使其逐渐朝着单一服务转型，尤其是在这种行为利润丰厚的情况下。

约恩苏意识到了这些危险，并决定进行创新。他和同事一起，在传统的公立医院和将患者视为"客户"的私人诊所之间，找寻第三条出路。他们将想要创造的关系定义为："与患者一起，'肩并肩'，体验'人与人'之间的关系"。这既不是医生对患者的掌控，也不是"客户"对医生的支配。这个理念直接受到埃萨·萨里宁哲学的启发，看起来很抽象，但很快就在道科瑞的组织方式中找到了具体的诠释。

约恩苏解释说："我们希望每位患者都能享受到贵宾般的礼遇。"这句话让我们确信，道科瑞的理念在公立医院是绝对行不通的。

当然，医院不可能提供五星级酒店的服务。道科瑞没有门童。但是，能否在接受五星级治疗的同时享受四星级酒店的服务呢？一切从预约的那一刻就开始了。如果患者愿意，道科瑞可在48小时内组织第一次会面。对于医疗团队来说，这是至关重要的，因为诊断的速度以及治疗开始的时间可能是决定性的。与医生的第一次会面将持续1个半小时到2个小时。之后，患者将与一名护士进行另一次深入的交流，由护士协调护理工作。在整个治疗过程中，这名护士将是患者及其家属的专属联络人。患者及其家属有该名护士的电话号码和电子邮件地址，护士会随时为他们服务，包括为外国患者寻找酒店或预订航班。可以说，除了追踪患者外，护士还承担了高级礼宾的工作。这看起来令人惊讶，但正是约恩苏想要的，即"让每位患者都能享受到贵宾般的礼遇"。

这还不是全部。道科瑞的患者服务理念想得更远。通过为患者提供非凡的体验，道科瑞在患者和诊所之间建立了信任关系。这种信任对与患者一起制定正确的治疗方案至关重要，患者也因此积极参与了自己的康复过程。从经济角度来看，这种信任也非常有效，因为之前看似被"浪费"的时间在很大程度上在之后的治疗过程中得到了弥补：正确的治疗方案的制定速度比公立医院或传统私人诊所要快得多。此外，每位道科瑞的患者不仅有负责护士的电话号码和电子邮件地址，还有医生的。

这种"肩并肩""人对人"的理念并不意味着将大量时间花在对话上而不采取任何行动。相反，这是对患者需求的真正响应。你可能有过这样的经历：自己或亲人住院时，需要花上几个小时甚至几天的时间等待重要的检查。在道科瑞，可以在周五决定为患者做活组织检查，并在第二天早上6点组建一支完整的医疗团队。有人可能会认为，医生这么投入，必定是诊所支付了高额的薪水。事实并非如此。道科瑞的大约20名护士的工资的确略高于公立医院的普通护士，但他们的假期也更少。因此，护士和医生积极投入的关键并不在于薪水，而在于他们在一个有意义的环境中工作，在这个环境中，他们每天可以为了自己照料的患者的利益，作出真正的决定。换句话说，就是可以"无条件地为患者服务"。这样的环境极为严苛，要求医护人员采取行动满足患者的需求,没有任何找借口的余地,如"我没有得到授权""规定不允许我这样做""设备还在采购中"。约恩苏调皮地告诉我们,他的一些医生同事想要来道科瑞工作,但他们觉得自己无法达到这样严格的要求。

从自我转变到梦想成真

苏格兰作家、登山家威廉·哈奇森·默瑞(William Hutchison Murray)在他的《苏格兰喜马拉雅探险队》(*The Scottish Himalayan Expedition*)一书的开头写道:"许多人不知道有这样一个基本的真理,以致无数的想法和辉煌的计划胎死腹中:当一个人完全投入时,上帝也会行动起来,照亮前路。许多我们认为永远不能依靠的事却能帮到一个人。决定产生了一系列连锁反应,一个人可以从众多不可预测的事件、遭遇和任何人都未曾想到的物质支持中受益。"默瑞接着写了一句常被误以为出自歌德的名言:"无论你能够做什么或者你梦想做什么,开始做吧!无畏孕育着天才、力量和魔力,现在开始做吧!"[1]在帕福斯的研讨会上,蒂莫·约恩苏因为一段冰球视频实现了自我改变。作为对这段视频的回应,我们这里引用一句史上最伟大的冰球运动员之一韦恩·格雷茨基(Wayne Gretzky)的话:"如果你不出手,就会100%地错过进球的机会。"

事实上,蒂莫·约恩苏对无条件为患者服务的投入是一种创业冒

---

[1] 威廉·哈奇森·默瑞:《苏格兰喜马拉雅探险队》,伦敦:J. M. Dent & Co出版社,1951。

险。在撰写本书时,道科瑞尚未向其股东支付任何股息。这并不是说这家诊所在赔钱,而是经过董事会的批准,约恩苏决定把所有的利润都投资到诊所和研究上。约恩苏谈到这种看似反常、实则普遍的股东行为时表示:"我意识到,有很多富人力求行善,希望投资给有意义的企业。"我们将在后文再次提及这一话题。无论如何,道科瑞的许多患者都证明了该诊所的做法是正确的。

以波琳娜(Pauliina)为例。25岁的时候,她听到母亲在电话里哽咽着告诉她,自己被诊断出患有乳腺癌。波琳娜被这个消息吓了一跳,随即开始帮母亲联系医院。有朋友向她推荐了道科瑞。她周五早上打电话预约,从第一次接触开始,她就知道,自己做了正确的选择。"护士立即了解情况,并向我保证,等我母亲准备好接受治疗后,会选择约恩苏的。最让我放心的一件事是,护士问我,妈妈是如何看待这个消息的,家人得知后又是怎样的反应。那一刻,我明白了,我希望妈妈在道科瑞接受治疗。"首次交谈结束两小时后,护士给波琳娜回了电话,告诉她周一约好了肿瘤科医生和外科医生。波琳娜和母亲住在离赫尔辛基几小时路程的地方,前往诊所的旅途也得到了道科瑞的帮助。

一周后,手术开始,需要切除肿瘤并为新乳房做整形手术。波琳娜说,自己先是开车送母亲去诊所,然后去了朋友家里,焦急地等待着漫长手术的结束。仅仅几小时后,电话就响了,观察室的护士告诉她:"我只是想打电话告诉您,您母亲的腋下淋巴结是良性的,她很好。手术还在进行中,一结束我就给您打电话,这样您就可以来看她了。"波琳娜喜出望外。

几个月后,波琳娜在想到这通电话时说:"她想得真周到,明白我可能会因为不知道手术的进程而感到痛苦和焦虑。对每个癌症患者来说,等待是可怕的。这就是为什么立刻知道结果是如此不同寻常。无须排队,无须等待。在这种情况下,每等一个小时,就是多浪费一个小时。"[1] 波琳娜的母亲在接受放射治疗后,现在已经痊愈了。但她常常说起道科瑞的工作人员是如何处理患者及其家属的焦虑情绪的。和我们在第 2 章中描述的卫材制药公司一样,道科瑞诊所的员工通过"人与人"的无条件服务关系,减轻了患者及其家属的痛苦。

助人为乐,人类本性

一进入道科瑞诊所大楼,你便会看到一个巨大的雕塑悬挂在天花板上。它描绘了两只水獭,它们似乎在一起跳舞,这是芬兰艺术家斯蒂芬·林德弗斯(Stefan Lindfors)的作品。看起来没什么特别的。但这是这位艺术家唯一一次创作出一件代表快乐人物的雕塑。在诊所的开业典礼上,他解释说,他想借助这个雕塑帮助人们保持好心情。这正是道科瑞患者印象最深刻的一点。

无条件为患者服务的医疗护理机构并不是芬兰独有的,也不是昂贵的私人诊所独有的。我们后面要介绍的巴斯德诊所(La Clinique Pasteur)位于法国图卢兹,和公立医院一样,其患者的治疗费用可以通过社会保险报销。与道科瑞一样,巴斯德诊所的工作人员也尽一切可能与患者建立真正的关系。美国康涅狄格州的格里芬医院(Griffin Hospital)也奉行同样的理念。这家医院的工作人员十分赞赏这种理

---

1 见 https://www.docrates.com/en/patientstories/maariasstory/。

念,并毫不犹豫地为其宣传。该医院曾在一年内开设44个职位,总共收到6483份申请。[1]格里芬医院每年都会提名年度最佳医生,这似乎司空见惯。然而,在格里芬医院,评选结果不是由医生、患者,甚至不是由分析治疗结果的独立陪审团决定的,而是由护士投票选出。2018年的获奖者得到了如下评价:"他是一位出色的患者守护者,对自己提供的治疗充满热情,让患者感到自信和被支持。"[2]值得注意的是,护士选择这位外科医生并不是因为他对待护士的方式(虽然也赞扬了这一点),而是因为他能够无条件地为患者服务。

我们有时会忘记,助人为乐其实是人类的本性。让-弗朗索瓦·佐布里斯特说,尽管人们对人类有各种各样的看法,但人类是世界上唯一"照顾老人"的物种。这种情况至少已经持续了几十万年,史前遗址里的老年人骨骼就证明了这一点。[3]伯克利大学"更大利益中心"(Center for the Greater Good)的研究员达谢·凯尔特纳(Dacher Keltner)指出,达尔文也持同样的观点。在10岁的女儿去世后,达尔文开始非常关注人类经历中的苦难和同情心。他得出结论,同情心是人类最强烈的本能,有时比自私自利更强烈。达尔文认为,这种本能"是通过自然选择传递的,因为(社区中)最有同情心的成员能够更好地成长发展,并拥有更多的后代"[4]。

---

1 比利斯:《我爱你胜过我的狗:在繁荣和萧条时期驱动极端客户忠诚度的五个决定》,纽约:企鹅出版社,2009,第19页。

2 见http://www.griffinhealth.org/about/news-releases/post/15661/griffin-hospital-nurses-name-luke-jeffries-of-seymour-physicianof-the-year。

3 富恩特斯:《创意火花:想象力如何让人类与众不同》,纽约:企鹅出版社,2017。

4 出自《人类的由来》(1871),被以下网页引用:https://greatergood.berkeley.edu/article/item/the_compassionate_species。

从我们的动物祖先或早期人类开始,便存在为他人服务的自然倾向。后来,受教育和环境规范的社会化影响,这种倾向得到了加强,或者相反,逐渐被削弱了。例如,康奈尔大学的研究人员弗兰克(Frank)、吉洛维奇(Gilovich)和里根(Regan)已经证明,具有较强经济学背景的人在社会困境中与他人合作的倾向较弱,这种联系是因果关系。[1]用这些研究人员的话来说,学习经济学可能会抑制合作的意愿。

以此推论,受希波克拉底誓言影响的医务人员应该有更强烈的为他人服务的倾向。他们很自然地愿意为虚弱病重的人服务。这一点可以在道科瑞诊所、巴斯德诊所或格里芬医院看到。这些医疗机构以及我们所研究的其他利他企业的独特之处,在于它们的组织环境。正是在这样的环境下,员工才能够表现出自己的本性——为他人服务的自然倾向。那么,如何共同构建这样的环境呢?

---

1 弗兰克、吉洛维奇、里根:《研究经济会抑制合作吗?》,《经济展望》杂志,1993年春,第159—171页。

第 5 章

隐形人？不，他们是重要的合作伙伴

从内部革新开始

脸，不仅仅能将人类锁在形体里……脸是一种不可磨灭的方式，人类可以通过它来展现自己的身份。事物，永远不会以人的形式出现，也没有身份。暴力只能针对事物。

——伊曼努尔·列维纳斯，《艰难的自由》[1]

从猪舍到司机之家

生活中，你可能会路过工厂或仓库，看见一排排等着装卸货物的卡车——通常一次要花上几个小时。有时，那里有供司机喝水或上厕所的基本设施。法国乳品公司LSDH就是这样的一家企业。它拥有巨大的仓库和停车场，每天从早到晚，数十辆卡车停在工厂的收发区。

我们正是从这个停车场开始参观LSDH的。我们先到达了登记卡车出入的门岗。在门口，我们遇到一个人，他手里拿着几盒果汁。他是一名卡车司机，果汁是从警卫那里取的。LSDH知道卡车司机要在

---

[1] 伊曼努尔·列维纳斯:《艰难的自由》, 阿尔宾·米歇尔出版社, 1995, 第21页。

车里等上几个小时,所以免费为他们提供自产的饮料。不过,LSDH的贴心不止于此。

停车场的尽头有一个木制谷仓,就像在农场里看到的那样。事实上,这里原本就是一个农场,更确切地说,是一个猪舍。一般来说,养猪场没有理由建在工业用地上,除非是奶牛场。在此地成为大型工业奶企之前,LSDH将猪舍保留在了位于瓦朗-苏-富松(Varenne-sur-Fouzon)的原址上,这种做法非常常见。许多奶牛场也生产奶酪。然而,要制作1公斤奶酪,需要10升奶。过去,为了不浪费残渣中营养丰富的乳清,奶场将这些残渣用来养猪。LSDH也是如此。但后来,LSDH专门生产超高温瞬时灭菌(UHT)牛奶,停止了奶酪生产,猪舍也因此被废弃了。当时,企业负责人安德烈·瓦塞内克斯(André Vasseneix)和妻子正一筹莫展。他们认为,不能让卡车司机在停车场等上几个小时——有时甚至一整夜,因为他们中的一些人可能在前一天晚上就到了,直到清晨才卸货。就这样,这对夫妇产生了改造猪舍的想法。

乍一看,LSDH并没有为卡车司机提供太多帮助,只是修复了一座废弃的建筑。但让我们去参观一下这个谷仓的内部,上面用大字写着:"司机之家"[1]。改造后的猪舍看起来像一个小木屋。有一个入口大厅,里面摆放着一张漂亮的古董角桌,几台饮料、糖果或零食自动售货机,还有一个司机休息室以及另一个放有沙发和电视的房间。这里是给"常旅客"的客厅。但不单单只有一个"客厅"。"司机之家"还

---

[1] 当这家拥有450名员工的大型工厂在圣但尼德洛泰勒成立时,其停车场复制了瓦朗-苏-富松的谷仓。

为那些想做饭的人提供了厨房。木屋里还有供卡车司机睡觉的房间，如果有需要的话，可以睡上一晚，当然，还有淋浴房。因此，这里像是个设备齐全的小旅馆，供司机免费使用。让我们看看司机们在留言簿上写了什么：

"在我的职业生涯中，我跋涉了数公里。我对这里的员工和这座房子感到非常满意。谢谢你照顾我们，下次再见。印度人。"

"我是一名卡车司机的妻子。能够重新获得一些尊严，照顾好自己，这是多么幸福的事啊！谢谢你们的接待，也谢谢你们把这所房子留给司机随意使用。卡米尔。"

"这是15年来我第一次在客户这儿体验到如此舒适的感觉！非常感谢，被尊重的感觉真好。司机格里莫。"

"太棒了！太舒适了！感谢这一切。感觉就像在家里一样，超赞。史蒂芬和塞布丽娜。"

"很棒的小房子，在里面待着感觉很好。谢谢！至少有一家企业照顾卡车司机了——这是非常罕见的。非常感谢。哈利。"

我们只从司机和其妻子的数百份留言中挑选了其中的一小部分，但他们都提到承蒙LSDH的照顾。在世界上所有的仓库里，来送货的卡车司机是最不受重视的人。法语中有个表达，叫作"马车的最后一个轮子"，指的是团队中不大有用的人。在某些人看来，司机就是这样的人，他们被要求适应所服务的工厂或商店的工作进程。不受重视的结果往往意味着痛苦的等待,在晚上或凌晨,一等就是几个小时,并且这一切发生在一次次累人的、有时是漫长的旅途之后。如果说有一种职业代表了所谓的"隐形工人"[1],那就是卡车司机。然而LSDH的卡车司机是个例外。

当我们问安德烈·瓦塞内克斯的女儿,LSDH现任人力资源总监克里斯泰勒·罗比诺(Christelle Robineau)为什么特别关注此事时,她的回答很简单:"这样做对卡车司机更好。"[2]我们继续追问。罗比诺继续说:"这对企业也有利,因为这样一来,与LSDH运营人员的接触就会愉快得多。如果卡车司机因为等了两个小时而生气,就会对工作人员发脾气。"因此,我们可以得出结论,LSDH所做的一切并不都是无私的,而是对"司机之家"的投资有利可图。没错。然而,克里斯泰勒·罗比诺的回答顺序很好地说明了利他企业的"迂回"原则。LSDH建造"司机之家"只有一个原因——这样做对卡车司机更好。人与人之间的真挚关系常常(但并非总是)会产生"附带利益"。在LSDH的案例中,这种真挚关系指的是仓库员工和卡车司机之间的和睦相处。但这并不是安德烈·瓦塞内克斯决定把一个废弃的猪舍改造成小旅馆的原因。

LSDH:伸出援助之手

瑞典最大银行之一,瑞典商业银行前首席执行官扬·瓦兰德(Jan

---

1 戈麦斯:《看不见的工作:失踪调查》,弗朗索瓦·布林出版社,2013。
2 如无特殊说明,所有对LSDH现任和前任员工的引用均出自2016年9月1日的个人访谈。

Wallander）写道："人们的财务状况虽不像他们的健康那么重要，但几乎同样重要。一名优秀的银行家必须具备几乎与一名优秀的家庭医生或一名优秀的社区护士相同的素质。"[1] 在他经营多年的银行里，他一直试图建立这种关系。在他看来，银行家的角色是照顾客户，就像最好的医护人员所做的那样。这听起来似乎有些意外，但这位首席执行官将一家银行称为"优秀的家庭医生"的想法，给所有企业带来了两点重要信息。第一点涉及"家庭医生"一词。与专科医生不同的是，家庭医生应该在患者身边，对患者的具体情况有充分的了解。第二点涉及"优秀的医生"一词。一位优秀的医生知道如何超越患者表面的需求，去了解他的真正需求。为了做到这一点，医生会想要了解患者，并寻求与其建立一种真挚关系——就像道科瑞诊所的医生和护士所做的那样。基于所有这些原因，瓦兰德认为，地方支行是瑞典商业银行员工办公的核心地点，因为在支行，他们能够接近客户，并与其建立真挚关系。然而，大家可能会问，一家企业是否真的能够与其供应商和合作伙伴建立真挚关系。

我们刚刚看到，LSDH与卡车司机之间就是这种关系。司机们在表达感激之情时，反复提到这是一家照顾卡车司机的企业。然而，这个以"司机之家"为代表的家族中小企业，其理念渗透到了与所有经济参与者之间的真挚关系。克里斯泰勒·罗比诺还记得，当她还是个孩子的时候，父母收留了一名员工一个多月，当时，该员工在工作中被阀门爆炸击中了。克里斯泰勒的母亲每天都精心照料他。当时克里斯泰勒还只是

---

[1] 扬·瓦兰德：《权力下放：运作的原因与方法》，斯德哥尔摩：SNS Förlag出版社，2003，第133页。

个十几岁的孩子，没有意识到这种对一个孤立无援、无人照顾的人的关注是多么不同寻常。即使在今天，这位人力资源总监也会从员工那里收到与企业无关的问题的帮助请求。的确，克里斯泰勒·罗比诺的律师背景对一些人来说很有用，比如有位同事的儿子得到了聘用承诺，却在入职前一天收到未来老板的电话，通知他不用来上班了。同样，她也经常倾听和接待有经济困难的员工。她解释说："我宁愿他们来找我，而不是申请消费贷款，那样的话，情况只会越来越糟。"

乍一看，这位人力资源总监对员工的这些做法似乎是当代的家长式作风。然而，要知道，所谓家长式作风，基本上是用服从来换取保护的，并没有给员工留下多少选择的余地。如果家长式企业决定处理财务问题或对员工的家庭进行教育，员工必须顺从并接受保护，否则就会遭到惩罚。LSDH并没有这样做，因为它只是非正式地向那些想要法律或财政帮助的人无偿伸出援手。而大多数员工通常不会自发地求助于这项服务，即便他们在个人生活中遭遇困境。

我们再来看看供应商。对LSDH来说，主要供应商是奶农。然而，更确切地说，双方应该互称"合作伙伴"，并且是重要的合作伙伴。尽管LSDH在很大程度上已经实现了业务多元化，从事果汁、糖浆、苏打水、蔬菜汤、植物奶、碳酸饮料和运动饮料的生产和包装，现在甚至进军沙拉业务，牛奶仍然占其营业额的40%。

在我们参观LSDH的那天早上，所有的广播电台都在报道法国乳业巨头拉克塔利斯（Lactalis）和奶农之间的激烈谈判。与规模相当的竞争对手一样，这个营业额超过170亿欧元的全球乳业领导者，从法国本土牛奶生产商那里购入鲜奶。然而，它的商业模式也依赖于全球市场中的国际采购。LSDH的历史与此大相径庭，我们甚至可以称其为"独角兽"。

在第二次世界大战之前,整个法国都被密集的奶场所覆盖,因为每家奶场都在距离奶农不到半天马车路程的地方。在卢瓦雷省(Loiret)有60家奶场。战争结束后,必须解决温饱问题。当时流行的逻辑是根据每片区域的生产能力对其进行专业化。随着欧洲的建设,特别是共同农业政策的实施,这种逻辑愈加被强化。对于卢瓦雷省来说,这意味着为了法国西部地区的利益而停止所有牛奶生产活动。对于LSDH来说,则意味着倒闭。然而,制冷和卡车运输这两项技术进步使LSDH大大扩展了牛奶收集的范围。因此,随着周围的奶牛越来越少,奶场覆盖的范围也越来越广。如今,LSDH在法国的12个省收集约2.5亿升牛奶。为了更好地了解这片区域的范围,我们只需将其与拉克塔利斯相比较:拉克塔利斯仅在马耶讷省(Mayenne)1/3的领土上就收集了相当于该体量4倍的牛奶。

从历史上看,LSDH与其奶农之间的联系是独一无二的。这些奶农中的绝大多数都生活在没有人愿意收集牛奶的地方,因此,他们非常感谢LSDH愿意这样做。相应地,LSDH因其附近没有牛奶生产者,格外重视与这些奶农的关系。但这些都是理论上的。在实践中,这种关系本不应存在,因为从经济上讲,这对一个实业家来说无利可图,除非他以使奶农破产的极低价收购牛奶。这一点适用于所有厂商,除了LSDH。

没人要的牛奶

2010年,法国南部的坎塔(Cantal)、阿韦龙(Aveyron)和洛特

（Lot）地区的29家奶农几乎处于破产边缘：由于农场离城市消费中心太远，没有人愿意收购他们的牛奶。此外，他们粗暴的性格似乎也不利于产品的销售，有1500万升牛奶都处于滞销状态。了解了LSDH后，奶农要求与埃马纽埃尔·瓦塞内克斯（Emmanuel Vasseneix）会面。埃马纽埃尔·瓦塞内克斯是安德烈·瓦塞内克斯之子，自1996年起担任LSDH首席执行官。双方顺利见面，但单靠LSDH本身是无法帮助奶农的。埃马纽埃尔·瓦塞内克斯萌生了一个想法：去约谈法国的一家大型零售集团Casino，及其旗下品牌Franprix和Leader Price。他迈出了这一步，并成功地向他们推销了一种新的牛奶概念。该牛奶将以固定价格出售，并向奶农和LSDH保证利润率，销售地区为奥弗根-罗纳-阿尔卑斯地区（Auvergne-Rhône-Alpes）和巴黎。由于巴黎距离较远，所以推广产品的任务必须由奶农自己完成。Franprix和Leader Price接受了这一项目，推出了Cant'Avey'Lot牛奶。就这样，过去的7年里，坎塔、阿韦龙和洛特的奶农一直坚持带着他们的奶制品来到巴黎，成为自己牛奶的宣传大使。必须说，他们的性格足够坚毅，能够做到这一点！

LSDH与奶农共同打造的项目并非只有Cant'Avey'Lot，还有"蓝白之心牛奶"（Bleu-Blanc-Cœur）、"福尔兹山奶农特产奶"（Lait des éleveurs des Monts du Forez）、"法国崛起之奶"（Faire France）、"有机牛奶"（Biolait），以及"法兰西岛之奶"（Lait d'île de France）。这些都是为拯救濒危奶农而创立的品牌和项目，同时也满足了特定消费者的需求。"法兰西岛之奶"是最新项目。我们参观了巴黎大区的一个农场，可以说是亲眼看见了这一项目的打造。

过去，巴黎地区的三位奶农，维顿（Viltan）、比西（Bissy）和格里尼翁（Grignon），一直为销售牛奶的事而发愁。2016年，没有一家工厂愿意在这三个巴黎大区的农场采购"一滴牛奶"。LSDH认识他们很长时间了。某天，在一次联合会面的过程中，这些奶农向埃马纽埃尔·瓦塞内克斯表示，他们希望加入LSDH，以销售他们全部的牛奶：

"我们已经撑不下去了。"奶农告诉他。

"如果我付给你们370欧元呢？"瓦塞内克斯问道。

"不可能。"震惊的奶农回答道。他们早已习惯了每1000升110欧元的采购价格。

"如果我这么说，那就是可能的。"瓦塞内克斯重复道。

这些农场全年对公众开放，在减少碳排放和透明度方面是先锋，这位LSDH首席执行官认为，在巴黎大区，本地牛奶有一个潜在的市场。

这一次，项目参与者除了奶农、制造商和分销商外，还包括当地社区。事实上，巴黎大区议会主席瓦莱丽·佩克雷斯（Valérie Pecresse）经常表示，有意维持该地区的牛奶生产活动。埃马纽埃尔·瓦塞内克斯抓住这个契机，与其会面了4次，最后瓦莱丽·佩克雷斯表示，可以考虑向学校食堂销售。

最后，LSDH与三个农场签订合同，承诺收购奶农收集到的所有牛奶，即850万升，以"法兰西岛之奶"的品牌出售，基本收购价格为每1000升370欧元。到2017年，以这种方式销售的牛奶已经达到了100万升，公众的反应非常积极。由于销售团队人手不足，这一品牌在超市的推广程度仍有待加强。剩下的牛奶将不会以"法兰西岛之奶"商标出售，而是根据国家指标来估价。2017年，无论质量高低，每1000升牛奶的采购价为345欧元。对于维顿、比西和格里尼翁来说，这完全出乎意料。难怪奶农最初很难相信LSDH首席执行官的话。

这些"奶农援助"项目可以说是一种经济运作，LSDH利用其对经销商的影响力改变了市场格局。但首先，至少要愿意发明这些创新的商业模式，并将其付诸实施。我们可以称之为"企业家精神"。此外，LSDH还不断创新，以摆脱乳制品行业权力平衡对市场价格的束缚。

为生产者和消费者的利益而创新

当消费者走进一家商店时，会看到不同质量和价格的同类产品，例如UHT牛奶。然而，他不知道，为什么产自法国或以特定方式包装的牛奶价格更高。LSDH决定改变这一情况，发起一个项目，使消费者明白其中的道理并参与其中。

这一项目名为"消费者品牌牛奶"，由四类参与者共同发起：陷入困境的奶农、大型连锁销售企业的高管、一名负责推广的人士以及LSDH。先来说说奶农。马夏尔·达尔邦（Martial Darbon）就是其中之一，他是布雷斯（la Bresse）一家正面临困境的合作社的主席。2016年初，他所负责的奶农每1000升只能得到200欧元的报酬，这使得合作社成员的生活捉襟见肘。更糟糕的是，他们中的许多人正濒临破产。无奈之下，马夏尔·达尔邦逐个拜访当地的经销商，向他们说明情况，并保证提供优质的当地牛奶，但都无济于事。经销商们告诉他，他们无权作出采购决策。除了一个人：安省（Ain）沃纳市（Vonnas）的家乐福超市经理。达尔邦无法袖手旁观，于是层层请示，最终说服了家乐福负责新鲜农产品的经理马克·德拉热（Marc Delage）采取行动。

与此同时，为本土区域服务的活动人士尼古拉·夏巴纳（Nicolas

Chabanne）正在创建"消费者之选"（La Marque du Consommateur）品牌。这已经不是第一次了。[1]他此前已成功推广了卡庞特拉（Carpentras）草莓，甚至让他的一个堂兄弟扮成一颗巨大的草莓在电视上进行宣传。此后，他还创造了"小生产者"（Le Petit Producteur）品牌，呼吁重视农民的工作；以及"丑八怪"（Les Gueules Cassées）品牌，为外观不符合销售标准的水果和蔬菜找到销路。夏巴纳希望凭借"消费者之选"进一步拉近生产者和消费者的距离，使前者创造出符合后者期待的产品。[2]可以说，每个生产者都希望创造的产品符合消费者的期待。这就是企业里市场营销部门存在的原因。然而，夏巴纳并没有寻找更好的营销方法，而是希望让消费者参与产品的定义，让牛奶从某种意义上来说不再是"成衣"，而是"定制"。

为了实施这个项目，夏巴纳建立了一个网站。消费者可以在该网站上说明他们想要怎样的牛奶[3]，网站则会立即显示出这种或那种偏好对最终价格的影响。例如，如果你希望奶农是法国人，那么基本价格就会从每升0.69欧元上升到0.77欧元。如果你想让奶牛生活在牧场而不是牛棚里，价格还会上涨4欧分。或者，你希望饲料中不含转基因作物吗？要带盖的还是不带盖的瓶子？最后，用户在网站上的众多偏好投票自动生成了一系列规范，其中包含一些惊喜之处。调查结果显示，在参与投票的6850名消费者中，96%的人想要法国产的牛奶，83%的人想要在牧场生活了3到6个月的奶牛生产的牛奶，46%的人想

---

1 见 https://lexpansion.lexpress.fr/actualite-economique/c-estqui-le-patron-nicolas-chabanne-le-vrp-des-terroirs_1945266.html。

2 见 http://agriculture.gouv.fr/cest-qui-le-patron-r-la-marque-quirend-consomacteur。

3 见 https://lamarqueduconsommateur.com/produits/lait/。

要维持奶农的正常生计（没错，他们就是这么写的！）。调查结束，现在，夏巴纳必须找到能生产这种牛奶的奶农以及制造商。很快，夏巴纳便发现来自布雷斯奶农的牛奶完全符合这些规格。至于制造商，则该LSDH登场了。

起初，埃马纽埃尔·瓦塞内克斯对尼古拉·夏巴纳的角色有点惊讶："的确，尼古拉在圈子里独树一帜。我第一次见到他的时候，有点半信半疑。但后来我意识到，他是一个努力工作的人，相信自己所说的话，这使我打消了疑虑。"换句话说，瓦塞内克斯认同夏巴纳的理念，并决定与其合作。他选择根据"消费者之选"网站上的票选结果支付给奶农相应价格，并开始采购和包装工作。2016年10月，"消费者之选"品牌牛奶出现在货架上。一年半后，这款牛奶在几乎所有的法国超市中销售，结果远远超出了项目参与者的预期。例如，价格方面，消费者希望每1000升牛奶向农民支付390欧元。这已经很少见了，因为这个价格几乎是2016年年初200欧元价格的两倍。然而，自牛奶上市以来，参与该计划的155名农民每1000升牛奶得到的报酬不是390欧元，而是415.20欧元。惊喜还没有结束。此前，最乐观的销售预测是1000万升。而事实上，奶农一年内以这种方式卖出了2200万升牛奶。要知道，他们中的许多人在一年前还濒临破产。最后，最重要的是，按照消费者喜好生产的全脂牛奶和脱脂牛奶于2018年4月起上市，而有机牛奶也应当在我们写下本章后不久问世。

这一创新取得了可喜的成果，但它并不是LSDH参与的唯一创新。长期以来，人们一直认为牛奶有益健康，但最近有人对这一观点提出了反对意见。新闻媒体上有许多关于部分人群乳糖不耐症的报道，这与牛奶有益健康的形象形成了鲜明对比。不过，omega-3脂肪酸对健康，特别是对心脏的益处是不容置疑的。然而，人类体内无法合成这种脂肪酸。为了应对这一挑战，由LSDH参与打造的"蓝白之心牛奶"应运而生。

事实上，虽然人类体内无法合成omega-3，但动物可以，比如鱼，还有牛、猪或鸡。但是，农场养殖的动物由于传统饲料的原因无法合成。神奇的是，如果饲料中含有亚麻或菜籽，它们的肉、蛋和奶中就会含有omega-3。最重要的是，一旦这些产品被人类食用，omega-3就会进入人体，对健康产生有益的影响。2001年，"蓝白之心协会"（Association Bleu-Blanc-Cœur）成立，首次将亚麻籽生产商、奶农、牛奶制造商和分销商聚集在一起。LSDH便是其中一家牛奶制造商。需要指出的是，法国曼恩和卢瓦尔省（Maine-et-Loire）的大约30家奶农已经致力于生产富含omega-3的牛奶。2016年10月，LSDH与这些奶农以及Système U超市签订了一份合同，开始销售"蓝白之心牛奶"。顺便说一句，Système U在这个项目中的出现并非巧合。自2011年以来，该品牌、LSDH和有机牛奶协会共同打造了另一个创新项目："有机牛奶"。他们签订了一份为期三年的合同，这在大型零售商中极为罕见，并且已经续签了好几次。"有机牛奶"目前占LSDH营业额的12%。

LSDH参与的创新项目显然对生产者和消费者都有利。说到这里，你也许仍在怀疑"友好关系（无条件地服务）最终比任何交易关系都更能创造经济效益"。我们再去看一些研究结果，也许你就会豁然开朗了。

给予者与索取者

在友情和爱情中，我们不会斤斤计较。我们知道，在人际关系中，重要的不是物质上的慷慨大方，而是通过小小的关注行为来表达我们的关心。正如波利娜·贝贝（Pauline Bebe）所言："物质上的慷慨不能代替爱和共度的时光。对他人的关心是一段关系的真正礼物，因为它表达了一种意图。用礼物取代爱时，往往已经太迟了。"[1] 如果这句话适用于人际关系，那么在职业关系中是否正确就值得怀疑了。换句话说，人们可以合理地质疑，在职业领域，是否有可能在与他人保持一种无条件服务的关系的同时获得成功。宾夕法尼亚大学沃顿商学院（The Wharton School of the University of Pennsylvania）教授亚当·格兰特（Adam Grant）对此进行了研究。[2]

格兰特通过研究两类人的心理特征来观察企业内部的职场生活："给予者"（givers）和"索取者"（takers）。索取者把人际关系看作从别人那里索取所需东西的敲门砖，同时小心翼翼地保留自己的专业知识或时间。顾名思义，他们是索取方。与索取者不同，给予者寻求服务他人的机会，且不附加条件或期待回报，他们是付出方。确定了这两种类别后，格兰特试图比较哪类人最不容易取得事业成功。如果你认为答案是给予者，那就猜对了，因为他们常以牺牲自己为代价来帮

---

1 波利娜·贝贝、凯瑟琳·本赛：《无穷无尽的对方》，罗贝尔·拉封出版社，2013，第108页。

2 《给予和索取——为什么帮助他人才能成功》，纽约：企鹅出版社，2013；《在给予者和接受者的企业》，《哈佛商业评论》，2013年4月，第90—97页；《给予者获得一切：企业文化的隐藏维度》，《麦肯锡季刊》，2013年4月。

助别人。然而，格兰特也统计了事业最成功的人主要是哪种类型。出乎意料的是，答案也是"给予者"。接着，我们来看看学者是如何解释这一悖论的。

首先，格兰特指出，那些在事业上没有取得成功的给予者因为对他人有着"无限的关注"，这很自然地导致了精力分散，甚至职业倦怠。他们也特别容易受到索取者的压榨，被榨干时间、精力或技能。格兰特称这种给予者为"自我牺牲者"。与"自我牺牲者"不同，成功的给予者不会犯这些错误。他们身上体现了格兰特所说的"一种精打细算的慷慨方式"，即决定该对何人、何时以及如何帮助。关于帮助的对象——"何人"，给予者会无条件地为每个人服务，有一类人除外。也许你已经猜到了：索取者。当他们的善良被滥用时，会毫不犹豫地说："我要报复。"至于"何时"，当给予者因不断被打断而影响手头的工作时，他们会告知对方自己可以提供帮助的（充裕）时间。最后，在"如何帮助"的问题上，他们会毫不犹豫地鼓励其他同事也成为给予者。这对他们来说更容易，因为他们不是为自己，而是为他人寻求帮助。

有人可能会说，这种"精打细算的慷慨方式"其实是对以自我为中心的旧派做法的掩盖，而并非无条件。如果说，给予者在遭遇索取者滥用善良的情况后，影响了他对所有人的服务，或者开始系统性地向每个人索取回报，那么以上的论断就是正确的。而事实上，他们所做的，只是与"滥用者"划清界限，避免类似的情况再次发生，从而合理安排他们的时间。这与那些坚持与"滥用者"保持无条件关系（这种关系可能会变得病态）或牺牲自己工作（通常能创造社会价值）的"自我牺牲者"截然不同。他们也不同于那些在第一次遭遇滥用情况后，就不再相信任何人的人。你经常光顾的面包店老板某天可能会突然贴上通告："本店不再接受支票"，因为15年了，他收到的第一张支票仍未能兑现，这种情形或许会令人莞尔一笑。但当要求小供应商提供几十页的表格和证书时，这些人可笑不出来。换句话说，给予者会设法避免自己的好意再次被滥用。但如果他无法避免，例如不能确定"滥用者"的时候，他也不会"惩罚"所有与他打交道的新人。至于为了能合理安排时间、保持精力而针对服务时间以及方式采取的某些限制，格兰特的研究表明，人们不会因此而记恨给予者。事实上，给予者为他人服务的名声好到丝毫不受某些限制的影响。我们都知道，当我们向好善乐施之人求助时，他很有可能无法立马出面，或者可能会让别人帮助我们。因此，开口求助前，我们通常这样措辞："我知道您很受欢迎，很多人找您帮忙……"

这种无私服务的名声，即提供服务而不求回报，解释了给予者在事业中的成功率高于平均水平的悖论。对格兰特和其他许多同一课题的研究人员来说，无条件为他人服务的人，随着时间的推移，会赢得无与伦比的声誉和信任。因此，他们为自己"吸引"了机会，例如活动或有吸引力的项目等，因为接受过他们帮助的人会将这份恩情铭记于心。此外，给予者交友广泛，与周围的人积极互动。所以，当他们启动一个项目时，很容易动员所需的人才，从而获得成功。

格兰特和其他研究人员针对职场中"无条件服务他人"这一现象的存在及其好处的研究是有理有据的。你们可能会问，当脱离企业内部这一特定领域时，这项研究的结果在多大程度上是有效的。的确，在企业内部，为他人服务，例如为同事服务，意味着与他人分享知识，帮助其完成任务，为其提供建议，或帮助其与有助于达到目标之人建立联系。这种服务似乎与企业外部人士关系不大。然而，与企业内部和外部人士的关系有一个共同点，涉及所谓的"零和游戏"。

"零和游戏"是一个经济学用语，指在一场博弈中，一方的收益必然以另一方的损失为代价。这正是商贸合同或工资谈判的背景。"零和游戏"是谋求市场份额增长的普遍原则，适用于市场经济的许多其他领域。根据康奈尔大学经济学家罗伯特·弗兰克（Robert Frank）的说法，这种情况也适用于企业，他称之为"赢家通吃"[1]。这一情况的存在是因为晋升、奖金和其他奖励措施有限，存在竞争。简而言之，提拔或奖励一些员工意味着抛弃许多其他员工。

对他人的服务关系也可能涉及环境、当地社区以及社会的某些部分。然而，许多行为，包括那些旨在同时创造社会价值和经济价值的行为，最终都臣服于经济价值的创造。也就是说，这些企业往往是在维护自身经济利益的前提下，为他人服务。相反，在没有这种前提的情况下为他人服务，必然会涉及其他企业不必承担的成本。因此，顺着这一逻辑，由于这种经济上的劣势，利他企业应该很快就会消失。然而，事实并非如此。恰恰相反。因为这些企业通常被认为更富有道德心、更有责任感，等等。

罗伯特·弗兰克在他的《道德高地的代价》（"The Price of the Moral High Ground"）一文中用"利他企业日益增长的声誉"解释了这一悖论。声誉在吸引顾客方面的经济优势一直是公认的。企业纷纷贴出"成立于1828年"或"成立于1967年"的字样，因为他们知道，客户更愿与久经时间考验的企业打交道。但弗兰克想知道，这是否也

---

[1] 弗兰克、库克：《赢家通吃社会》，纽约：企鹅出版社，1995。

适用于企业在社会导向方面的声誉。

弗兰克以康奈尔大学的毕业生为研究对象,询问他们为了在一家创造社会价值的企业工作愿意牺牲多少薪水。弗兰克提供的选择包括,是进入一家烟草公司的广告部还是加入一家抗癌中心的宣传部,是在一家大型石油企业担任财务还是去一家美术博物馆担任同一职务。在参与调查的毕业生中,只有一人始终拒绝在一家社会声誉不佳的企业工作。[1]然而,尽管绝大多数学生接受了,他们还是要求从年薪中获得某种形式的补偿金。具体来说,他们要求烟草公司广告部的工作需要多支付3.5万欧元年薪,石油企业财务的工作则需要多2万欧元。[2]弗兰克坦率地承认,学生在开始第一份工作之前的观点,并不一定与他们在现实生活中会做的事情相符。然而,在这位经济学家看来,即使在现实中,他们要求的"奖金"比在调查研究中要求的要低10倍,这仍然是那些在社会导向方面享有良好声誉的企业的主要经济优势。这种经济优势将抵消创造社会价值所需的成本。此外,弗兰克还提到了其他十几项研究。这些研究均表明,创造社会价值的声誉会为企业带来经济效益。在互联网和社交网络时代,企业的社会声誉在年青一代中具有更大的经济重要性:87%的千禧一代认为,企业的成功不应该仅仅用财务业绩来衡量。只需要去诸如www.glassdoor.com这样的公司点评网站的页面看看,就足够让你信服这一点。

---

[1] 这是一项1996年的研究。正如作者在第3章中所写的,这种情况在今天的年青一代中已经发生了显著的变化:"例如,在价格和质量相同的情况下,89%的美国人会考虑换一个有社会使命感的品牌。这比1993年增长了33%。另一项研究表明,80%的人认为企业应该给予社会利益和经济利益同等的重视。"

[2] 此处显示的数据已经转化成2017年的同等价值,而不是研究开始时的1995年数据。

能够留住最优秀的员工且不需要支付过高的薪酬,并不是拥有良好社会声誉的企业的唯一优势。声誉还有助于降低营销成本,最典型的例子是美国互助保险公司USAA。该公司只通过电话和互联网为客户服务,没有代理人或经纪人。他们的座右铭是"像你希望自己被服务的方式那样,服务客户"。顾问拥有极大的自由,只要觉得有必要,就可以一直给客户打电话,就像阿比坦说的,"不惜一切代价"。绩效指标只有一个:只打一通电话就能解决客户问题的占比。所有这些措施都带来了巨大的经济效益。如前文所说,USAA在所有美国企业中,客户服务质量排名第一或第二。这家互助保险公司的股本和管理资本在25年内增长了400倍,而员工数量仅增长了7倍。然而,这一非凡表现的背后还有一点令人诧异不已:在这25年内,USAA的营销和推广预算为零。它的持续有机增长纯粹得益于顾客的口碑:这种无条件服务的声誉在客户中口口相传。如今,在社交网络上,口碑正在以光速传播。

我们详述的所有这些好处,都是为了表明创造社会价值并不等同于牺牲经济价值。恰恰相反。然而,最重要的是,我们研究的企业并不是为了增加经济财富才创造社会价值的。他们无条件地创造社会价值,也正是由于这一选择,间接取得了不俗的经济效益。我们还有更多的例子。

按章办事,从长远来看是值得的!

学生时代,安德烈·瓦塞内克斯和在阿尔萨斯大区米卢斯

（Mulhouse）拥有一家大型奶牛场的施米特林（Schmitlin）一家成了朋友。20世纪80年代末，施米特林面临非常严重的技术困难。安德烈发觉后，派儿子埃马纽埃尔去帮忙。埃马纽埃尔在阿尔萨斯待了6个月，直到奶牛场度过这场危机。针对这一援助，LSDH没有收取任何费用。年复一年，两家奶牛场朝着各自的方向发展，直到某一天。自从1947年埃马纽埃尔的祖父罗格与13名员工一起买下这家奶牛场，瓦塞内克斯家族就一直拥有它。罗格·瓦塞内克斯在1972年退休时，无法支付遗产税，于是将93%的股份卖给了奶酪制造商西莉亚（Celia）。瓦塞内克斯家族在失去对奶牛场的控制后一直闷闷不乐。1996年，LSDH的新主人有意将其卖给拉克塔利斯集团。因此，瓦塞内克斯家族希望重新获得奶牛场的所有权。然而，没有银行愿意提供贷款，也没有人愿意投资，除了施米特林家族。施米特林为瓦塞内克斯提供了财政支持，使其重新获得LSDH50%的股份，并最终获得全部股份。

有人可能会说，施米特林家族只是提供了一笔不错的贷款——尽管没有哪家银行愿意承担这样做的风险。换句话说，没有哪家银行愿意相信想从拉克塔利斯集团手中夺回LSDH的两位企业家。一个更合理的解释是，施米特林家族之所以这样做，是因为他们与瓦塞内克斯家族的关系是建立在相互尊重、忠诚甚至友谊的基础上的。

瓦塞内克斯家族并非与所有的合作伙伴都保持友好关系，但却始终印刻着尊重和忠诚。例如，在前文提到的"有机牛奶"项目中，LSDH与一家塑料供应商合作。有一次，LSDH建议该供应商在瓶子的设计上进行创新。事实上，LSDH凭借果汁生产的经验，在无菌化方面有着独特的专业知识。因此，LSDH团队与该供应商共同研发了无盖PET塑料瓶，没有收取任何报酬。该塑料瓶如今成了包装领域的一项全球创新，专利由塑料供应商持有。顺便说一句，这样的包装每年可节省40吨铝。当然，某种程度上，LSDH也从这一创新中受益了，至少产品的形象更加新颖了。然而，不管是在何种情况下，LSDH选择无条件地为其合作伙伴服务，是因为它认为服务是其分内之事。企业有时也从中受益，且坦然承认。正如埃马纽埃尔·瓦塞内克斯所说："我认为，我们是受人尊敬的人，因为我们按章办事，是忠诚的……即使情况有变，另一种行动在经济上可能更有利可图。但如果我们作出了承诺，必定会信守承诺。从长远来看，这是值得的！"

与供应商建立良好关系，并尽己所能为合作伙伴提供服务，尽管这种情况很少见，却在情理之中。事实上，供应商这类经济伙伴往往是隐形的，在市场权力平衡中处于弱势地位。因此，他们特别感谢客户的关怀，比如这里的LSDH。但是，你可能会说，当情况发生逆转时，即当我们讨论LSDH与自己的客户（大型零售商）的关系时，对他们的关怀就意义不大了。然而，LSDH不这样认为，因为它仍旧秉持"按章办事，是值得的"。

从廉价连锁超市中"摘月"

所有的销售人员在销售周期初期都会关怀潜在客户，但是一旦他们发现潜在客户对他们的产品或服务不感兴趣时，便会立即停止关怀。更重要的是，潜在客户本身已经习惯了各式各样的请求，"小恩小惠"的概念对其来说似乎已经过时了，甚至是可疑的。然而，LSDH认为，潜在客户也是"和其他人一样的人"，应该得到与生产商或不那么引人注意的合作伙伴同等程度的关怀。

在LSDH涉足的牛奶和饮料行业，每家企业都梦想攻下一个潜在客户——Lidl廉价连锁超市。你可能认为这更像是一场噩梦而不是美梦。此话不假。事实上，当埃马纽埃尔·瓦塞内克斯在2014年第一次见到Lidl的老板时，整个场景如同一部西部牛仔片。

"您是一个无耻的实业家，只会剥削贫穷的生产者。"Lidl的老板甚至在瓦塞内克斯还没走进他办公室时就这样说道。

"我来到这里不是挨骂的。您说的不对。来看看我们的奶农，然后，也许我们可以一起做点什么。"瓦塞内克斯以这样的回答结束了此次会面。

不用说，瓦塞内克斯对于能将Lidl列入客户名单这件事并没有太大把握。但商业战场上，既有安排好的会议，也有意料之外的。几周后，埃马纽埃尔·瓦塞内克斯来到巴黎国际农业展，当时法国农业正处于危机之中。与2016年一样，牛奶生产商愤怒至极，这一次，他们对包括Lidl在内的经销商尤其不满。更糟糕的是，奶农威胁要在农业展期间砸烂他们的展位。埃马纽埃尔·瓦塞内克斯与时任FNSEA（全国农民工会联盟）主席的格扎维埃·伯兰（Xavier Beulin）是旧相识，两人是老乡。伯兰知道LSDH与牛奶生产商之间有着相互尊重的关系。瓦塞内克斯建议他不要砸烂分销商的展位。他深信，暴力解决不了任何问题，相反，尊重是所有人际关系的基础。伯兰听从了瓦塞内克斯的建议。几天后，Lidl的老板给瓦塞内克斯回了电话："我希望我们一起合作。"埃马纽埃尔·瓦塞内克斯重申了自己最初的提议："在那之前，先见见我的牛奶生产商吧。"Lidl的老板同意了。

但正如谚语所说："江山易改，本性难移。"见奶农时，Lidl的老板一上来就又摆出了批判的架势。

"瓦塞内克斯一定告诉过你们，该跟我说些什么。"他对奶农说道。

"等等，LSDH不是这样的企业。我们想说什么，什么时候说，都是我们自己决定的。仅此而已。如果我想说，Lidl不行，您也很烂，我也会说的！"奶农回答说。

生产者既能够砸烂经销商的展位，也能与他们平等地交谈。粗鄙的对话继续进行着，但正朝着业务合作的细节发展。最后，这个看起来就像摘月一样不可能的事情发生了：Lidl、LSDH和奶农之间签订了一份为期三年的合同，如果合同终止，需提前两年通知。

与Lidl的这段故事并不是LSDH通过关怀他人从而产生商业术语中所说的"附带利益"的唯一案例。埃马纽埃尔·瓦塞内克斯讲述了自己在过去的10年里，每年坚持拜访"营养与健康"（Nutrition et Santé）公司的经历。这是一家专业生产蔬菜汁的企业。瓦塞内克斯每次都会说："我有个计划想跟贵公司谈谈。"该公司的人员会接待他，认真听取他的意见，然而，每次都没有下文。但瓦塞内克斯不放弃，他屡战屡败，屡败屡战。10年后的一天，营养与健康公司打电话给他说："我们对您的产品很感兴趣。"当然，我们可以把这些拜访看成是瓦塞内克斯在为开拓市场探路。但当一个人徒劳地拜访了潜在客户（而且不止这一家）10年，便不再是简单的"探路"了，而是证明了LSDH对对方的关心是发自内心的。LSDH无条件服务的对象名单已经很长了，而且还不止于此。这种服务关系甚至可以延伸、发展为友谊。

尊重，关心他人，建立友谊

在LSDH位于圣但尼德洛泰勒的总部办公室里，主会议室的玻璃窗上贴着以马内利修女（Sœur Emmanuelle）的名言："正视他人，倾听他，对他微笑，关心他——在我看来，这是生而为人的开始。"当然，我们经常看到企业里张贴着各种鼓舞人心的标语。然而，它们并不总是反映企业的实际做法。LSDH则不同。对LSDH来说，"他人"不仅是以奶农为代表的供应商，或者制造商、经销商等客户，还有当地社区的经济参与者，以及该地区的年轻人。事实上，LSDH眼中的"他人"是与其经济活动有联系的所有对象。在其网站"合作伙伴"的页面，列出了法国乳制品行业协会中心（简称CNIEL）、Oseo银行、非政府组织Agrisud和斯里兰卡团结协会（Sri Lanka Solidarity）。无论其规模或对企业作出的经济贡献，他们都是平等的，每个人都受到LSDH的特别关怀。

这种关怀可能很微小细致。埃马纽埃尔·瓦塞内克斯数十次向他遇到的每一个人打招呼，包括前文说到的卡车司机，这让大家惊叹不已。他的父亲安德烈·瓦塞内克斯解释了这种对细节的关注是如何产生效果的："'司机之家'，是我和妻子怀着敬意建造的。为接待客人而安装卫生设施是正常的，但我们安装了彩色的意大利瓷砖，吊了顶，放了一个小的路易十五时代的玄关桌。那本是我父亲的。我可以告诉你，这些被认为是粗人的司机从来没有打破任何东西。从来没有。'司机之家'建成已经15年了。所以，这就是关心他人的一种方式。"

如今，安德烈·瓦塞内克斯是LSDH的少数股东和监事会主席。这位17年来同时担任一家商业法院院长的企业家，用一个词总结了

LSDH 的职责："关怀"。在我们的采访中，他经常使用这个词。他从阿尔萨斯的施米特林家族那里学到了这个职责，他们是埃马纽埃尔帮助长达6个月的人，也是后来支持瓦塞内克斯家族再次成为 LSDH 主人的人。当时，安德烈注意到，施米特林三兄弟一起工作，相处融洽。当然，他们制定了明确的规则，每个人都必须遵守，但他们的母亲亨丽埃特（Henriette）作用很大。安德烈·瓦塞内克斯说："她不做表面功夫，却给予了很多关怀。"如今，安德烈在 LSDH 的行为有点像亨丽埃特："作为监事会主席，我负责监督。这再自然不过了。履行这项职责时，我特别关注一件事：确保我的孩子们和他们的骨干员工好好相处。如果我发现了可能会破坏这一点的东西，我就会努力改进。除了关怀备至以外，别无他法。"

由此，我们深刻体会到，在我们与安德烈·瓦塞内克斯见面的会议室里张贴的以马内利修女的语录，在 LSDH 并不是一句空话。"正视他人""关注他""关心他"，这是指导 LSDH 员工行为的原则。

用大写字母"A"表示的关怀（Attention），以马内利修女称之为"人类的开始"，而细致入微的相互关注则是友谊，就像施米特林和瓦塞内克斯两个家族之间发展起来的关系一样。在商界，友谊是罕见的。盖洛普（Gallup）咨询公司在衡量员工对企业的忠诚度时，会问12个问题，其中一个是："你在工作中有非常好的朋友吗？"考虑到2017年，只有6%的法国员工给出了肯定的回答，我们可以推断，很少人认为自己在职场里有真正的朋友。但在 LSDH，情况并非如此。

几年前，该公司的一名员工达芙妮（Daphné）因一场严重的车祸而瘫痪，无法继续工作。从那以后，同事们每年都会去看望她，与她一起吃午饭。后来，这项活动演变为一场名为"奔向达芙妮"的自行车赛。参赛者骑行150千米，只为了看望以前的同事，表达友谊之情。

友谊在商业中是罕见的，即使在利他企业中也是如此。但是，员工和同事、供应商、合作伙伴或客户之间的确可能存在友谊——即使是短暂的友谊。你可能会怀疑客户和供应商之间的友谊。事实上，在许多企业，采购政策的制定往往是为了防止与供应商的任何亲密接触，这么做不是出于对友谊的担忧，而是对利益勾结的恐惧。我们研究的企业没有这种忧虑。事实上，恰恰相反。

苏亚拉（Suara）是西班牙加泰罗尼亚（Catalonia）一家个人护理行业的大型合作社，拥有近4000名员工。[1]一天，一名负责采购的员工为苏亚拉的电话系统发出了招标通知。他有一个有点不同寻常的要求：投标者必须亲自到苏亚拉进行实地考察。一名被邀请的销售代表拒绝了这一要求，并解释说，他们的内部规定禁止拜访客户。苏亚拉随即也回绝了这名销售代表，并告诉他，在这种情况下，就没有必要投标了。最后，销售代表违反了公司的规章制度，参观了苏亚拉，并最终赢得了合同。

这个故事中有一些有趣的地方。首先，不是采购方担心他的采购人员与供应商变得太"亲密"，而是供应商担心他的销售人员会与客户变得太"亲密"。但不管企业不信任谁，它保护自己不受伤害的方法就是制定各种规则。这就引出了第二点：不信任滋生欺骗。正如我们的一位哲学教授所说："越是怀疑，担心的事情就越会发生。"心理学家、组织行为学最伟大的研究人员之一道格拉斯·麦格雷戈（Douglas McGregor）解释说，企业越是通过程序和规定来控制员工，员工就越

1　见http://www.suara.coop/en/who-we-are/。

喜欢绕过它们。与此同时,任何一家企业都明白,如果员工严格遵守所有规定,企业就会在一夜之间停止运营。这个故事说明的第三点,也是最后一点:见证了友谊的有效性。与客户或供应商的友好关系不仅比"规范的"或"纯粹的"交易关系成本低得多,而且最终是有益的,并且往往超出所有人的预期。我们在LSDH、苏亚拉、会议之家或其他利他企业中观察到的许多事实证明了这一点。

接着,请跟着我们一起从欧洲出发,乘飞机约10个小时,到达太平洋彼岸的美国。这里的另一家企业也重塑了与客户和供应商之间的无条件服务关系。

硅谷的苹果

在这个寒冷的三月早晨,从旧金山到帕洛阿尔托(Palo Alto)的101号公路上已经人满为患。我们的研究带我们来到了硅谷这个创新圣地,但此行的目的不是去研究某个著名的高科技公司。我们要去参观的这家企业技术含量很低,至少表面上是这样。我们不会把车停在一座闪闪发光的玻璃建筑楼下,也不会停在一排豪华汽车中,抑或精心维护的郁郁葱葱的植被中。不,我们停靠的地方是一个普通的工业区,你可以在世界上任何地方找到。灰色的厂房,水泥砌成的建筑,毫无惊喜可言。简而言之,与几十千米之外的谷歌、思科(Cisco)、苹果等公司的总部大相径庭。欢迎我们的是一位年轻的企业家,他坦率地与我们握手,这是硅谷企业家的典型特征。

早上8点,大厅里仍然空无一人,我们开始与克里斯·米特斯塔德以及几位同事在一间没有窗户的会议室里交谈。只有几幅描绘了超大水果的大型彩色油画,给这个地方带来了一点亮色。如果你问,是什么原因让我们跨越大西洋来参观这个只有130名员工的中小型企业,有个简短版的答案:"正是水果。"但还有一个更长的版本,我们一起来看下。

在硅谷,你无法忽视"水果佬"——这就是这家企业的名字。它的核心客户是这个神话般的现代创新之地的精英:Adobe、特斯拉(Tesla)、eBay、纳斯达克(Nasdaq)、苹果、SalesForce和IDEO。IDEO是全球工业设计的领导者和设计思维的发明者,正是在这家公司里,我们中的一位同事第一次接触到了水果佬的服务。2007年,他去参观了位于帕洛阿尔托的IDEO公司,拜访了公司创始人大卫·凯利(David Kelly),并得以了解他所创办的这家自由企业的情况。

首先参观的是IDEO的办公区,员工们不断自行改造、改善这些场所。随后,接待人员特意给我们展示了分格信箱墙边的一个改造范例。那里是员工们(大部分是设计师)每天早上查收信函的地方。这是一名负责信件递送的员工的提议。然而,在IDEO,这名员工,不仅仅负责分发信件,还是"体验团队"(Experience Team)的一员。"体验团队"是一个综合了接待、餐饮、清洁和信件服务的团队,其目标是为IDEO的员工和访客创造最好的体验。这名员工注意到,他的设计师同事经常在早上站在信箱旁,花大约10分钟的时间谈论他们手上的项目。"体验团队"也接受过设计思维训练。该员工认识到,创造力和自发的对话是公司脱颖而出的关键,于是便萌生了一个想法:在信箱旁安放几张餐桌,桌上摆上果盘,供有需要的同事食用,这样他们就能边吃边交谈,进而停留更久,产生更多灵感。他随即联系了水果佬,实现了这一想法。

乍一看,水果佬位于加州这一事实似乎微不足道。你可以从美国的任何地方买到水果,然后运到企业所在地区。然而,在加州做水果生意有个优势。许多高科技公司都设在加州,有众多工程师和极客,他们是老板所珍视的人——包括他们的饮食。然而,鲜为人知的是,加州是美国最大的农业州,其农业规模堪称世界级,尤其是在水果方面。这里地处亚热带,地形丰富,从太平洋到沙漠和山谷,盛产各种柑橘类水果、桃子、苹果、梨、葡萄、李子、核桃……我们将在下文看到水果佬是如何利用与供应商之间的这种亲密关系,与他们建立友谊的。然而,这家企业的与众不同之处,首先体现在与客户之间的无条件服务关系上。

厨房里的初创公司

水果佬的故事始于厨房。是的,你没看错。在厨房里,而不是像大多数传奇的硅谷初创企业那样在车库里。1998年2月,该企业的创始人克里斯·米特斯塔德(Chris Mittelstaedt)即将成为父亲,一直在努力寻找养家糊口的方法。诚然,这不是他的第一次创业经历。19岁时,克里斯参加了一个针对年轻学生创业者的指导项目。凭借自己的能力,他在暑期买下了一家油漆厂的特许经营权,并将其发展到第二年就雇用了25名建筑油漆工,仅夏季三个月的营业额就达到12万美元!为了做到这一点,他挨家挨户地敲门,对"客户"一词有了深刻的认识。但在1998年,他已经29岁了,为了养家糊口,他不能再依靠这家只在假期开放的工厂,而是得找寻其他出路。

米特斯塔德的父亲是费城著名的沃顿商学院的教授。自从米特斯塔德高中毕业后，父亲就不看好他的事业。"如果你读的是商学院，我会帮你付学费。不然，你只能靠自己。"米特斯塔德决定自己创业，并搬到西海岸学习文学创作课程。那时的他梦想成为一名小说家。与此同时，他在做各种零工。他微笑着告诉我们，他就是那个常常在酒店的角落房间里接收传真，再把小广告从门缝塞进各个房间的人，从某种程度上来看，像个送货员。就是在这个时候，一种新式的送货服务在他的脑海里闪现。

这一切都是从米特斯塔德的妻子意外怀孕开始的———一个真正的意外。他感到肩膀上养家糊口的担子一天天沉重起来。当你只是个酒店临时工，拿着9.5美元的时薪时，很难做到这一点。米特斯塔德的灵感来自一位朋友的一句话。这位朋友是一家金融机构的咖啡送货员，薪水也很低。他告诉米特斯塔德，他的同事似乎越来越胖，并常常抱怨此事。"如果你能做点什么来改善大家的健康，那就太好了。"就这样，米特斯塔德萌生了"送果篮"的点子。那个年代，这样的企业并不存在，米特斯塔德决定创立自己的公司，运送果篮。

不久之后，米特斯塔德与老友道格（Doug）一起创办了公司。道格毕业于斯坦福大学，热衷于迅速改造水果佬，将其变得跟同届同学工作的网络公司一样。1998年6月，也就是公司成立4个月后，道格向米特斯塔德提出了一个全新的项目。

"这个项目很棒，但为了成为一家真正的公司，我们必须筹集资金。"道格说。

"我不同意你的看法，"米特斯塔德回答，"我认为，我们必须先试验一下，弄清楚这是怎么回事。"

"但我想要筹集资金！"道格坚持己见。

"听着，如果你想，那就写一个商业计划，开始和风险投资家交谈。然后我们再决定。我对寻找资本持开放态度。"米特斯塔德建议。

3个月过去了，道格仍然什么都没写，也没有与任何投资者交谈。也许他对一家低技术含量的初创企业并不那么感兴趣。想象一下，当他向斯坦福大学的同学宣布"我创办了一家非常棒的公司——送水果的"时，他们会有怎样的反应。无论如何，道格决定离开水果佬，到当时正蓬勃发展的网络公司去碰碰运气。那时，互联网泡沫还未破裂。3年后，道格在股票期权的投机中损失惨重，将手上剩余的水果佬的股份卖给了米特斯塔德。但这并不意味着米特斯塔德的低技术含量企业可以在这场波及互联网企业的危机中轻松存活下来。

水果佬也受到了互联网泡沫危机的影响，它的客户开始削减包括免费食物和水果在内的"实物福利"预算。2000年，原本100万美元的营业额减少了一半。为了挽救自己的初创企业，米特斯塔德不得不解雇许多员工，再次开着他的面包车上路送货，就像"大富翁"游戏那样，回到起点，从头再来。2000年10月，双胞胎女儿出生，这是个好消息。米特斯塔德本应该能养活全家，如今却陷入了困境，加州梦似乎在他眼前破灭了。他有时会想起父亲，以及父亲对自己创业能力的质疑。但是米特斯塔德的妻子非常支持他。后来，米特斯塔德开玩笑地说："我们挺了过来，我们的婚姻和我们的事业都渡过了难关，因为一开始，我和我妻子的期望值就不高。"

硅谷的大多数高科技企业花了数年时间才走出互联网危机。低技术含量的水果佬却恢复得更快。米特斯塔德说，这场危机对水果佬来说是"因祸得福"，这让我们惊讶不已。事实上，许多被解雇的互联网企业高管正离开硅谷，到芝加哥、达拉斯等地寻找工作。当时，这一趋势被幽默地称为"B-to-B 和 B-to-C"（回归银行业，回归咨询业）。但是，习惯了每天一篮子优质水果的高管对美味的苹果和梨甚是想念。因此，一些人打电话给水果佬，询问他们所在的城市是否有同样的送货服务。凭借良好的服务意识和创业精神，水果佬回答说，"暂时还没有，但我们会很快给您回电"，并开始着手开设子公司。如今，水果佬的足迹遍布美国15个地区。原本只是硅谷一家低技术含量初创企业的水果佬，现在可能已经成为该地区领先的食品科技公司之一。

这个美丽的故事背后有一个小谜团。现代的配送网络使得水果在美国随处可见，所有的商家都可以送货上门。然而，硅谷的"外派人员"却坚持打电话给水果佬。这个谜题的答案在于克里斯·米特斯塔德设想并逐步实施的"客户服务"，以及"超越客户"的理念。

无条件为客户服务的"5R"理念

1999年的一个早晨，企业创立一年后，米特斯塔德接到了一个客户的电话，该客户的订单合同正是他本人签成的。

"您的送货员今天早上来了，他放下我预订的水果，朝我竖了中指，然后摔门而去。"

米特斯塔德立即道歉，并承诺将尽其所能确保此类事件不再发生。然后，他打电话给这名叫路易斯的送货员。"路易斯，今天早上我接到一个奇怪的电话，是我们的客户打来的。到底发生了什么事？"

路易斯解释说："我迟到了，而且很沮丧，因为我知道，由于交通堵塞，今天没办法准时送达。通常我到他们家时，会有一位女士迎接我，并告诉我把水果放在厨房的桌子。但今天，她不在。突然一个女人走了进来，开始大叫：'不，不，不……不要把水果放在厨房里，要马上拿到会议室去。我们马上就要开始了。快！快！快点！'她一直对我大喊大叫。我受够了这样的谈话，像往常一样把水果放在厨房里，摆了摆手，就走了……"

"只是摆手吗？"米特斯塔德问道，"她不是这么跟我说的。她说你朝她竖中指了。"

"不！我没有！"送货员生气地说。

"好吧。但是，即使你没有朝她竖中指，为什么不听这个人的话，考虑她的要求呢？"米特斯塔德问。

"但她完全不尊重我。我的父亲总是告诉我，如果有人不尊重我，我必须以牙还牙。"

米特斯塔德心有不快。他本认为自己已经做了足够多的工作来保证员工为客户服务的质量，但事实证明，这还不够。后来，他对我们说："这不仅仅是解释说明的问题，而是我必须能够传授我想要的行为，让它成为日常工作的一部分。这样，我就不用每天解释了。"米特斯塔德开始发展他的客户理念，定期在随身携带的小笔记本上记录。一年后，这种理念以"5R客户服务"的形式诞生了。

受到路易斯的故事的启发，米特斯塔德客户理念的第一个核心是尊重（respect）。作为对这位顾客态度的回应，路易斯决定不尊重她。然而，对米特斯塔德来说，尊重与他在尼泊尔之行中听到的问候相似——合十礼（Namaste）。他解释说：合十礼的意思是，我看到了你内在的光芒。我看到了我们共有的东西，这就是生命的力量。我是人,你也是人,我们应该互相尊重。"

你可能会说,代表相互尊重的"合十礼"是好的,但它并没有解决客户缺乏尊重的问题,就像路易斯的例子一样。但我们只说到第一个"R",它确保了无论客户的行为如何,员工永远不会不尊重客户。

如果你碰巧很了解香蕉,这种专业知识对理解米特斯塔德客户理念的第二个"R"非常有用:回应(respond)。

在水果配送行业,香蕉的颜色是成功的关键因素。太生或太熟,都可能会使顾客不满意。但对一些人来说已经很熟的香蕉,对另一些人来说则太生了。碰到这种情况,该怎么办呢?水果佬花了很长时间研究香蕉的颜色,以尽力满足一切特殊口味。为此,他们采用了一种几乎可以称为科学的方法——将香蕉的成熟度分等级。在每一个阶段,香蕉的不同部位都有相应颜色。例如,在第6阶段,香蕉完全是黄色的,而在第4阶段,顶部和中间仍旧是绿色,等等。整个订单准备系统考虑到每位客户的特定口味,以确保其收到的水果是他们想要的颜色和成熟度。果篮上会贴一个小标签,告诉备货员该为顾客准备几分成熟度的香蕉。这就是水果佬满足客户需求的方式:回应。

米特斯塔德解释说:"在水果佬,我们经常讨论'对某事或某人作出回应'和'对同一件事作出反应'之间的区别。我们通常会说:'啊!我迅速作出了反应。'对我来说,反应是本能的,不经过大脑的思考。'我反应迅速,避免了碰撞'或'当狗试图攻击我时,我的反应是逃跑'。而'回应'则是另一回事。回应必须迅速,并且要有针对性。这迫使我们反思:'我真的倾听客户并且明白他的期望吗?他们真正的需求是什么?'"

这是一个敏锐地洞察客户需求的问题。水果佬就是带着这个问题进军零食行业的。一天，硅谷的传奇公司Adobe要求水果佬开发一系列零食产品。Adobe对于这一计划有个大概的思路，水果佬敏锐地洞察了其需求，制作了零食，尽管这完全不在它们的核心业务范围内。该产品大获成功，现已面向所有客户供应。

当然，每天都提供完美的服务是不可能的。水果佬很清楚这一点，这就是客户理念中的第三个"R"：务实（realism）。

在水果佬，一名客户如果在30天内经历了两次或两次以上的意外事件，如延迟送达、水果不新鲜等，便会被列入客服经理妮科尔（Nicole）的"红色名单"。妮科尔说："我们知道，如果发生第三次事故，情况会变得非常糟糕。有了两次意外就已经坏事了，更何况事不过三。"这份名单会发送给所有员工，以便对这些客户给予特别的关注。每个部门都以自己的方式给出应对方案。例如，配送部的员工会在送货前致电司机："我们想确认下，你明天需要给SalesForce配送。他们在红色名单上。你可以保证明天早上8点前送到吗？"在生产部，这些客户的订单会得到优先处理。例如，进行额外的质量检查，以确保果篮里没有任何成色不佳的水果。订单签收后，妮科尔会电话回访这些客户，直到第8次顺利送达之后，他们的名字才会从"红色名单"中移除。这就是"务实"的行动原则。

对米特斯塔德来说，注重实际是双向的。"人们总说，顾客是上帝，永远是对的。我认为，这个说法是错误的。有时候，从事实或数据的角度来看，客户错得离谱。例如，他打开箱子，没有看到猕猴桃，而他此刻很想吃猕猴桃。客观地说，他的订单中并没有猕猴桃。但他希望，当这箱水果送达时，能在里面找到猕猴桃。是的，这是一个必须考虑的事实。水果佬的每位员工都必须接受这一事实，并采取相应的行动,不去计较谁对谁错。如果他想要猕猴桃,我们必须给他送到。"相反,务实原则也意味着能够说"不",不做出无法兑现的承诺。

水果佬客户理念的第四个"R"是"责任"(responsibility)。一天,妮科尔打电话给一个大客户的会计部门,说有8张发票逾期未付。

"您说给我发送了电子发票,但我从没收到过,怎么支付呢?"电话那头的女士问道。

"哦,对不起,可能是我们的疏忽或失误。"妮科尔赶忙道歉,"我们在贵公司名称前打了钩,表示您想通过数据传输系统自动接收数据,或许我们不该这么做的。"

"所以,您现在想跟我说,一切都是我们的错?我现在必须手动输入8张发票,每一张!您觉得我整天很闲,只用做这个吗?"女士抱怨道。

当她似乎发泄完所有愤怒时,停顿了一下。妮科尔接着她的话继续说:

"女士,我知道我们所犯的错误给您带来了多大的麻烦。我将与同事们一起,竭尽所能,确保这样的错误不再发生。在这件事上,是我们做得不好,给您添麻烦了。"

承认了公司的责任之后,妮科尔进一步说道:

"您想让我们帮您取消那些账单吗?如果您因为这件事烦恼不已,我们愿意取消账单,以此向您表明我们对所发生的事情感到多么抱歉。"

客户完全没想到妮科尔会这样提议,惊讶不已,立马改变了语气。她拒绝了妮科尔的提议,并说,既然他们已经收到并消费了商品,将支付拖欠的320美元。

你可能会说，妮科尔早就预料到了这个答案。很有可能。事实上，大量的市场经济研究表明，尽管客户会接受商业补偿，甚至在服务不完善时会主动要求赔偿，但同时他们也认为，不付款是不恰当的行为。拖欠者之所以成为拖欠者，不是因为他们故意选择无视市场经济的基本原则，而是因为资金周转出现了问题。由此可见，妮科尔的建议——当然是真诚的——符合水果佬客户理念的第四个"R"，即"责任"。米特斯塔德向每位水果佬的员工解释了这一原则，并发出如下邀请："做你认为必要的事情，不惜任何代价。一切由你全权负责（法文：carte blanche）。"米特斯塔德带着浓重的美国口音说出了最后那两个法语单词。

这句话可能会让你想起丹尼尔·阿比坦在会议之家的著名训令："我赋予你们满足客户的所有权利，不管成本如何，也不需要征得任何人的同意。"阿比坦还表示，让所有员工都接受无条件为客户服务的原则，是一场"日常战斗"。米特斯塔德很清楚这一点。他评论道："员工们明白，如果他们什么都没有做，要比做了点什么，或者做的有点过头了，又或者浪费了不少钱，受到更严厉的批评。我们总对他们说：'嘿，下次，继续这样做，但少花些钱。但最重要的是，我要向你致敬！做得很棒，你挽回了我们的客户！'"这番话揭示了水果佬期望员工担负的责任。

员工的责任主要体现为服务客户。但是，如果员工不认为自己对提供此服务的流程负有责任，就无法承担此责任。换句话说，不负责任，不了解服务流程，就会使员工对客户说出诸如"暂时没有可用的卡车""送货员生病了""我们今天没有收到货物"之类的话，而不是"做认为必要的事情，不惜任何代价"。员工还必须被授权从头改进导致服务质量不佳的流程。这让我们明白，实现"5R"理念并不像看起来那么容易。

水果佬的绝对命令使其员工践行了代表"责任"的第四个"R"，也使他们实现了客户理念的第五个也是最后一个"R"：给客户留下积极的印象（being remembered positively）。

一天，妮科尔团队的一名成员玛丽接到了加利福尼亚东北部弗雷斯诺（Fresno）一位客户的电话：

"我刚刚收到了你们送来的水果，香蕉都变黑了……简直难以置信！我不明白，你们怎么能给我寄这么糟糕的水果呢？"

"您的情况我了解了。非常抱歉，可能是因为太热了，气温将近40℃。我们应该给您送生一点的香蕉的。"玛丽道歉道。

"你的道歉不管用。"客户非常生气地说。

"我们明天重新配送，您看怎么样？"玛丽建议道。

"不，不行。我今天就要那些水果。"客户坚持说。

"好的，明白了。我看看我能做些什么，然后给您答复。"

这名客户是水果佬的小客户。她的公司平均每周订购一盒水果。玛丽本可以选择第二天重新配送，再给她一笔赔偿金，以补偿她的损失。但水果佬的员工在这种情况下不会这么做。玛丽和妮科尔电话联系了他们的同事、硅谷仓库经理米西（Meesy），他们一起找到了解决方案。

米西开着一辆水果佬的面包车，驱车3个小时去给这名客户送新的香蕉。客户惊讶不已，从未见过这样的服务。可以肯定的是，她会把这件事记在心里很长一段时间，这也正是这三名员工提出这个解决方案的原因。矛盾的是，这些"大麻烦"被水果佬视为给客户留下积极印象的机会。

说到这里,我们已经解释了水果佬无条件为客户服务的"5R"理念。尽管有些特殊,但它是合乎逻辑的,因为任何服务型企业都是靠客户生存和发展的。但还有一些不太符合逻辑的东西:同样的理念也渗透到了水果佬与其供应商之间建立的关系中。的确,从理论上来说,供应商应该为你服务,而不是被你服务。但水果佬并不这样看待其与供应商的关系。

无条件为供应商服务的"5R"理念

我们不知道你们公司是否有"侦探"职位,但水果佬有。丽贝卡·诺斯(Rebecca North)就是这样一名"水果侦探"。她曾是一名朋克摇滚音乐家,现在任职于水果佬。在传统的商业术语中,你可以说,她的工作是寻源采购,帮水果佬找寻可以合作的最优质的的果农。但不仅如此,让我们先来看看她的"侦探"工作吧。

丽贝卡找到的一个供应商名叫艾德·麻吉(Ed Magee)。他就职于传奇的劳伦斯利弗莫尔国家实验室(简称LLNL),该实验室是美国安全研究的重要实验室之一:生物防护、反恐、情报、防扩散、军备……在LLNL,艾德是一名机械工程师,参与分光镜的制造,该分光镜可以用于研究"从激光与物质的超强相互作用中产生正电子"之类的课题。但同时,艾德也是一名兼职种植桃树的农民,他用极其科学严谨的态度来做这件事。他只种植桃子——科学家们总是很专业的——并且是超赞的桃子!

丽贝卡发现艾德种的桃子的那天，异常震惊。"他的桃子美极了。一旦吃了一个，就必须得去冲个澡，因为它们太多汁了！"她回忆说。丽贝卡不忘遵循"5R"中的第二个"R"原则，为了水果佬客户的幸福，照顾到他们的口味，迅速采取行动，与农民科学家艾德签了一份合同。虽然身为科学家，但某一天，艾德在果园里遇到了一个自己无法解决的问题。迷茫之中，他打电话给"水果侦探"寻求帮助。

接到电话的丽贝卡立即驱车前往旧金山以东约100千米的弗纳利斯（Vernalis）。一到美丽的桃园，她便问艾德："桃树下怎么会有那么多地洞？"

"是地鼠，一种看起来像小松鼠的啮齿动物，它们入侵桃园已经好几个星期了，不停地啃食树根，我不知道该怎么对付它们。"艾德说。

显然，与物理或生物不同，这位科学家在生态学方面还有很多东西需要学习。丽贝卡则恰恰相反。朋克摇滚文化塑造了她的"冒险精神"和任何问题"自己解决"的心态。此外，她还是生态农业协会[1]的首批积极分子之一。

"你知道它的捕食者是什么动物吗？"我们的侦探活动家问道。

"嗯，当然，是仓鸮。"艾德回答。

"那为什么不试着弄点来呢？"丽贝卡提议。

"你觉得可行吗？"艾德问。

"如果你愿意，我们可以帮忙。"丽贝卡自信地说。

丽贝卡的信心来自她的人脉关系网。她立即请来了一位猫头鹰专

---

[1] 该协会是世界上最大的有机农业博览会之一的生态农场会议的组织者，丽贝卡是组委会成员。见 https://eco-farm.org/conference/。

家。专家很快就注意到，为了抑制地鼠而使用的灭鼠药也伤害了仓鸮。几个月后，艾德清除了灭鼠药，在果园里安装了4个巢箱，里面住着仓鸮。每只仓鸮一晚上最多能吞噬6只地鼠。艾德对结果很满意。

就这样，艾德得以继续种植多汁到"需要冲澡"的桃子，令水果佬的客户们开心不已。不过，虽然他们是水果佬通过美味鲜桃来关注客户品味的最大受益者，他们在此处收获的却是"附带利益"。在这个故事里，丽贝卡并没有为了客户的利益而行动，也没有使用"5R"理念来改变她与客户的关系，而是利用这一理念改变了她与供应商的关系。可以肯定的是，丽贝卡给供应商留下了积极的印象。每天早上，艾德都会看到4只仓鸮通宵工作，在他神奇的桃园里最多吞食24只地鼠。

嫁给供应商？

这个标题并不是为了给这个故事画上一个圆满的句号：前摇滚歌手、环保活动家嫁给著名的物理学家。

丽贝卡负责培训其他水果佬员工与果农进行互动，她这样总结道："（与果农）真正面对面的互动是我教给团队的最重要的事情之一，因为它对关系至关重要。我们希望建立长期关系，而不仅仅是一两次会面。我们在寻求一段长久的'婚姻'（合作）！"

与供应商的持久"婚姻"？这一比喻在阐明经济参与者之间关系的本质方面十分恰当。事实上，我们已经习惯了传统权力关系，在这种关系中，买方拥有一切权力，并迫使生产者接受他的条件。要使两个经济参与者之间的婚姻持久，他们必须自由地、不受支配地选择婚姻，避免冲突，生活在友好、亲切和互相欣赏的气氛中。"婚姻"并不是唯一能让我们了解稳定关系本质的隐喻，为了更好地了解这一点，我们先来看看对真实婚姻的研究。

在过去的几十年里，和水果佬一样位于美国西海岸的心理学家约翰·戈特曼（John Gottman）和他的同事们一直在进行婚姻方面的研究。他最著名的研究是根据一些关键要素，预测新婚夫妇是否会离婚，是会迅速离婚还是稍晚些离婚，准确率高达93%（戈特曼对这些夫妇进行了20年的跟踪研究）。所有这些结果都是基于对夫妻之间一段仅持续15分钟的对话视频的分析。下面是对他工作的简要描述。

通过在当地报纸上发布广告，他招募了75对志愿者夫妇参与研究。戈特曼博士要求他们做的唯一一件事是，在去大学实验室进行实验前的8小时内避免交谈。到达现场后，每对夫妻进行三次15分钟的对话，两次对话之间沉默5分钟。三次对话的主题分别为：（1）当天发生的事情；（2）存在重大分歧的问题；（3）夫妻一致认为令人愉快的话题。戈特曼将注意力集中在前两个讨论上，并记录了主人公们脸上的表情变化。

最明显的结果是在讨论重大分歧时所表现出的消极情绪。平均6年内离婚的夫妻的共同特征是：四种消极的情绪行为频发，并同时缺乏积极的情绪行为。这四种行为被戈特曼在《幸福的婚姻》（*The Seven Principles for Making Marriage Work*）中称为"末日四骑士"：批评（一种防御式行为）、鄙视（例如，一方在另一方根本不想笑的时候却在笑）、辩护，以及冷战。研究人员称这种讨论称为"攻防"动态。快速离婚占了离婚总数的一半。有趣的是，预测更晚离婚的并不是相同的情感行为。

　　预测17年左右会发生的离婚，既不是由于在这15分钟的讨论中存在消极情绪，也不是由于缺乏积极情绪。换句话说，在这些讨论中没有任何正面情绪或负面情绪。这就是戈特曼所说的"高度中立"的情感基调。在研究人员看来，这是避免分歧的标志，也是夫妻之间疏远的症状。相比那些被消极情绪破坏的婚姻，处于中立情感基调下的婚姻持续时间更长，但这种疏远最终也会导致离婚，只不过是在较晚的时候。

　　值得注意的是，并非只有关于重大分歧的讨论才能预测离婚。夫妻双方在讨论当天发生的日常事务时所展现出的类似的，但更微妙的情绪行为，同样可以用于预测他们是否会离婚以及何时离婚。例如，夫妻一方讲述自己当天遇到的一件事，期待着激起另一方的兴趣甚至热情，却只收获了对方不冷不热、漠不关心的中立情绪，这些都是离婚的兆头。

　　戈特曼在15分钟内便能预测婚姻走势，他也因这一研究结果而闻名，但他主要关注的却是相反的现象：有助于婚姻稳定的因素，以及帮助夫妻维持婚姻的治疗方法。研究人员认为，夫妻之间两种情感失常的情况需要不同的治疗方法。对于那些经历"末日四骑士"的夫妇来说，需要从研究人员所称的"批评文化"过渡到"欣赏文化"。这并不意味着分歧被消除了，而是说不同的意见受到了赞赏和欢迎，而不是批评。例如，可以先询问对方对某一问题的看法，而不急着给出自己的观点，这是一种友善地接受别人意见的方式。对于情感疏远的夫妻，戈特曼则鼓励建立夫妻友谊，构建相互关怀的家庭。

　　我们坦然承认，所有这些听起来都像是心理学术语，我们不打算冒险进入婚姻治疗领域一探究竟。然而，我们同意戈特曼的观点，即对夫妻关系的研究可以阐明无血缘关系的人之间的社会关系，包括客户与供应商之间的人际关系。

作为向供应商提出问题的客户，我们都经历过供应商表现出不欣赏和不感兴趣的情况。即使他不能帮助我们，我们希望他至少展现同理心，并对"造成的不便"表示遗憾，然而并没有。在这种情况下，有些人可能会考虑更换供应商，而有些人已经这样做了。人们可能会认为，客户期望从供应商那里得到正反馈是正常的。相反，作为供应商，可能很少有人期望得到客户的赞赏或引起他们的兴趣。水果佬的采购员丽贝卡·诺斯不这么认为。正如我们前面所说的，她渴望与供应商建立"持久的婚姻"。

向用心倾听的买家倾吐困境的供应商

托雷·奥尔森（Torrey Olsen）是19世纪来到加州的一位丹麦农民的后裔，他在纳帕谷（Napa Valley）地区的塞瓦斯托波尔（Sébastopol）经营着一个果园。他是水果佬的亚洲梨供应商。和他的丹麦祖先一样，托雷也不愿意别人对自己的事指指点点。2015年，美国首批有机认证机构之一的加州有机农场认证公司（简称CCOF）改变了一种化学产品的认证规则，该产品的作用是保护树木免受火疫病的侵袭。火疫病是亚洲梨极易感染的一种疾病。同往常一样，丽贝卡和托雷一起参观了果园。托雷看起来很沮丧。

"一切还好吗，托雷？"丽贝卡问。

"我们正在剪枝……"托雷回答。

"什么？在剪枝？但现在是春天呀！"丽贝卡惊讶地打断了托雷的话。

"是的，我知道，CCOF 现在禁止我们使用控制火疫病的产品。但是，疾病暴发了。所以我们必须剪掉所有已经结出果实的受影响的枝条。"

"一个接一个？有很多吗？"丽贝卡惊讶地问。

"是的，损失了好几吨。"托里回答说，有些不知所措。

丽贝卡明白了这场病害的严重性。她抱了抱托雷，以示安慰。她后来向我们解释说："这是他的生活，也是他的工作。他还是个父亲。他非常重视有机农业，果园经营得很好。是个好人！他就这样向我吐露了他的痛苦，并没有期望我们能帮他……"但丽贝卡想为他找到解决方案。然而这一次，她的生态专家朋友也无能为力。有机农业在加州越来越普遍，即便是活动家和冒险家的丽贝卡也无法对抗它的官僚主义作风。尽管如此，她也不想抛弃托雷。

在后来的谈话中，丽贝卡了解到，祸不单行。由于过早修剪枝条，托雷在那个季节收获的梨是普通梨的两倍大。不符合交付标准的话，就要面临被所有客户退货的风险。这些梨实在太大了，无法装进水果佬发给客户的标准纸箱里。丽贝卡认为，水果佬不会因为供应商陷入困境就将其弃之不顾。相反，水果佬会友善地接待托雷，并表示关心。

丽贝卡没有想着摆脱供应商的麻烦，寻求新的合作商，而是关注托雷的问题，这为她提供了一个寻找创造性解决方案的机会。最后，解决方案出现了："我们会处理的，把所有梨都买下来。"这一解决方案的创造性体现在两个方面。首先，丽贝卡决定，水果佬将调整包装盒的尺寸，以便装下托雷的梨，这会增加成本。但正如我们前文所说的，水果佬的指导方针并非成本，而是"5R"理念。然而，另一个方面是最具创新性的。这些梨不适合在任何经销商处销售，因此没有市场价值，但丽贝卡决定，水果佬不会与托雷就降价进行谈判。更重要的是，水果佬不仅会继续与托雷合作，而且还会购买他今年的所有产品。我们不知道，托雷是否有种圣诞老人在那年春天降临人间的错觉。

在丽贝卡看来，把供应商的问题放在心上，尽其所能予以帮助，是很正常的事。虽然这增加了水果佬的成本，但完全符合其无条件服务的理念。例如，水果佬为一些供应商提供了货到立即付款的选择，而不是通常的到货后30到60天。甚至还会打电话给一些做事不太有条理的果农，催他们提交发票，以便尽快付款。

就像婚姻一样，夫妻关系不能建立在权力关系之上，否则婚姻将岌岌可危。然而，想要与供应商建立一种基于相互关心和相互尊重的关系，需要从根本上改变寻源和采购的过程。丰田（Toyota）就与其供应商建立了这种关系。迪迪埃·勒罗伊（Didier Leroy）自21世纪初丰田在法国北部瓦朗谢讷（Valenciennes）工厂建设开始就一直担任负责人，后来成为丰田全球的主要管理者之一。正如他所言："供应商的问题不是他自己的问题，而是我们的问题。"[1] 他解释说，当供应商出现问题时，丰田的政策是不落井下石，立即派最好的工程师去帮助供应商，并与之合作寻找解决方案。有人可能会说，这是常识，因为落井下石无助于解决问题。然而，很少有客户这样做，这充分说明了他们

---

1 出自2002年5月艾萨克·盖茨在欧洲高等商学院研讨会上的演讲。

与供应商之间关系的本质。

企业与其主要供应商之间的长期合作关系，就好比婚姻。乐迪卡游戏（Radica Games）就是这样一个例子。这家全球领先的电子玩具制造商正在为他们在中国的新工厂寻找一家大型供应商。一天，乐迪卡时任首席执行官鲍勃·戴维兹（Bob Davids）遇到了一位候选商，这是乐迪卡最早的供应商之一。采购经理说服该供应商接受了仅略高于成本价的采购价，而戴维兹却说："我们不能继续和你们合作了，因为你们的价格太低了……"[1] 每个人都很震惊。首先是供应商，因为在中国，价格没有最低，只有更低。戴维兹解释说，按照供应商给出的价格，他已经在赔钱了，将来如果乐迪卡游戏每6个月产量翻倍一次，该供应商就会直接破产。随后，他建议供应商将价格提高到实现9%的利润，这样两家企业就可以进行长期合作。正如戴维兹预料的那样，他们的产品大获成功，长期的合作关系成为企业成功的关键之一。然而，他没有预见到这种关系有一天竟会使他免于破产。事实上，由于战略上的失误，乐迪卡被迫削减了63%的成本。得知这一情况后，该供应商提出，提前6个月交付零件，且不收取任何费用。戴维兹也是唯一一个被这位供应商邀请参加他女儿婚礼的西方人——这在中国是一件很荣幸的事，意味着戴维兹被认为是大家庭的一员。

朱丽叶特·图尔南德在她的《亲善战略》一书中写道，建立一种善意的关系，首先要有一方无条件地迈出第一步。考虑到客户与供应商之间传统的权力不平衡关系，第一步应由买方（客户）迈出。水果

---

[1] 鲍勃·戴维兹、艾萨克·盖茨、布莱恩·卡内:《没有自我的领导》，法亚尔出版社，2019。

佬的做法是，与供应商建立"持久的婚姻"，而不是单纯的交易关系。相反地，供应商则通过他们的忠诚和创造性的支持作为回报。我们来看一个例子。

水果佬的商品深受客户喜爱的一个关键原因是盒中水果的外观。成熟度的确是一个问题，但也需要看起来很漂亮、颜色鲜艳的水果来吸引顾客。自1985年起，布莱克·卡尔森（Blake Carlson）和他的妻子丽莎（Lisa）就经营着一个4公顷的小农场，种植葡萄、李子和桃子。和托雷一样，布莱克也是斯堪的纳维亚农民的后裔——这一次是瑞典人。布莱克的祖先于19世纪早期定居在加利福尼亚中央山谷的金斯堡（Kingsburg）附近。通过与丽贝卡的交谈，他了解到水果佬希望为顾客提供优质水果的愿望，并提出了一个帮助水果佬的创意点子。他建议丽贝卡让分拣员多挑选桃子和油桃，因为，用丽贝卡的话说，这些水果"或红或橙或黄，颜色异常鲜亮"！这对布莱克来说很简单，而且几乎没有额外的成本。十二年来，水果佬一直用顾客在别处见不到的水果给他们带来惊喜，并且没有丝毫矫揉造作。这一点受到了客户的赞赏。更何况，现如今越来越多的人对大型超市销售的水果提出批评，这些水果的大小和颜色都不错，但往往都使用了人工添加剂。[1]

几年以来，布莱克无条件地为水果佬服务，并从中获得了"附带利益"。一天，布莱克向水果佬反映，用来包装水果的纸箱给自己带来了麻烦：价格昂贵，并且不太实用。和往常一样，水果佬耐心地倾听了他的问题，并立即伸出了援手。水果佬提议投资一个可重复使用

---

[1] 见https://www.europe1.fr/sante/une-enquete-denonce-la-coloration-trompeuse-de-certains-aliments-2767735。

的塑料篮系统，并承担部分费用。

从最后这个例子，以及前文描述的许多其他例子可以看出，"5R"理念不仅有益于水果佬的客户和供应商，也使企业本身从中获益。通过"迂回"原则，客户和供应商反过来也服务了水果佬。例如，前文提到的供应商艾德·麻吉，他运用自己严谨的科学方法帮助水果佬研究压榨水果的力度和含糖量之间的关系。最重要的是，客户通过他们的忠诚回报水果佬。前文说过，他们中的一些人在互联网泡沫危机后从加州搬到了芝加哥或达拉斯。在硅谷经济衰退严重时，这些人成了水果佬的回头客。正是因为他们，才直接促成了水果佬在美国其他地区的扩张。其他顾客——更多的顾客——每天都用他们的忠诚回报水果佬。因此，水果佬在其20年的历史中以每年15%—20%的速度有机增长，在16个州拥有130名员工，2018年的营业额超过3500万美元。[1]

水果佬是加州的一家初创企业。尽管它不属于高科技领域，但它受益于硅谷闻名遐迩的创业文化。而LSDH是在法国食品行业的传统环境（至少不像硅谷那样充满活力）中运作的。然而，米特斯塔德和瓦塞内克斯家族都创建了自己的企业，并且都是基于他们的个人价值观。

如果你不具备所有这些优势呢？如果你受雇于一家在你到来之前就已经成立并遵循传统原则的企业并担任其掌门人，那该怎么办？此外，再想象一下，尽管你经营着一家私营企业，但你所在的行业甚至不存在激烈竞争，几十年来一直受到公共机构的监管。2001年，多

---

[1] 出自2018年12月3日对克里斯·米特斯塔德的个人采访。见 https://www.forbes.com/sites/forbestreptalks/2017/05/04/the-fruitguys-built-a-30m-business-selling-fresh-fruit-to-offices-andpromoting-small-farms/#457a7be266b2。

米尼克·庞（Dominique Pon）在距离加州12个小时航程的法国图卢兹就遇到了这种情况。巧合的是，他本人正是从旧金山直接飞回图卢兹，跳槽到这家公司的。

利他主义医院

多米尼克·庞在硅谷经营着几家企业。2001年，他和妻子决定离开那里，去法国培养女儿。在万喜集团（Vinci）的支持下，这位企业家为大型建筑物开发了一套基础设施的管理软件，可以用于通信或能源网络等。他联系了巴斯德诊所的熟人，在诊所安装这一软件。

这次接触可谓"一见钟情"。他终于遇到了一个对他的生活有意义的职业领域，就像他一直梦想的那种。一天晚上，他对妻子说：

"你肯定会笑我的。"他说，"我想回到原点，申请到一家诊所当电脑专家，工资只有现在的三分之一。"

"你确定知道自己在做什么吗？"妻子不解地问。

"是的，照顾患者。对我来说，这比制造飞机、机器或成为服务供应商更有意义。这给我的生活带来了额外的维度。"这位丈夫向妻子解释道。

"我知道，如果你这样做，那是因为你有自己的想法。"她说。

情况的确如此。巴斯德诊所是一家拥有150名医生和1400名员工的大型医院。它还有一个特殊性，那就是该医院的所有者是本院医生，他们都是股东。多米尼克·庞的毛遂自荐正是医院所需要的，他的第一项任务是把患者档案进行数字化处理。乍一看，这不是什么令人兴奋的活儿。但多米尼克·庞不这么认为。在他看来，这是一个从根本上改善患者住院体验的机会。

为了给患者提供最好的服务，医院必须有完整的数字化的病历、检查和治疗信息。然而，这位工程师注意到，市场上所有可用的软件都是结构化的，如表格、下拉菜单等，这与医生的思维方式完全不相符。因此，医生无法填写患者所有的信息，即信息是不完整的。

庞解释说："医生表示，软件需要有'文学性'的一面，允许错误的发生，并返回重新填写……其思维方式不一定是结构化的。"因此，庞提出了一个创造性的解决方案：让医生自由地以最适合自己的方式描述医疗信息。"你只需要告诉他，'你可以自由使用执笔记录'，从而改变一切。"随后，庞让他的计算机团队开发了这个新工具。他将"结构化"和"非结构化"混合在一起，使医生能够按照自己的节奏，以自己的方式记录患者信息。这种方法在当时是首创，受到医生们的高度认可。

2004年，该工具在巴斯德诊所投入使用后，庞计划去别处发展。然而，董事会一直很欣赏他的品质，提议他进入医院的管理层。他同意成为IT主管。一切顺利。2010年，他被任命为院长。此时他需要面临的问题与他迄今应对的IT挑战截然不同。

首先，在法国，大型私人诊所，就像公立医院一样，会受到非常严格的监管。此外，不同职业之间的隔阂确有其事，医生经常出于行会主义作出一些重要决定。当庞于2001年来到巴斯德诊所时，他发现这里的管理风格"有点家长式作风，医生和员工之间存在分歧"[1]。

---

[1] 出自2014年6月10日的个人访谈。

然而，他马上就被这样一个事实所吸引：在诊所营业的57年间，没有一位医生股东得到过红利，所有的利润都被重新投资到诊所里。甚至还没成为院长前，庞就对该诊所的转型有了一个清晰的想法。矛盾的是，他将遇到的困境将帮助他实现目标。

乍一看，这家诊所的财务状况似乎令人满意：每年有200万欧元的利润。然而，从2007年起，法国政府决定在全国范围内统一医疗定价。这项改革逐渐影响到私人诊所。这家诊所已经在图卢兹营业了40年，价格非常客观。新的收费标准给它带来重大危机：庞估计诊所每年将损失600万欧元。他很清楚，只有所有人都行动起来才能应对这一挑战。他给自己定下目标，鼓励大家参与其中，共同克服危机。

庞一直以来的"秘密武器"被称为"信任"。的确，这个词被许多管理者使用，甚至出现在许多企业的道德宪章或价值观中。然而，对于庞来说，"信任"无关语言，而是关于行动。从孩提时代起，他就一直努力用行动来给予他人信心，并使他想要的人加入自己的队伍中。因此，2010年，当他被任命为巴斯德诊所的院长时，庞亲自主持了300多个部门的会议。每次，他都会说明诊所的账目，然后和每个人谈话，请他们帮忙。然而要想创造一种信任的氛围，光是主持会议并不够。庞还做出了一些极具象征意义的举动。

他的第一个举动是要求比前任院长少拿30%的工资。"这让我对自己有了信心，我觉得自己很诚实。"他解释道。你可能会说，这听起来有点不切实际，但庞并没有就此止步。之后，他又组织了一次医生大会，提出了一个乌托邦式的建议：从医生（股东）的收入中抽取一定比例，用于给员工发放十三薪。为了让大家知道，自己这次是动真格的，庞告诉他们，如果大家不同意，他就准备辞职。医生们并没有将这句话当成威胁，恰恰相反，他们认为这是凝聚力的体现，因此，90%的医生都投了赞成票。这意味着董事和股东都同意牺牲部分收入来增加员工的收入。以前从来没见过，至少在这家诊所里是这样。

尽管股东的认可很重要，但这还不够，还需要和社会合作伙伴讨论这个十三薪项目。可能你认为这件事轻而易举就能做成，然而事实并非如此，平凡背后隐藏着若干意外。法国总工会（CGT）对此提出了异议，因为它提倡奖金的平等性。然而，多米尼克·庞毫不犹豫地表示："我想要保持团队的活力和成员的动力，例如清洁工必须想成为一名助理护士，然后是一名护理助理，等等。我认为，一位拥有15年工龄的女性的十三薪，会比一个新手高……这更合乎逻辑。"为了打破这一僵局，庞随后组织了一次员工公投。在这次公投中，他再次公开表示，不成功，便离职。最终，参与投票的员工以95%的支持率通过了这一15年来的首个社会创新举措。

正如庞所说，"全员参与，涉及方方面面"。各部门都主动行动，感染了每一个人。就好像被压抑了几十年，然后突然爆发出来一样。

医院最主要的成本之一是从医药实验室购买药品，在此之前，诊所所有人都认为这一成本是不可压缩的。令人惊喜的是，有一天，医生们来找庞，向他解释如何与实验室砍价。在所有这些"花招"的帮助下，他成功在两年内为诊所节省了200万欧元，省下的费用被用于购买药物和假肢。

并非只有医生主动行事。有一天，一个清洁工对这位院长说："庞先生，有一个办法可以降低手术服的保养费用。通过减少装备的数量，可以节省开支。"事实证明，这样一来，每年可节省10万欧元。

技术部的工作人员主动减少合作企业的数量，调整组织方式，将本来外包的部分任务转为内部处理，这又节省了100万欧元。与此同时，手术室的护士意识到，可以回收手术室中使用的一些探针的铂头。他们在网上找到一个潜在买家，问对方要了份报价表，每年可赚取4万欧元的利润。

这只是来自全院上下各部门众多举措中的一小部分，庞对其进行了大量的宣传。他强调了对"偶像式英雄"的需求，以及"最善于想出点子的人总是处在最底层"这一事实。他接着说："信任往往呈指数级传播。说服一小撮人需要很长时间，但是当这些人被说服时，他们自己就会说服周围的人。"社会学家称这些人为意见领袖：他们属于少数派，但一旦被说服，就有能力领导他人。然而，庞指出，这一切都需要耐心等待。他解释了刚开始时的孤独感："有一个阶段，你感到非常孤独，在这个阶段，你必须有自信。"信任别人需要高度自信，或者，正如我们在前文所看到的，需要改变自己，努力获得自信。

至于这种信任扩散的后果，正如前首席执行官让-弗朗索瓦·佐布里斯特喜欢说的那样："信任比控制更重要。"巴斯德诊所也不例外，2013年，它取得了有史以来最好的业绩。

然而，庞并没有就此止步。凭借其获得的经济信誉，这位首席执行官启动了与患者及城市相关的新项目：通过与农民建立真正的循环经济链，以创新的方式生产食品这一健康的主要载体；在诊所一层建立当代艺术博物馆；在屋顶建造让患者适度劳作的有机菜园；合作创建独立诊所联盟 Santé Cité；与供应商共同投资，测试创新材料，等等。

你可能会说，这样看来，的确是"全民参与，涉及方方面面"。然而，所有这些看起来完全不同的项目都有一个共同的主线：创建一个无条件为患者服务的组织环境。

从信任关系到无条件地提供服务

事实上，持怀疑态度的人可能会说，庞的"大变革"具有象征意义，他想方设法通过设立十三薪成功地提高了员工工资，所以员工工作更努力了。从某种意义上说，挣得多，是因为工作得多。虽然这有点简化，但如果庞在组织变革方面所做的只有这些，则很难反驳这样的论点。然而，庞并没有止步于十三薪。他问："如果企业里的每一个人都确信，每一秒都应该是有无限意义的，因为这就是活着的意义，那又会怎样呢？如果每个人都对此深信不疑，就不会有管理问题和其他乱七八糟的事了！"庞不太喜欢传统的"管理方式"。他认为，企业在"管理"中迷失了方向，忘记了自己存在的意义，忘记了为什么员工来此工作。前文说过，庞欣然承认，与为患者服务相比，他很难在诸如航空领域这样的工作中找到意义。这就是他申请来巴斯德诊所的原因。然而，当庞成为首席执行官后，他的角色发生了变化。他要做的不再是单纯地采取行动直接服务客户，而是创造一种环境，使其他人能够无条件地为客户服务。

最后这句话看似纸上谈兵，却对企业管理者的角色有着实质的影响。这个角色的作用不是建立一个特定的管理模式，而是要成为组织环境转变的领导者。庞成为首席执行官后完成的正是这种转变。他改变了诊所的组织方式，从阻止无条件服务转变为允许无条件服务。从这个角度来看，降低首席执行官和股东们的工资，让诊所的员工过上更好的生活，是改变诊所环境的第一步。这种转变的另一个要素是确保有足够的工作人员无条件地为患者服务。如今，该诊所每15名患者有8名护士，是法国平均水平的4倍。事实上，人手不足很快会成为限制为患者服务的条件。我们还记得，尽管如此，巴斯德诊所之前仍旧取得了不俗的经济效益，虽然这并非是衡量无条件服务成功与否的最终标准。

或许你想知道，一个带领组织向无条件服务文化转变的领导者是如何知道自己已经成功的。不幸的是，或者幸运的是，没有量化的指标来证明这一点。拥有这些指标就意味着企业文化不是一种有机现象，而是一种机械现象——只需要建立一个特定的模型，企业文化就会发挥作用。话虽如此，缺乏衡量某种文化的量化指标并不意味着不能客观地评价它的质量。这正是描述文化的研究领域——"人种志"所做的。

具体地说，"人种志"的研究方法不在于测量，而在于实地观察。当然，企业的领导者不是准备研究的人种学家，但他也会进行实地考察，收集让-弗朗索瓦·佐布里斯特所说的"美丽的故事"。这些故事为他提供了行为发生转变的鲜活证据。"思考再三，不如实地查看。"伟大的调查记者、第一位为法国献身的反纳粹抵抗战士格扎维埃·德·豪特罗克（Xavier de Hauteclocque）[1]说。多米尼克·庞也收集了一些这样的故事。看完大家自行评判吧！

一天，护理人员得知，一位病危的肺炎患者在生命的最后一刻，因为遗产继承的原因必须与伴侣结婚，婚礼只能在病房内举行。于是，护理团队有了一个想法：婚礼结束后献上一顿真正的婚礼大餐。

---

[1] 格扎维埃·德·豪特罗克：《普鲁士的鹰》，《新批判评论》，1933，第12页。

厨师让-弗朗索瓦（Jean-Francois）和塞巴斯蒂安（Sébastien）准备了精致的小菜。他们戴着厨师帽，打扮得像大厨，用银铃托盘上菜。多米尼克·庞过来亲吻了新娘。他还指出，与直接参与的员工相比，这件事情对其他同事的触动更大："你能想象这对其他员工的影响吗？他们可能会问自己：'我们能做到这样吗？'"一旦出现了这样的情况，就意味着一切皆有可能。

对多米尼克·庞来说，这个故事清楚地证明了人们行为的转变。当他初到巴斯德诊所时，一切都与大多数医院无异：组织模式的约束和僵化在很大程度上影响了医护人员与患者的人际关系。庞颠覆了这一逻辑，坚信"患者第一"。他认为，患者首先是人，是治疗的主体，而不是治疗的对象。渐渐地，在经历了其他类似事件之后，他注意到，这种信念越来越被员工认同和实践，这意味着无条件为他人服务的文化正在生根发芽。

前一章中描述的道科瑞癌症中心负责人蒂莫·约恩苏也观察到了类似的故事。一天，一个护士正在照顾一位80多岁的老人，他的日子屈指可数了。护士问他生活中最大的乐趣是什么。

"哦……有很多。但我年轻时最喜欢的事情之一就是跳舞。"老人回答说。

"跳舞吗？您喜欢跳什么舞？"护士马上问。

"华尔兹。"老人回答。

"您还想再跳一次吗？"

护士找来了音箱，放起了华尔兹舞曲。在病房中央，她拉着老人的手，一起迈出了几个舞步。对于庞和约恩苏来说，这些故事是员工无条件为患者服务的有力证明。

庞从未停止过寻找机会，观察患者在诊所里是如何被服务的。此外，他还经常深入员工之中，从事搬运、烹饪或消毒的技术工作。一天，他穿上护士服，应护工之邀去观看她们为一位80岁的患者洗漱的过程，该名患者饱受阿尔茨海默症折磨。整整两分钟，他静静地看着护工戴着手套擦洗老人。最后，护工对他说：

"您注意到这位女士很信任我们吗？"

"是的，当然。但我不太明白您的意思。"庞说。

"您总是告诉我们，您希望一切都建立在信任的基础上。"护工解释说，"这位女士信任我们。我们给她洗漱的时候，她的肌肉很放松，一点不紧张，帮她穿衣服的时候，她很配合。上周不是这样的，她非常紧张，甚至有些凶。"

"那为什么会改变呢？你们是如何赢得她的信任的呢？"庞问道。

"这周末，我们给她洗了头，然后用了超过一个半小时的时间给她梳头。我想，我们让她重获了尊严，现在她对我们有信心了。"护工总结说。

多米尼克·庞讲述这个故事时，仍然很感动："这些员工想让我明白，他们对于'道德'或'信任'的理解。"换句话说，他不仅看到员工无条件地为他人服务，也看到专业的医护人员将这种行为概念化，并衡量其对患者的影响。

变革型领导

多米尼克·庞并不是唯一一个改变组织模式，从而将传统企业文化转变为无条件为他人服务的领导者。我们遇到的许多其他企业都认为,他们的经济伙伴,即客户和供应商,是他们无条件服务的对象。西班牙加泰罗尼亚老年人护理机构苏亚拉[1]也践行这一理念。苏亚拉的工作人员在其总干事里卡尔·费尔南德斯(Ricard Fernandez)提出的"无条件为退休老人服务"的组织方式和文化下,采取了许多主动行动。看到退休老人入住时因为不得不离开自己曾经的家而难过不已时,工作人员尽可能地让护理中心变得像一个家庭或居住社区。为此,他们决定不再穿白大褂,因为这会让工作人员与老人之间产生距离感,甚至优越感;而是把全家福、孩子、孙子的照片挂在走廊的墙上,甚至鼓励老人参与打扫活动,从而克服"认为自己无用,事事需要帮忙"的大难题。

一些领导者在他们的企业里建立了这种文化,那时它们还只是初创企业,例如,丹尼尔·阿比坦和雅克·霍罗维茨创建的会议之家,安德烈和埃马纽埃尔·瓦塞内克斯创建的LSDH,克里斯·米特斯塔德在硅谷创建的水果佬,蒂莫·约恩苏在芬兰创建的道科瑞癌症中心,奥德·莱坦通过这一文化使莱坦集团成为挪威零售业巨头,热拉尔和贝亚特丽斯·巴拉斯利用"阿尔代羊毛合作社"重振了法国阿尔代什省(Ardèche)的羊毛产业,又或者弗洛朗丝·普拉特隆在高地上创建的飞度奶酪,日本古久根靖(Yasushi Kogune)创立的古久根株式会社。

还有一些企业已经成立多时,有着固定的客户和供应商关系文化,这些企业的领导者必须重建这种文化。巴斯德诊所的多米尼

---

[1] 出自2014年10月5日对员工进行的个人访谈。

克·庞就是其中之一，此外，还有在已经是上市跨国企业的卫材株式会社建立这种文化的内藤晴夫，瑞典最大银行之一——瑞典商业银行的首席执行官扬·瓦兰德，以及加泰罗尼亚老年人护理机构苏亚拉的里卡尔·费尔南德斯。

所有这些例子都表明，无论怎样的企业，都可以为其合作伙伴，即客户和供应商，建立一种无条件服务的文化。它们还间接地表明，这种为他人服务的文化可以促进企业的繁荣与可持续发展。

你可能会问，所有这些企业，尽管其规模、经营范畴或所处地理位置各不相同，但在运作方式上是否有相似之处。问得好。然而，我们还没有找到利他企业的"模式"。提出有一种普遍模式能够适用于企业里丰富多样的人性、文化及组织遗产，只能证明我们对其多样性一无所知。此外，断言这种模式的存在否定了建立一种为他人服务的独特运作模式所固有的创造性。然而，每一种独特的模式都是企业领导者和员工共同创造的结果。在所有这些共同创造的背后，是一种旨在改变与企业经济伙伴之间关系的"变革型领导"。这种类型的领导通常与"交易型领导"相反，后者只是管理与经济伙伴的商业交易。"变革型领导"，使共同构建独特的经营模式成为可能，是所有这些企业的相似之处。

人们常说，这些企业具有社会创新精神。如前文所述，这种社会创新的第一个方面涉及与企业经济伙伴的关系。通过这种方式，领导者和员工将商业交易转变为"为具体人员提供无条件服务"的关系。这就是LSDH卡车司机留言簿上那则信息的深刻含义："在这里，我们受到了尊重，我们不再是隐形的或匿名的工人。"又或者那位客户看到水果佬员工一天之中两次驱车3小时为其送货时的反应："水果佬不认为我是一个'小'客户，我的需求和生活对他们来说并非无关紧要。"

利他企业的社会创新还体现在另一个方面。它涉及的关系转变，不是在企业外部，而是在其内部。没有这第二个改变，即企业自身运作方式的转变，第一个转变也将不复存在。将老话"为了让客户快乐，员工必须快乐"改编一下，"为了无条件地服务客户和其他人，员工必须被无条件服务"。换句话说，企业外部的社会创新与企业内部的社会创新密切相关。事实上，前者的施行离不开后者，两者具有连贯性。在巴斯德诊所的例子中，我们只简单介绍了这种内部的社会创新。我们将在下一章中详细探讨如何充分施行企业内部的社会创新。

第 6 章

不加控制，完全信任

一家无视主流经济理论的银行

对规则的担忧意味着行动的死亡……固守现成的规则是没有用的,这些规则永远无法完全适应我们必须应用它们时的条件。

所有行动都需要准备,例如可能使用到的某些手段及目的。但当行动完成的那一刻,它便不再是这些手段和目的的奴隶,而需要战胜它们……这种行动是一种创新,它超越了现有的所有模式,最终将自成一派。

——路易·拉韦尔,《日常生活的规则》[1]

手机

你有家庭医生、律师或银行顾问的手机号码吗？当你在阅读本书的时候,这可能已经成为一种常态,但当我在撰写本书时,情况还不是这样。然而,这些人的存在满足了我们最基本的生活需求：健康、权利,以及物质安全。或许,你觉得有家庭医生或者律师的电话是件

---

[1] 路易·拉韦尔:《日常生活的规则》,阿富扬出版社,2004,第78页和第119页。

稀松平常的事。那现在想象一下，有这么一家银行，所有与客户打交道的人，包括支行行长的手机号码都可以在其网站上找到，如果有需要，可以给他们打电话或发送信息。

有人会说，如果员工在晚上或周末接到电话，那将是地狱。这在理论上完全有可能，但在实践中却并非如此。首先，虽然我们每个人的通讯录里都有几百个电话号码，但我们并不会动不动就给他们打电话。如果我们想要在非工作时间联系某人，通常会先问是否打扰了对方。其次，有些专业人士可能希望客户在出现严重问题或紧急情况时尽快通知他们。从本质上讲，出现问题的概率不大，问题一旦出现，如果可能的话，最好立即处理。

瑞典商业银行在斯德哥尔摩商业区的一家支行的经理彼得·斯图雷松（Peter Sturesson）正是这样告诉我们的："周六早上，我的智能手机就放在床头柜上。如果银行出现漏水的情况或者有人朝银行扔石头，我更希望立马知道，因为银行就好比我自己家。"[1] 同样，客户如果遇到急事，周六也能联系他。换句话说，斯图雷松和他的员工为客户提供的服务没有任何限制或条件，相反，他们试图为客户排除由银行内部业务设置所造成的障碍。例如，斯图雷松所在的支行决定由原来的一楼（这也是银行通常所在的楼层）搬到一座19世纪大型建筑的二楼，那里类似于律师事务所或房地产经纪人的办公室。事实上，斯图雷松和同事认为，银行客户想要的，正是这种类型的服务和关系。他们不再需要柜台，因为可以通过手机或电脑完成所有的日常业务。他们想要的，是一种关系，一种态度。

---

1 本章所有关于瑞典商业银行的案例均出自2017年5月5日的个人访谈。

按过银行门口低调的门铃后，便会有人在楼梯进口的门口恭候你。如果你事先有约，你会被直接带进会议室；如果没有，工作人员会安排你在沙发上耐心等候，银行顾问就在同一开放区域里工作。这里的服务对每个人都是一样的，不管你是当地一家大企业的老板，还是一名工薪族。

瑞典商业银行的无条件服务并不意味着"无视经济标准"。恰恰相反，这意味着可以随时为客户服务，包括通过手机，如果客户方便的话，甚至可以登门服务。拥有客户经理的手机号码还意味着另一件事：客户无须被迫在支行非营业时间，电话联系总部客服中心。当然，如果客户觉得打客服电话就能解决问题的话，也可以选择不打私人顾问的手机，一切全由客户自己选择。有过支行工作经验的客服人员可以提供日夜不间断的服务。

也就是说，如果客户可以通过手机"打扰"他们的顾问或支行行长，后者也可以通过拨打分行行长甚至首席执行官的直线电话（固定电话或移动电话）来"打扰"他们。如果支行完全为其外部客户服务，那么整个银行就是为其内部客户（支行）服务。

就这样，斯图雷松有了首席执行官安德斯·博温（Anders Bouvin）的电话号码。斯图雷松很少给他打电话。然而，安德斯·博温上任第一周就电话联系了斯图雷松。

"你好，我是安德斯。"斯图雷松回忆道，他听出了新任首席执行官的声音，后者以前也曾是支行行长。"我正在参观我们的一些分行，看我能做些什么。我改天可以去看看你和你的同事们吗？"

"好的，但正赶上我们接待客户的时间。我看看能不能找到几个人来接待您。"斯图雷松礼貌地回答，并试图让他明白，他的行程恰逢支行的客流高峰期。

在斯图雷松的20名员工中，他只召集到了6人，其他人都在忙着服务客户。换句话说，由于每个人都在无条件地为客户服务，首席执行官的来访并不能成为推迟一个或多个预约的充分理由。

那天，首席执行官坐在一张通常用来接待客户的桌子旁，没有开场白，直截了当地开始了会议："大家的工作怎么样？我有什么可以帮忙的地方吗？"为了让问题更清楚明白，博温说："我的目标应该是什么？你们想让我做什么？你们希望我们的银行将来发展成什么样子？"因此，这位董事会新任命的首席执行官到各支行去参观，好让员工给他"布置"工作职责——他必须采取的行动。更重要的是，他希望各支行告诉他，瑞典商业银行的愿景应该是怎样的，以及它的行动应该以什么目的为导向。

斯图雷松事后向我们解释说："他没有自我介绍，也没有一开始就阐明他对于银行的目标和计划。相反，一直是我们在说话，他记下来，他一直在记笔记。"这可能是一个非常简单的测试，看看首席执行官是一个"典型领导者"还是一个"仆人式领导者"：当他与员工，尤其是基层员工见面时，他是在说话还是在做笔记？

但安德斯·博温并不是瑞典商业银行第一位为支行服务的首席执行官。在接到博温的电话之前，斯图雷松也曾接到另一位首席执行官的电话，要求他发表意见。那是在1995年，当时的斯图雷松28岁。他接到电话时，刚刚被任命为瑞典北部一家支行的经理。电话响了，当时还是固定电话，一个陌生的声音传来：

"您好。我是扬·瓦兰德。或许您以前听说过我的名字？我以前在这家银行工作过。"

"是的，当然。"斯图雷松回答说。他和所有员工一样，都知道这位传奇首席执行官的名字。从1970年起，他彻底改变了瑞典商业银行的组织方式，使其成为全瑞典最好的银行。

"你知道，我已经退休了，但我有很多老客户。你们分行所在地区的一家企业邀请我给他们做一个关于如何在没有预算的情况下经营企业的讲座。"这正是瑞典商业银行转型的一个重要方面，瓦兰德解释道："对我来说，这是个有趣的机会，也是宣传瑞典商业银行的好方法。我想趁这个机会去你们支行看看。但我贸然造访你们支行有点不好意思。你同意我去吗？"

"好的，没问题。"28岁的斯图雷松回答说。

这是一段很有象征意义的对话。瓦兰德曾是这家银行的首席执行官，并将其打造为欧洲银行业的标杆，他还是斯堪的纳维亚商界最有影响力的思想家之一，但他仍然认为，征求只有一年支行行长经验的斯图雷松的同意是正常的。换句话说，改造银行，让其能够无条件地为支行服务，继而使员工能够无条件地为客户服务的瓦兰德，哪怕已经退休了好几年，也不得不践行这一原则。

分行至上

瑞典是君主立宪制国家。国王卡尔十六世·古斯塔夫（Charles XVI Gustave）虽然没有政治权力，但仍然是瑞典的国家元首。瑞典商业银行对此没有异议。恰恰相反，这不仅仅是因为从首席执行官办公室的窗户可以俯瞰皇宫。事实上，国王或他的臣民并没有意识到这一点,但银行是瑞典王国稳定的主要因素之一。然而,在银行内部,"王者"另有其人。

你可能会说,这种说法不是很有独创性,在银行,顾客至上。任何企业,尤其像银行这样的服务型企业,都必须尽其所能为顾客服务。然而,这一理论原则被陈述后,还需要构思为提供这一"皇家服务"而建立的"组织"。具体来说,企业必须定义组织原则,每个员工对组织原则的绝对尊重将确保在任何情况下客户都能享有"皇家"般的服务。这些所指的并不是诸如客服呼叫中心、倾听客户规章、营业时间、数字平台、物流配送或售后服务这样的具体做法或手段,而是能够指导并协调所有员工行为的准则,例如会议之家丹尼尔·阿比坦的"绝对命令",水果佬的"5R"理念。由约翰·诺德斯特罗姆(John Nordstrom)担任首席执行官的北美一家连锁百货公司,一直被评为美洲大陆客户服务最好的公司之一。诺德斯特罗姆对新员工说:"如果我是店里的销售人员,我有责任找到新的方法来提供卓越的客户服务。我知道,我不会因为关心客户而受到批评,只有在不关心客户时才会被批评。"[1]美国零售连锁超市韦格曼斯超市(Wegman's)被公认为拥有零售行业最好的客户服务。其首席执行官丹尼·韦格曼(Danny Wegman)幽默地阐述了以下原则:"我们提供心灵感应级别的服务。不管遇到什么情况,我们信任的员工都会做出自己的决定:每位客户都应该带着愉悦的心情离开。"[2]

---

[1] 罗伯特·斯佩克特、帕特里克·麦卡锡·威利:《诺德斯特罗姆之路:美国最大客户服务企业的奥秘》,纽约:威利出版社,1995,第235页。

[2] 比利斯:《我爱你胜过爱我的狗:在繁荣和萧条时期驱动极端客户忠诚度的五个决定》,纽约:企鹅出版社,第46页。

乍一看，指导瑞典商业银行员工行动的主要原则与"客户至上"的理念背道而驰。的确，自扬·瓦兰德在1970年开始对这家银行进行彻底改革以来，各支行便成了至高无上的权威。

虽然瓦兰德拥有经济学博士学位，但促使瓦兰德选择将全部权力交给支行的并不是什么复杂高深的经济学理论。他只是遵循了常识原则："客户永远不会到总行，能够见到客户并与其建立长期关系的唯一地方就是各支行。为此，总行必须放弃它的中央权力，转而为支行服务，支行将有无上权力，尽其所能使客户满意。""支行至上"或者说是"支行即银行"的原则包含两个相互关联的方面：一方面是总行和所有中央职能的转变，另一方面则是支行的转变。简单地说，只要总行实行中央集权，支行的行动范围就会受到限制。这便是瓦兰德在1970年开始对总行进行改造的原因。新的组织结构在其后的几年建立，在撰写本章时仍在使用。然而，各支行对于至高权力的接管则需要更长的时间。以下是这两个转变的详细过程。

瑞典商业银行的"革命"

20世纪六七十年代，瑞典发生了几次革命。瑞典人表面上冷淡而严峻，却对性革命表现出极大的热情。安妮塔·埃克伯格（Anita Ekberg）是意大利导演费里尼的御用女星、欧洲众多拉丁国家男士的梦中情人，也是这场革命的众多象征之一；英格玛·伯格曼（Ingmar Bergman）也是如此。这位瑞典导演还参与了当时的另一场革命——电影革命，这要归功于他对人类关系的深入研究，其作品包括《呼喊与细语》(Cris et Chuchotements)、《接触》(Le Lien)及《沉默》(Le Silence)等。而扬·瓦兰德领导了一场名为"让货运列车停下来"[1]的革命,这场革命或许不那么引人遐想,但也产生了同样重要的影响,尤其是在瑞典。

这并非瓦兰德的第一次革命。1960年,他还是一名主攻银行业的经济学研究人员,41岁时被任命为省级银行Sundsvallsbanken的首席执行官。在他的领导下,该银行在业内声名鹊起。十年后的1970年,瑞典商业银行陷入了困境。董事会任命瓦兰德为新任首席执行官。

过去,瓦兰德曾研究过大型企业的传统组织形式。他很快就指出,使瑞典商业银行陷入困境的主要原因恰恰在于其组织方式。他将其比作一列"深夜呼啸而过的货运火车",并补充说:"这列火车的车头是总部各部门。"此外,瓦兰德还深信,列车正朝着错误的方向行驶,他理智地决定让它停下来。具体地说,他结束了总行各部门的活动。众所周知,没有车头,火车就会停下来。

我们完全有理由相信,一家银行在撤销了总行各部门后,必将迅速破产并消失。但我们已经说过,这是一场革命,以下是其中的一些要素:

- 总行各部门不允许再向各支行发送通知备忘,日常任务或瑞典金融监管局的相关条令除外(以前,总行向支行日均发送12条通知备忘,涉及市场营销部、销售部、财务部、采购部、人力资源部、法务部、开发部、规划部、策略部等各部门的政策及项目)。

---

[1] 扬·瓦兰德:《权力下放:运作的原因与方法》,斯德哥尔摩:SNS Förlag出版社,2003,第133页。

- 取消所有预算编制和财务报告活动。
- 解散总行负责业务发展的委员会及工作小组,并要求其协调员以一张 A4 纸总结至今所取得的成果(总共涉及 110 个委员会及工作小组)。
- 停止新信息系统的相关工作(涉及数百人)。
- 停止长期规划和战略部的工作。
- 停止营销部正在筹备的新宣传活动(在此之前,瑞典商业银行是该国最大的广告商之一;营销部的人数从 40 人骤降至 1 人)。

还需要继续举例吗?我们认为,这些总行改造措施的革命性是显而易见的。然而,瓦兰德还不确信是否已经成功地使火车停下。因此,他迈出了最后一步,其影响远远超出了瑞典商业银行总部的范围。

"百年庆典"是每家企业都引以为豪的日子。这是可以理解的,研究显示,只有 1% 的企业运营超过了 40 年[1]。当时,瑞典商业银行作为本国首批银行之一,即将庆祝其成立 100 周年,而且业绩一直不错。事实上,最早的员工仍然记得这家老牌银行在成立 75 周年时举行的盛大庆祝活动。正当百年庆典的准备工作进行得如火如荼,员工在打赌他们能拿到多少个月的工资作为奖金时(75 周年的奖金仍然让每个人记忆犹新……),瓦兰德让所有人都大吃一惊。他宣布,彻底取消庆典活动。于是,正如瓦兰德自己所说的,火车在一阵巨大的刹车声中停了下来,他腾出了时间和空间来重新建立瑞典商业银行的组织结构,为新的目标服务。

---

1 斯图巴特、奈特:《企业消亡案例:实证证据与启示》,《组织行为期刊》2006 年第 27 期,第 79—100 页。

在了解了瓦兰德废除的所有东西之后,如果你熟悉"自由企业"的理念,可能会认为瑞典商业银行的新组织模式与之非常接近。在20世纪60年代,美国首席执行官罗伯特·汤森德(Robert Townsend)在一本畅销书中描述了他是如何带领一家服务型企业——汽车租赁公司安飞士(AVIS)——转型为"自由企业"的[1]。诚然,瓦兰德建立的组织模式与"自由企业"的理念有一些共同的基本原则,比如辅助性原则[2]。然而,瑞典商业银行的组织结构并不完全遵循这一理念。其主要原因是,瓦兰德并没有试图建立这样一个组织,大多数员工都有充分的自由和责任,去采取他们认为最好的行动来实现企业的愿景——这便是"自由企业"的定义。瓦兰德并不是想把员工降格为纯粹的执行者,而是把这种新的组织模式中的行动自由和责任放在了另一个层面——支行行长身上。因此,后者承担了为客户做一切事情的责任。与此同时,另一家金融机构维萨国际组织也在彻底改变银行业的运作方式,它的故事值得一看。

一种颠覆性的组织模式

1969年,迪伊·霍克负责美国西海岸西雅图一家地区银行的信用卡项目。正是他,从零开始,向12万名客户发起了这项计划,并为

---

[1] 罗伯特·汤森德:《组织的发展:如何阻止公司扼杀员工和利润》(纪念版),旧金山:约瑟夫巴斯出版社,2007。
[2] 辅助性原则是不同权力水平之间的权力分配,其基本功能是,相对于较高级别的机构,保证较低级别权力机构在一定程度上具有独立性。——译者注

此在一个礼堂里征召了几十名志愿者。所有这一切都是由一个共同的愿景和价值观驱动在90天内完成的，完全自发组织。对迪伊·霍克来说，这第一次经历验证了他关于企业该如何运营的理念。但这并不是其上司派他作为本行代表去美国银行（BofA）旗下信用卡子公司美国银行卡（BankAmericard）的原因。美国银行当时是美国最大的银行。事实上，由于美国银行向所有附属银行发放信用卡的授权制度，子公司美国银行卡面临着巨大的问题：连续的个人破产、欺诈等。迪伊·霍克所在的银行隶属于该系统，于是银行派他加入一个由附属银行成员代表组成的智库，以寻找拯救该系统的方法。当时，银行业的传统解决方案都不可行。然而，霍克并没有对现状感到绝望，相反，他认为这是一个绝佳的机会，可以提出已经在自己的银行里试验过的颠覆性替代方案。

智库小组接受了霍克的想法，并派他与美国银行管理层会面。霍克提议，美国银行应放弃其信用卡子公司40%的股权，转而成立一个松散的财团——一种基于"一员一票"原则的合作社。迪伊·霍克从来不认为他的想法是革命性的，在他看来，这些想法仅仅出自常识。然而，当一位美国银行的领导者听到这些话时，他称霍克是一位危险的革命者。这不难理解，霍克的企业理念不是建立在等级森严的中央权力和为股东服务的基础上，而是建立在一种愿景——公平地为所有成员服务——以及包括"自组织"在内的价值观之上，这是革命性的，至少在1969年是这样。尽管如此，美国银行还是接受了他的提议，可能是因为别无选择。下一步是说服其他拥有旧系统剩余60%股份的银行也这么做。在解决了几个主要的挑战之后，他们也接受了这项提议。然而，银行股东虽然对霍克的提议做出了积极的回应，但有一个在了解了瓦兰德废除的所有东西之后,如果你熟悉"自由企业"的理念,可能会认为瑞典商业银行的新组织模式与之非常接近。在20世纪60年代,美国首席执行官罗伯特·汤森德(Robert Townsend)在一本畅销书中描述了他是如何带领一家服务型企业——汽车租赁公司安飞士(AVIS)——转型为"自由企业"的[1]。诚然,瓦兰德建立的组织模式与"自由企业"的理念有一些共同的基本原则,比如辅助性原则[2]。然而,瑞典商业银行的组织结构并不完全遵循这一理念。其主要原因是,瓦兰德并没有试图建立这样一个组织,大多数员工都有充分的自由和责任,去采取他们认为最好的行动来实现企业的愿景——这便是"自由企业"的定义。瓦兰德并不是想把员工降格为纯粹的执行者,而是把这种新的组织模式中的行动自由和责任放在了另一个层面——支行行长身上。因此,后者承担了为客户做一切事情的责任。与此同时,另一家金融机构维萨国际组织也在彻底改变银行业的运作方式,它的故事值得一看。

一种颠覆性的组织模式

1969年,迪伊·霍克负责美国西海岸西雅图一家地区银行的信用卡项目。正是他,从零开始,向12万名客户发起了这项计划,并为

---

[1] 罗伯特·汤森德:《组织的发展:如何阻止公司扼杀员工和利润》(纪念版),旧金山:约瑟夫·巴斯出版社,2007。

[2] 辅助性原则是不同权力水平之间的权力分配,其基本功能是,相对于较高级别的机构,保证较低级别权力机构在一定程度上具有独立性。——译者注

此在一个礼堂里征召了几十名志愿者。所有这一切都是由一个共同的愿景和价值观驱动在90天内完成的,完全自发组织。对迪伊·霍克来说,这第一次经历验证了他关于企业该如何运营的理念。但这并不是其上司派他作为本行代表去美国银行(BofA)旗下信用卡子公司美国银行卡(BankAmericard)的原因。美国银行当时是美国最大的银行。事实上,由于美国银行向所有附属银行发放信用卡的授权制度,子公司美国银行卡面临着巨大的问题:连续的个人破产、欺诈等。迪伊·霍克所在的银行隶属于该系统,于是银行派他加入一个由附属银行成员代表组成的智库,以寻找拯救该系统的方法。当时,银行业的传统解决方案都不可行。然而,霍克并没有对现状感到绝望,相反,他认为这是一个绝佳的机会,可以提出已经在自己的银行里试验过的颠覆性替代方案。

智库小组接受了霍克的想法,并派他与美国银行管理层会面。霍克提议,美国银行应放弃其信用卡子公司40%的股权,转而成立一个松散的财团——一种基于"一员一票"原则的合作社。迪伊·霍克从来不认为他的想法是革命性的,在他看来,这些想法仅仅出自常识。然而,当一位美国银行的领导者听到这些话时,他称霍克是一位危险的革命者。这不难理解,霍克的企业理念不是建立在等级森严的中央权力和为股东服务的基础上,而是建立在一种愿景——公平地为所有成员服务——以及包括"自组织"在内的价值观之上,这是革命性的,至少在1969年是这样。尽管如此,美国银行还是接受了他的提议,可能是因为别无选择。下一步是说服其他拥有旧系统剩余60%股份的银行也这么做。在解决了几个主要的挑战之后,他们也接受了这项提议。然而,银行股东虽然对霍克的提议做出了积极的回应,但有一个条件：他们同意放弃股份，接受霍克"晦涩"的概念，前提是霍克同意担任首席执行官3年。起初，霍克并不同意。虽然他是这家银行的智慧，甚至是理念领袖，但他并不想换工作。

霍克最终同意了担任维萨首席执行官，不过他最终度过的任期不是3年，而是14年。因此，世界上独一无二的银行机构诞生了：没有股东，隶属于附属银行，目标是无条件地为它们服务。一切都建立在信任和自我控制的基础上，而非对利润的追求。

霍克的革命性设想显然与当时撼动美国的学生运动毫无共同之处，这是他长期思考的结果。他思考的，不是他那个时代的企业的样子，或者企业将会变成什么样子，而是它应该有的样子。

这也是霍克最终接受首席执行官这一职位的原因。他坚信，按照自己认为应该的方式创建企业是领导者的责任。在前言中，我们引用了霍克的一番话，其后有这么一段话，霍克用它来解释自己的想法："我们了解资本密集型企业的过去和现在。我们知道，它们正在变成什么样子，而这对绝大多数人来说是一种很不愉快的前景。现在是探索企业应该如何发展，开辟通向更有建设性秩序的道路的时候。毫无疑问，这些企业的掌舵人必须站在这种变革的最前沿。如果他们声称自己是领导者，如果他们真的关心企业的未来，那么他们就必须向前走一步，指明道路。"[1]

如今，维萨国际组织是一家跨国企业，位于全球金融体系的核心，为全球（南极洲除外）1/6的人口提供服务，营业额超过180亿欧元。

---

1 罗伯特·汤森德：《组织的发展：如何阻止公司扼杀员工和利润》（纪念版），旧金山：约瑟夫巴斯出版社，2007，第142页。此处引用的话语出自迪伊·霍克。

然而，在1970年，就像瑞典商业银行一样，它在世界范围内鲜为人知。但与白手起家的霍克不同，瓦兰德接手的这家金融机构有着根深蒂固的运作方式，需要进行改革。这种运作方式的核心是信贷的发放。

谁来决定贷款的发放？前任决策者是怎样做的？

在瑞典商业银行，无论是对针对个人的消费贷款，还是针对大企业的大额贷款，没有支行行长的批准都无法发放。72%的贷款申请是由支行当场处理的。剩下的28%，由于其数额或复杂性超出了支行行长的处理能力，材料会被发送到分行，只有1%的申请会被发送到斯德哥尔摩的总行。[1]瑞典商业银行共有8家分行，每家分行下属50—60家支行。分行具有省级银行的实力，能够与大银行抗衡，同时又能与各支行保持密切的联系。

可以肯定的是，如果支行行长成为信贷之王，总行管理层将无法继续保留他们的至高权力。从逻辑上讲，瓦兰德是第一个放弃这一权力的人。首先，他放弃了自己作为首席执行官批准信贷的权力。然而，在过去，贷款决定并不是由首席执行官独自作出的，而是交由一个20人组成的执行委员会。此外，对于超过1000万欧元的贷款，还需经过董事会的二次批准。1968年，执行委员会处理了1553项贷款申请，其中869项经董事会批准。此外，执行委员会还处理银行的其他中央决策。

---

[1] 2018年的数据，但前几年与此相差不大。

瓦兰德决定改变执行委员会和董事会的职能。1968年董事会总计处理了869份申请，1975年仅有406份。执行委员会处理的申请数量也大幅下降。2002年，瑞典商业银行的规模与1975年相比大幅增加，然而数据如下：在40万份信贷申请中，各支行处理了39万份，分行（现已扩增至11家）处理了1万份，执行委员仅处理了800份。事实上，这一年中，执行委员会全体会议只作出了40至50项决定，其余决定由一个特别委员会作出。

2002年，在一家早在1970年就进行了改革的银行召开"全体会议"？没错。虽然瓦兰德确信执行委员会的中央权力与各支行的权力是不相容的，但它并没有废除前者。我们可以理解为，瓦兰德想要避免火车完全停下时"发动机"发出太大的声音。他只是废除了执行委员会的定期会议。由于执行委员会的权力实际上就是在这些会议上行使的，废除定期会议之后，其权力也就逐渐消失了。改革并不意味着天翻地覆，但也不意味着让那些反对的人阻止别人前进。

然而，在所有这些改革之后，由于执行委员会活动的减少，这位首席执行官突然腾出了时间，他没有去打高尔夫，也没有去波罗的海捕鲑鱼。说到高尔夫，让我们回想一下当时银行经济模型中的一个小故事，即所谓的"3-6-3"模型：以3%的利率申请贷款，以6%的利率发放贷款，下午3点打高尔夫。瓦兰德并不反对打高尔夫，但他更喜欢聊天、吃饭和旅行。他开始把空闲时间用在这些事上。

就这样，他开始每月与所有分行行长进行面谈。会议从下午开始，一直持续到晚餐。乍一看，这似乎像是一个新版本的执行委员会（或者也可以称为"地方执行委员会"），但两者仍有一些本质上的区别。

在这些会议上，没有作出任何决定，也没有做任何会议记录。它们的目的是不同的。这只是一种交谈——相互告知，并就需要解决的各种问题的共同原则达成一致。前文说过，绝大多数决定由支行作出，其余则由分行作出。每个月，在这些谈话之后，首席执行官会给所有员工写一封信，就当前的问题发表个人观点，并告知有关银行各方面发展的信息。每位分行行长也会给其地区管辖内的各支行写信。

除了席间谈话，还有旅行时的谈话。每年秋天，瓦兰德都会前往各分行。这一举动看似平淡无奇。然而，每次他都会停留两天，目的不是检查，而是倾听。具体来说，第一天要听取地区管理层说明他们正面临的挑战、取得的成就，以及前进道路上需要的支持。至于第二天，他专门用来参观3—4个支行。在喝咖啡和吃蛋糕的时候，瓦兰德与支行员工就市场、竞争和挑战交换看法。这样看来，瓦兰德即使退休了，但他需要参观支行时仍然会直接与其联系的做法，也就不足为奇了。或许他想借机观察一下，瑞典商业银行的各支行是如何保持至高权力的？

在对瓦兰德引入的瑞典商业银行的新组织形式进行概述之后，大家很自然地想知道它的所有细节。我们将列出其中的一些，但我们无法给出"模型"，因为它不存在。这种说法通常不被接受。为此，我们来做一番简短的讨论。

虚假的组织模型

模型的概念来自工程学，如汽车模型、火车模型、飞机模型……然而，即使是工程师也承认，模型具有一定的局限性。例如，没有真正意义上的桥梁模型,也就是说使一座建筑成为一座桥的结构特征。相反,桥梁是由它的功能(从上方通过某一障碍物)来定义的,而不是由其结构特征界定的。事实上,这一结论适用于任何依据其功能来定义的建筑结构。

企业忽略了工程学各个领域的这些差异,只从确实存在许多模型的机械工程中获取灵感。这就是任何组织模型都具有欺骗性的第一个原因。就像建筑结构一样,组织是由它们的功能(实现企业愿景)来定义的,而非其结构特征。由于每家企业都应该有一个所有员工都渴望实现的独特愿景,所以就必须由企业和员工共同打造一个独特的组织模型。换句话说,一家企业若是从外界借用了一种机械的组织模型,那就说明其缺乏愿景或者愿景是微不足道的,又或者非常缺乏创造性。

组织模型具有欺骗性的第二个原因也源于它的机械性。这种模型使人以为自己对企业的实际情况了如指掌,然而,这在现在或将来都是不可能的,因为任何有效的组织模型都为了适应其环境而不断发展着。

组织模型具有欺骗性的最后一个原因是,"模型"一词本身就给人一种"可以进行搬用、复制"的印象。这就产生了基于某种新模式的"变革"或"重组"项目。

研究表明,这些项目大多以失败告终。原因有两方面。首先,每个现有的组织都有其组织和文化标准,在变革中必须将这些考虑在内。然而,这种"新"模型往往会对现有组织实践和文化进行全盘扫除。因此,新组织模型的引入通常被员工视为一种自上而下强加的社会工程。因此,很自然地,他们会抵制和阻挠这种变革。管理学大师彼得·德鲁克有句格言:"文化能把战略当早餐吃(Culture eats strategy for breakfast)",意思是文化胜过任何战略,并且也会(有人会说,尤其会)施加作用于"改革战略"。其次,任何模式都忽视了领导力。事实上,由于这是一个旨在实施某种模式的改革项目,很难证明该项改革需要由企业的领导者指导并体现他的意思。从逻辑上讲,大家会认为,某位高官或外部顾问才是项目的负责人。因此,这个被宣布为"战略"的项目不再是真正意义上的战略项目,因为它不是由企业老板领导的。

正如路易·拉韦尔本章题词中所说,任何模型都是无用的,因为它永远不会完全适应当地的情况。思想家和丰田生产系统的发明者大野耐一(Taiichi Ohno)也发表过类似的言论:"停止借用别人的智慧,而应自己思考。面对困难,不断思考、思考、思考,然后自己解决问题。苦难和困难都是进步的机会。成功,就是永不放弃。"[1]领导者和团队必须面对自己的困难,创造自己的解决方案和独特的运作方式(这一过程通常很艰辛),而不是借鉴他人的模型。

瑞典商业银行在1970年之前确实有一个机械的组织模型。在总行"机械师"的帮助下,银行的一切都"上好了油、修理完毕","机器"得以转动。但瓦兰德不想要这种犹如一列大型货运列车在夜间独自行驶似的机制。他想要一支当地制造的小型卡车车队,以适应不断变化的地形,并找到前进的最佳方式。

---

[1] 见 https://pmdistilled.com/2018/05/03/stop-trying-to-borrowwidom。

原理，而非模型

瓦兰德并没有描述一种模型，而是给出了一些原理，这些原理可以被称为哲学性原则，即每家分行和每家支行都有自己的组织模型。分行行长任命与其理念相同的支行行长，然后对其予以充分信任，任由对方用自己的方式发展、管理支行。

让前线的将士寻找能够实现最高指挥部"意图"（愿景）的解决方案，尽管这在普通人看来惊讶不已，但对最好的军队来说却是众所周知。曾在法国高等战争学院任教数十年"军事战略课"的吉尔·菲耶维（Gil Fievet）将军说："军事原理不是被用来执行的。"[1] 为了解释这一令人惊讶的说法，菲耶维绘制了一个坐标轴："这些是原理。在军事战略中，指的是集中力量和节约资源。"然后他在这个标记中间画了一条曲线："每一次，我们使用的不是原理，而是取决于环境的创造性行为，这就是战略。"原理的作用是为实地工作人员创造众多独特行动提供大致的框架。

在描述自己的方法时，瓦兰德谈到了权力下放，以对抗当时银行极端的中央集权。不过，不要将瑞典商业银行的方法与有时被称为"分权型公司"的方法相混淆。后者在一些大企业中取得了一定的成功，它虽将自主权授予了各个业务单元（BU），但总部仍旧有很大的权力。但瑞典商业银行的情况并非如此。它的总部权力很小，分行则拥有很大的权力。这一点对瑞典商业银行来说非常重要，以至于首席执行官安德斯·博温的前任在任职仅18个月后就被解雇了。瑞典商业

---

[1] 出自2015年4月29日的个人访谈。

银行董事会主席波尔·博曼（Pär Boman）在评论前首席执行官的离职声明时表示："瑞典商业银行的所有经理，尤其是支行行长，必须拥有高度的自主权。因此，成为瑞典商业银行的首席执行官需要一种特殊类型的领导力，这比传统的管理要复杂得多。"[1] 促使董事会作出这一决定的原因，不是业绩不佳，也不是典型的渎职行为。这位首席执行官唯一的错误是试图在总行引入一个中央集权的等级制度，这很自然地阻碍了支行行长必须拥有的"高度的自主权"。

话虽如此，当你倾听该银行员工的意见时，他们通常会提到"瑞典商业银行模式"，扬·瓦兰德则喜欢说"瑞典商业银行方式"。从某种意义上说，这种哲学和经济原理的结合的确在瑞典商业银行内部起到了"模板"的作用，指导着支行和总行的活动。就像在瑞典商业银行使用的另一个术语"DNA"一样，这一套原理被所有员工内化了。如果员工没有内化，那么他就好像被"瑞典商业银行"这个"机体"排斥了，无论他是客户经理还是首席执行官。这就是路易·拉韦尔在本章题词中所说的"超越现有的所有模式，自成一派"。

现在，我们来描述下这些原理。

对瓦兰德来说，实施这种颠覆性的组织模式，即他所说的"权力下放"，或者也可以称为"辅助性"，其首要原则是要采取一种尊重人性的行动方式，至少是瓦兰德认为的人性。我们已经说过，瑞典商业银行的组织方式和"自由企业"有一些共同之处。这些共同之处恰恰是关于人性的信念，尤其是关于人类普遍需求的信念。瓦兰德从马斯

---

[1] 见 https://www.businesswire.com/news/home/20160815006258/en/Anders-Bouvin-New-President-Group-Chief-Executive。

洛（Maslow）、麦格雷戈和其他心理学家的研究中获得了灵感，他认为，这些需求就是获得信任和尊重。因此，他得出结论，一家企业的组织模式必须以"满足这些普遍的人类需求"为目标，而不是否定它们。这就是他把支行改造成自主决策机构并构建相应的组织环境的原因。这一原则一直是瑞典商业银行的基石。首席执行官安德斯·博温是这样描述的："瑞典商业银行的绝对基础是我们对于员工的人道主义态度：他们中的绝大多数希望尽自己最大的努力，只要总行不限制，他们便能做到。"为了避免我们误解这一原则是"放任自由"的代名词，博温补充道："如果你对此持怀疑态度，如果你认为员工会给银行带来风险，你认为一旦有机会，他们便会不遵守规章制度，那么，你就必须采用一切手段对其加以控制……总行将对支行的活动设置许多限制。但在这里，正如我们所说的，我们是在与人性合作，而不是与之对抗。"

这种基于对员工无条件信任的人道主义态度对于"瑞典商业银行模式"的重要性可能会让你感到惊讶，但实际上，如果银行希望员工信任客户，这种态度就是必需的。如果员工对银行意味着风险，那么很自然地，员工会把客户视为更大的风险，并要求"控制"客户，甚至超过银行对自己的控制。这样一来，许多"以客户为中心"的项目因没有挑战从根本上不信任员工的官僚等级制度而以失败告终，也就很好理解了。

瑞典商业银行现任首席执行官的信念，与其前任扬·瓦兰德的信念不谋而合，这并非巧合。瓦兰德在他所处的时代也是宣传相同的观点。此外，这就是瑞典商业银行赋予此后历任首席执行官的主要角色。正如投资者关系主管拉尔斯·肯内特·达尔奎斯特（Lars Kenneth

Dahlqvist）向我们描述的那样，他们都明白，"挑战不在于提出一种新的理念，而在于在新环境中引入久经考验的瑞典商业银行方式"。人们可能会认为，这一任务比让一家企业扭亏为盈或转型要简单得多。然而，保存瑞典商业银行"久经考验"的DNA，并使之适应当今社会，从来就不是一件容易的事。瑞典商业银行的每位员工都记得20世纪90年代互联网冲击银行业，导致了集中部署总行和所有支行网站的压力。在当时首席执行官的领导下，瑞典商业银行拒绝了集中部署的方法，而是让每家支行构建自己的网站，同时提供必要的支持和技术。

瓦兰德提出的改变银行组织方式的第二个原则不是哲学上的，而是经济上的，它关系到盈利能力。当然，盈利能力是大多数企业，尤其是银行的经济原则，但大多数时候，这个概念有一个非常明确的含义：利润最大化。这并非瓦兰德提出的经济原则。他指出，盈利能力应该高于市场平均水平。尽管看起来很简单，但这是一个非常复杂的原理。

总的来说，这一原则要求瑞典商业银行拥有高于竞争银行平均水平的净资产收益率[1]。类似的原则也适用于瑞典商业银行内部：每家分行必须实现比其他竞争分行更高的投资回报率。最后，在每个地区，每家支行的成本收入比（成本除以银行净收入[2]）必须高于本地区其他

---

1 净资产收益率又称股东权益报酬率，是净利润与平均股东权益的百分比，该指标反映股东权益的收益水平，用以衡量公司运用自有资本的效率。指标值越高，说明投资带来的收益越高。

2 银行净收入是银行和金融部门使用的一个术语，指的是银行活动所创造的附加值。它是中介保证金（银行在放贷活动中获得的收入）和净佣金（咨询收入和与客户的交易收入）的总和。

支行的平均水平。这一盈利原则看似是一个简单的指标，但从瓦兰德提出这一原则的那刻起，它就彻底颠覆了银行的组织方式。

一夜之间，预算和内部财务报告变得毫无意义。的确，正如瓦兰德总喜欢说的那样，在任何时候、任何地方，总会有半数的分行或支行的盈利能力低于平均水平。于是，它们竭尽所能地想挤进上半区。与此同时，上半区的人感受到下半区的人在追赶自己，定会加倍努力。这样一来，银行的整体盈利能力必然会不断提高。

如果你认为终于找到了一个确保企业业绩持续增长的神奇公式，并且已经准备好立即将其应用于实践中，那么，我们希望你再耐心观望。事实上，其他深谙这一战略的老板并不急于实施，他们知道，事情没有那么简单。

不难想象，如果用这样的指标来评估一家传统银行的支行行长，尤其是他们的奖金和晋升取决于这个指标的话，他们会怎么做。他们会完全不知所措。首先，他们往往不知道自己的盈利能力。他们可能知道银行净收入（业务的营业额），尽管大多数时候，他们所在地区的许多大客户的业务由于款额过高而不经他们之手，由总行集中处理。顺便说一句，应该指出的是，大多数人会痛惜这种"营业额的损失"，但少数人会找到"创造性"的方法，不惜一切代价，保住这笔营业额。举个例子，一位客户要求贷款55万欧元，这个额度超过了该分行50万欧元的权限，这时，支行行长可以提议分两次借贷，每次27.5万欧元（真实事例），这样一来，就无须经总行审批。然而，最严重的问题是，支行对其运营成本缺乏了解。实际上，在一家普通银行，支行并不是业务单位，也并非由它们自己管理反映租金、人事、财务等成本的账户。如果支行行长不能掌控其负责的所有业务，如果他们不了解运营成本,那么评估他们的表现就好比测量一辆司机既不控制油门也不控制刹车的汽车的速度。瑞典商业银行没有受到这种不一致的影响,因为其转型的核心并不仅仅基于"盈利能力高于平均水平"这一原则。其转变之所以如此彻底,是因为新的组织方式赋予了支行行长充分的权力。

支行行长,当家做主

在瑞典商业银行,每家支行都有自己的盈亏账目。因此,每个分行行长都有作为中小企业老板或企业家的自由和责任。我们已经说过,他可以决定分行的地理位置,招募他想要的员工,并支付他认为合理的工资。然而,企业家最重要的自由和责任是与客户联系在一起的。在瑞典商业银行,支行行长可以决定分行将提供什么产品、以什么价格、面向和服务哪些客户。整个瑞典被划分为420个地理区域,在每个区域内,拥有所有权力的是支行行长,他代表着银行在当地的形象。斯德哥尔摩郊区奥斯特马尔姆(Ostermalm)的一家支行行长安妮-玛丽·达尔斯泰特(Anne-Marie Dahlstedt)表示:"按照我的意愿经营支行的自由同时也带来了责任,但对我和我的同事来说,这是最棒的部分,这就是我们在这里工作的原因。"[1] 她和她的同事决定了70%的贷款,有些是当天就审批完毕。如果贷款没有偿还,他们也有责任,因为损失将计入分行的账户内。这样做也带来了丰硕的成

---

1 桑德斯:《瑞典商业银行:更好银行业的灯塔》,《今日管理》,2017年6月28日。

果,尽管在这个富裕的郊区存在巨大的竞争,但10万居民中的45%和1800家企业中的60%是达尔斯泰特的支行客户。这就是所谓的"主导市场"。

支行行长甚至可以决定其家居陈设。你可能会问,支行的家居陈设与企业家精神和客户有什么关系?一般来说,银行总部陈设较为复杂,与其形成鲜明对比的是,传统的支行陈设往往相当单调和标准化。而在瑞典商业银行,情况恰恰相反。在总行的办公室里,家具看起来颇具宜家风格,甚至有几个架子摆放不当。只有斯德哥尔摩海湾的壮丽景色才是总部办公楼无与伦比的优势。拉尔斯·肯内特·达尔奎斯特在该行一位高管曾经的办公室里接待了我们,令我们诧异的是,他的回答非常简单:"这很正常,因为客户从不来我们的总行。"几个小时前,我们就注意到了位于斯德哥尔摩商业区的支行接待区域的时尚陈设和设计。该支行行长认为,他的客户需要这样的家具。另一位支行行长也表示,他一直梦想成为一名企业家,自上任以来,他感觉自己已经实现了梦想。在这一点上,我们必须承认,成为一家银行的支行行长,并实现自己的创业梦想,似乎是相当矛盾的。

话虽如此,拥有自主权和责任的不只是支行行长,他又将其分配给客户经理。所有人都知道用来衡量业绩的指标——与其他支行平均水平相比的成本收入比,每个人都设法尽可能地降低这一比率。在瑞典商业银行,客户经理的职责不仅是发放新的贷款,而且还要对其进行追踪监督,并在非常特殊的情况下,追回某些贷款。因为,正如我们已经说过的,坏账不是由总行收回的,而是记在支行的资产表上。

可能有人会认为,这家银行的真正秘密其实平淡无奇:它只贷款给富人。我们从银行听到的下面这句话可能会印证这一想法："我们不贷款给那些想要变得富有或需要钱的人，而是贷款给那些不想变穷或不需要钱的人。"但这句话比听起来更微妙。瑞典商业银行占据了瑞典1/4的市场，显然，其客户代表了瑞典所有的社会阶层。然而，客户经理往往更青睐那些与银行有着共同的谨慎价值观和长远眼光的客户。

然而，"对于企业家而言，瑞典商业银行的客户经理过于谨慎"的说法有几分道理。的确，让客户经理骄傲的，不是他们为自己的支行赚了多少钱，而是因为他们的节制，为支行节约了开支，因为他们的谨慎，没有使支行蒙受损失。换句话说，客户经理在贷款方面有完全的自由和责任，他们在贷款时总是考虑到客户的长期利益。事实上，向面临资不抵债风险的客户发放大笔贷款可能会给他的一生都带来麻烦。另一方面，从长远来看，少量贷款或完全不发放贷款则是更好的选择。正是出于这个原因，即客户的长期利益，瑞典商业银行认为，设定一个"可容忍的"贷款损失率是不可接受的。该行的目标是零。虽然从未达到这一水平，但它的坏账率只有0.04%，是世界上坏账率最低的银行之一。另外，该行员工的自豪感不可能来自潜在的多为支行挣到的钱，因为在瑞典商业银行，没有奖金。

激励措施

没错，这家银行对经理和员工都没有奖金——对任何人都没有。好吧，也不能那么绝对，还是有一小部分员工拿到了奖金：资本市场交易员。原因在于，瑞典商业银行无法以任何其他方式招聘到这几十名专家。但是，在这样做的同时，银行坚持认为，任何需要作出影响客户决定的人都不会得到奖金。在瑞典商业银行，大家都说："我们讨厌奖金！"

这不是一个简单的人力资源管理实践。不设置奖金的做法与该行的原则有直接的联系。我们不要忘记，原则之一是为了满足这里的员工的普遍需求，无论男女，特别是信任和尊重。奖金、奖励、股票期权和其他激励方法（心理学家称之为"外在激励工具"，员工称之为"报酬、好处"）并不能满足普遍需求。给员工发放奖金并不能证明企业信任员工作出的决定，也不能证明企业将其视为专业人士，予以尊重，从而使其能够尽其所能。不设置奖金的做法也有助于实现瑞典商业银行的第二个原则——盈利能力。

最后这句话似乎与许多企业采用的著名的"代理理论"做法相矛盾。具体来说，这些企业认为，增加利润（或股票价值）的最佳方式是将企业参与者收入的可变部分与企业利润挂钩。瑞典商业银行的想法恰恰相反。瓦兰德举了一些董事和经理的例子，他们为了获得奖金，在短期内提高利润或股票价值，为银行作出了错误的决定（如过度收购、不良贷款等）。拉尔斯·肯内特·达尔奎斯特表示，在银行业，传统的做法是将客户经理收入的可变部分与其发放的新贷款数量联系起来。但瑞典商业银行的情况并非如此，它希望客户经理关注客户满意度，而不是贷款数量；关注长期，而不是短期。不发与利润挂钩的奖金有助于实现这一目标。换句话说，对于瑞典商业银行来说，发放与新贷款数量挂钩的奖金会分散客户经理对客户真实需求的注意力。这样一来，客户会成为其谋取奖金的工具，而不是服务的对象。

话虽如此，瑞典商业银行的客户经理确实会因为他们的表现而获得某种形式的奖金，但这笔奖金是在很久之后才发放的。该银行有个收益分享计划：在一个财政年度结束时，若瑞典商业银行的利润高于竞争银行，它会向所有员工支付一笔款项，存入一个名为"Oktogonen"的基金。当然，所有人都可以获得有关各地区所有支行和整个银行盈利能力的信息。尽管听起来很矛盾，因为这与金钱有关，但这是一种旨在满足普遍心理需求（尊重）的做法。请记住，只有当瑞典商业银行的收益高于竞争银行的平均水平时，才会为所有员工向该基金支付资金。至于支付的金额，无论是首席执行官还是客户经理都是一样的，这与按工资比例计算的奖金数额完全相反。制定这一收益分享计划的瓦兰德介绍说，拥有同样信息技术、受到同样监管的各家银行面临着相同客户的需求。因此，如果一家银行比另一家更赚钱，那只能是因为这家银行的员工做得更好。因此，瓦兰德认为付给他们一部分"超额利润"是合理的做法。换句话说，Oktogonen基金为每人支付的等额款项，是瑞典商业银行表达"感谢"的一种方式，感谢每个人在其职责范围内完成的高质量工作。因此，"平等数额"与个人的工资或对盈利能力的相对贡献无关。但是，需要指出的是，这种表达尊重的方式可以为新入职员工增加2—3个月的薪酬。

还应强调的是，向基金支付的款项将作为退休金的一部分，而不是薪酬的一部分。事实上，Oktogonen基金将其90%的资产投资于瑞典商业银行的股票，这使其（以及员工）成为该银行的最大股东，持股份额占10.3%。瑞典商业银行的股票是世界上财务表现最好的股票之一，所以对员工来说这是一笔不错的交易。但Oktogonen还起到两个战略作用。首先，它是股东协议的稳定器。其次，由于员工只有在60岁以后才能提款，所以他们很自然地不关心客户的眼前利益，而是长远利益。例如，与其发放一笔高风险的数额过高的贷款，以赚取与贷款额挂钩的奖金，还不如让客户还清贷款，并在15年后仍有偿债能力，这样更符合客户经理的利益。换句话说，尽管Oktogonen表面上是纯粹的资本密集型基金，但它却是一种既尊重员工，又符合客户长期利益的组织实践。

Oktogonen基金中没有可变部分，并且为所有人都支付相同的数额，这只是瑞典商业银行与传统银行背道而驰的众多做法中的两种。我们将在下文中给出更多示例。在此之前，我们先来谈谈瑞典商业银行是如何击败"代理理论"的——顺便说一下，还有一些其他的经济理论。这一理论与银行机构毫无关系，却与企业息息相关。

如何在实践中推翻占主导地位的经济理论

主导企业内部关系的经济学说被称为"代理理论"。自第一批资本主义企业诞生以来，这一理论就一直存在，并于1976年由两位美国经济学家迈克尔·詹森（Michael Jensen）和威廉·梅克林（William Meckling）[1]正式提出。这一经济理论以所有经济主体都将自身利益最大化为前提，强调企业的利益必然与其员工的利益不同。企业和股东

---

1 迈克尔·詹森、威廉·梅克林：《企业理论：管理行为、代理成本和股权结构》，《金融经济学杂志》1976年第3期，第305—360页。

一样，追求利润或股票价值最大化，而员工则追求收入最大化，这样必然会"消耗"企业的营业额，从而影响利润最大化。更糟糕的是，企业对包括首席执行官在内的所有员工的信息掌握不完全，而员工则可以获得企业的所有信息，管理层可以掌握企业的财务信息。为了防止包括关键管理层在内的员工仅仅为了自己的利益而作出损害企业利益的决定，需要订立约束双方的合同。具体来说，管理层——甚至是其他员工——的薪酬中将包含一个可变的部分（奖金、股票期权等），该部分与企业的利润或股价挂钩。

但这还不是全部。问题是，这些机制的实施并没有解决企业与员工的利益相冲突和企业掌握员工信息不完善的问题。为此，企业设立了一系列的监管措施，包括董事会（或所谓的监事会）、各种形式的财务报告和各种绩效指标，即著名的KPI（Key Performance Indicator，关键绩效指标）等。这些监管措施的成本非常高，消耗了企业的大量资金。除了成本外，我们还必须考虑这些措施的有效性。

法国读者可能知道如何将KPI翻译成法语，但是你知道中国人是如何翻译这个缩写的吗？这是一个发生在CAC40[1]集团中国子公司的真实故事。按照惯例，财务部在年初将集团的KPI引入子公司。接近年底时，一位财务主管从中国回来，讲述了一个令人惊讶的故事。"你知道我们的中国同事是如何翻译KPI的吗？ Kill People Immediately（立马让人死翘翘）！"事实上，他们意识到，著名的KPI是"胡萝卜加大棒"[2]管理方式的基础。出于悲观主义，或者实用主义，他们的关注

---

1 CAC40是巴黎证券交易所（PSE）前40大上市公司。——译者注
2 "胡萝卜加大棒"是一种激励政策，即运用奖励和惩罚两种手段以诱发人们所需要的行为。——译者注

点在于如何避免受到KPI的严重"打击"。

我们讲这个故事的时候，很多人都笑了。但我们也可以为此哭泣。事实上，因为企业里没有人愿意"挨打"，员工就会想尽一切办法不被打败。他也会做很多事情以得到更大的奖赏。因此，正如道格拉斯·麦格雷戈所言，对于传统企业来说，员工代表着一种风险，企业会努力控制这一风险。而对于员工来说，他们会投入大量精力想办法"绕过这一体系"。这场企业与员工"战斗"的结果之一是，在企业中，大多数KPI反映的都不是真实的数据。

扬·瓦兰德既不遵循"代理理论"，也不想要在瑞典商业银行目睹这一理论的不良后果，他是根据事实采取行动的。他发现，管理层工作人员30%的时间花在了报告和预算控制上。不仅如此，他还指出，尽管企业付出了巨大的管控成本，但这并不能保证员工的行为符合客户的利益。最后，尽管瓦兰德拥有经济学博士学位，但他并不认同经济学家的伟大信念，即"物质效用是人类行为的主要动机"。相反，他采纳了像麦格雷戈这样的心理学家的观点。麦格雷戈认为，人类行为是为了满足自身的需要：信任、尊重、自我实现、自主。这一观点与瓦兰德自己的价值观和他在基层的经验不谋而合。就这样，瓦兰德在瑞典商业银行里推翻了"代理理论"，废除了预算和报告[1]。银行决定信任员工，让他们自由地为客户提供最好的服务，而不是对其加以管控。这样做的第一个结果是，银行的监管成本大幅下降。但最重要的是，当员工无条件地为客户服务时，企业便能取得更好的经济效益。

---

[1] 瑞典商业银行激发了一场名为"超越预算、超越报告"的运动，这场运动吸引了越来越多的企业参与其中，包括上市的公司，在法国也引起了不小的反响。见bbrt.org。

有些人认为,"代理理论"是合理的,因为企业并不完全了解他们的员工,所以,他们必须监督和"激励"员工。瑞典商业银行则持相反观点。首先,该银行决定全方面了解员工,至少是要了解他们的特点,使银行能够信任他们,即他们的价值观。因此,瑞典商业银行的招聘是一个漫长的过程,而且是以价值观为基础的。其次,瑞典商业银行建立了一种组织方式,确保其所有"代理人"(员工)都遵循其特有的理念和原则,即"瑞典商业银行方式"。因此,银行可以信任员工作出最佳决策,以实现共同愿景,而不是花费巨大的代价监控员工。这或许也是许多了解瑞典商业银行运作方式的企业没有效仿其做法的原因。因为要做到这一点,它们就必须放弃与"代理理论"相关的关于人的本性的深刻理念,并依照另一个完全不同的理念进行自我转变。

"代理理论"并不是唯一一个被瑞典商业银行推翻的主流理论。另一个例子是"企业金融化"理论。由于机构投资者的投资行为只是为了实现财务回报最大化(即便这种观点已经开始有所改变),他们会把自己的预期强加于金融市场。这种市场预期通常以(EBITDA)百分比来衡量,在"代理理论"之下,便转化为企业管理层隐形或显性的战略目标。我们在刚刚已经说过,为了达成这一目标,企业将如何引导所有资源以达到所需的EBITDA水平。当然,这种描述是简化版本,因为商业模式的设计是一个源自企业本身对其"价值主张"的定义的迭代过程,例如,奥斯特瓦德(Osterwalder)及其同事提出的"商业模式画布"(Business Model Canvas)[1]。

---

[1] 亚历山大·奥斯特瓦德、伊夫·皮尼厄等:《商业模式新生代》,2010。见www.businessmodelgeneration.com。

这里我们想强调的是EBITDA目标的结构化本质。目标财务绩效从头到尾创建了企业流程及管理员工的方式，员工被视作"人力资源"，这一称呼明确地表明了企业看待员工的立场。顺便说一句，这就解释了企业金融化无意中导致如此多的人类弊病的原因。事实上，当某一理论模型的假设受到质疑时（利率或汇率、石油价格、贫穷国家的劳动力成本……），员工往往会成为该模型的调整变量，从而使其不会出现危险的缺陷。瑞典商业银行也反驳了这一理论。瓦兰德认为，经济效益从来都不是银行追寻的目标，而是支行员工无条件服务客户的结果。瑞典商业银行打破了金融化的经济原理，将员工发展和无条件的客户服务置于真正的优先地位。出于同样的原因，该行还打破了在银行业普遍存在的第三条经济原理。

第三条经济原理与"规模经济"有关，或者用拉尔斯·肯内特·达尔奎斯特的话来说，"大即是美（Big is beautiful）"。的确，在20世纪60年代，瑞典商业银行也信奉这一理论。这一理论诞生于以大批量生产为特征的工业领域，如汽车行业，它假设"生产的产品越相似，成本就越低"。换句话说，企业规模越大，利润越高。达尔奎斯特不认同这一观点，他引用数字反驳道："如果你将大约30家欧洲银行按照'成本效益'（成本除以银行净收入）进行排名，你就会发现，银行的规模和排名之间没有必然联系。然而，如果你将这些银行根据客户满意度进行排名，就会发现二者之间存在相关性。但情况正好相反：银行总部越大，客户的满意度越低。"达尔奎斯特还补充说，如果你有兴趣了解瑞典商业银行在6个国家（包括英国和荷兰）的运营经验，你就会发现，该银行在当地最强大的竞争对手并不是大银行，而是那些与客户关系密切的小银行。事实上，正如前文所说，在20世纪

60年代，瑞典商业银行就是这样一家银行，拥有一个庞大的总部，并且完全遵循"大即是美"的原则。正是由于1969年该行业绩的急剧下滑，才促使它聘请了扬·瓦兰德担任首席执行官。此前，瓦兰德是一家中型地区银行的经理，这家地区银行因为瓦兰德而业绩表现不俗。入职瑞典商业银行之后，他毫不犹豫地采取了与"规模经济"相反的措施，并给予每家支行最大的自主权。

这就是瑞典商业银行推翻"代理理论""企业金融化"和"规模经济竞赛"的过程。可以说，它只是运用了常识。为了使自己有别于竞争对手，企业必须从根本上与众不同。许多差异化战略失败的原因之一是，企业专注于产品，而没有对指导它们的经济理论和组织原则提出质疑。哈佛大学的研究员克里斯·阿吉里斯（Chris Argyris）把这种现象称为"双循环学习"[1]。这是一个学习的过程，如果失败了，不仅要质疑所采取的行动（单循环），还要质疑指导某一特定行动的心智模型。因此，我们经常看到企业在一个单一的循环中学习（通过推出新产品进行差异化），但无法在双循环中学习（认知表征的修正），因此它们要么停滞不前，要么注定会遇到同样的瓶颈。但瑞典商业银行的情况并非如此。这家瑞典银行不仅挑战了行业中似乎神圣不可侵犯的经济理论，而且还引入了一些原则，颠覆了该行业几乎所有的做法。因此，在短短几年内，瑞典商业银行不仅在理论上，而且在实践上都与它的竞争对手截然不同。

---

1 克里斯·阿吉里斯：《行动的智慧》，杜诺德出版社，2003。

一家与众不同的银行

你一直盼望着我们描述将瑞典商业银行与其他银行区分开来的组织实践，别着急，我们会做的。但是，我们将从其他银行的传统做法开始，这些做法在瑞典商业银行并不常见。当我们向安德斯·博温提出这个问题时，他的第一反应是："有哪些我们不熟悉的做法？那我该从哪里说起呢？"然后他给了我们以下列表：

- 没有呼叫中心；
- 没有商品推广，除非是市场上最适合客户需求的产品；
- 没有交叉销售（例如，向房贷申请人出售汽车保险）；
- 没有业务目标；
- 没有销售时间表；
- 没有中央集权；
- 没有微观管理。

前三点——呼叫中心、在不真正考虑客户需求的情况下推销产品以及交叉销售——是消费者协会和监管机构经常谴责的商业和客户关系实践。博温称之为"客户不想要的做法"。我们在前文已经说过，瑞典商业银行的客户不会拨打呼叫中心的电话，而是直接用手机联系支行客户经理，即使是在支行营业时间之外，他也可以选择用固定电话联系有过支行工作经验的客服。瑞典商业银行另一位高层评论道——你听了可能会莞尔一笑——顾客不仅希望电话那头的人和他们来自同一地区，甚至还喜欢对方说话时有着和他们相同的口音。这位高管表示，除了能听到逸事趣闻，让客户经理的孩子和客户的孩子上同一所学校，对银行还有很多好处。当然，有人可能会担心出现公私不分的情况，但该高管认为这是一个优势：了解客户的情况可以使银行更好地为客户服务，例如在审批贷款时。如果你问，这家银行是不是有点过时，没有采用新技术，那我们会告诉你，恰恰相反，它采用了大量的新技术，但方式不同。瑞典商业银行没有使用这些技术绕过支行，让客户直接与呼叫中心联系，而是使用新技术帮助支行的顾问们提供更多更好的服务。换句话说，瑞典商业银行的目标不是让这些顾问、支行变得多余，而是让他们变得更加不可或缺。由于新技术使他们能够提供更多更好的服务，他们正在成为业绩增长的源泉。这就像在机场充分利用航空公司的自助终端机；顾客反馈大多较为积极，因为自助机器免除了他们排队的烦恼，但有一个条件：如果遇到问题，会有工作人员进行协助。当然，该行拥有全面的IT基础设施，可以让支行在线为客户服务。客户既不会主动要求也不会拒绝数字渠道，但他们更期待人与人之间的真挚联系。

关于业务目标和销售计划，博温解释说，这些做法鼓励缩短时间以获得短期效益，却牺牲了长期的客户满意度。"为客户做正确的事情，花再长的时间也是应该的。"他说。

然而，最后两种做法——中央集权和微观管理——或者更确切地说，瑞典商业银行不采取这两种做法的原因，是博温最详细讨论的对象。他说："微观管理，就是告诉你的客户经理该如何行事。它限制了客户经理为客户需求服务的自由。我们的竞争对手制定严格的指导方针、程序和规则，因为他们不信任员工。"换句话说，瑞典商业银行不会采取中央集权或者微观管理，因为它从根本上信任员工。会议之家也持有同样的观点。例如，霍罗维茨说："如果你想让企业为它的客户服务，那么领导者必须为他们的团队服务。"[1]阿比坦强调："成为一个经理，意味着个人成长，让员工的工作更加复杂；成为一个领导者，意味着让别人成长，使其成为项目的创造者，自主的解放者。"[2]

因此，对员工给予充分信任，不是为了让他们能够随心所欲（可能有人会如此天真地认为），而是去做必要的事情。在企业，必要的事情就是为客户做正确的事情。正如博温所说："如果我们为客户做正确的事情，他们会感激我们的。"

战略是什么？

瑞典商业银行对为客户做正确的事情的"极度关注"也对其业务实践产生了另一个影响：该银行没有战略计划。你可能会对这样的发现感到惊讶，因为一个好的战略计划常常被称赞是成功的关键因素。更让我们吃惊的是，扬·瓦兰德曾表示，他希望建立一家100年后仍将存在的银行。如果没有好的战略计划，这样的雄心似乎是不可能实现的。然而，安德斯·博温微笑着承认："我们的字典里没有'战略'这个词。"然后他严肃地说："我们不喜欢战略计划，因为它们通常注定要失败。"必须指出的是，研究结果往往与博温的主张相一致。例如，2/3到4/5的并购战略计划以失败告终。博温说："我们宁愿确切地知道我们今天在哪里，也不愿花时间计划我们明天要

---

[1] 见雅克·霍罗维茨主编的《人道主义企业：价值管理》。
[2] 出自丹尼尔·阿比坦在会议之家的一次讲座《10个真相》，2018年11月。

去哪里。"

没有战略当然是一个悖论,从《小王子》作者安东尼·德·圣埃克苏佩里(Antoine de Saint Exupéry)的话中,我们或许能够找到关键:"不应该对未来作出预测,而要让它成为可能。"换句话说,正是客户经理日复一日无条件地为客户服务的行为,使瑞典商业银行高效而持久。这种优异表现的一个非常重要的方面体现在银行的有机增长上。瑞典商业银行没有增长目标,一切循序渐进,不急不躁。正如我们已经说过的,它的原则是,必须花时间找到合适的支行行长,即那些认同银行理念的人。在成为该银行的首席执行官之前,安德斯·博温自2010年以来一直担任英国分支的首席执行官,此前还担任过瑞典北部地区的首席执行官。他的经历充分说明了瑞典商业银行的"反战略"和耐心的方法。

像所有的银行一样,博温及其团队确定了一个他们认为最佳的城市。然而,他们没有制定任何开业计划,因为按照瑞典商业银行的原则,必须先寻找到最合适的候选人担任支行行长。一段时间之后,他们确定了这颗"明珠",但这名求职者并不想立即辞去当前的工作入职瑞典商业银行。博温决定等一等。这一等就是3年。你没看错,就是3年。3年后的某天,博温得知这个人的情况已经改变,做好了入职瑞典商业银行的准备。银行立即与其签约,并且从雇用他的那刻起,就按照该行的原则,对其予以充分信任,让他决定支行的地点和开业日期,选择团队成员和推出的产品。

不得不承认,这种方法很难被称为一种战略。如果一家银行打算在英国开拓市场,就应该设定一个最佳的分支机构数量、支行开业时间以及实现这些目标的奖金。正是这些奖金可能促使战略的执行者采取与客户长期利益相冲突的措施,即走上博温之前告诉过我们的那些大名鼎鼎的"捷径"。在这种情况下,瑞典商业银行认为,如果为了加快开设新支行的速度而雇用一名二流的支行行长,就有可能出现以下风险:地点不够理想、开业时间不合适、员工不合格,或者三者兼而有之。"身在总行,我不知道在这个城市开设支行的正确方法。"博温说。只有熟悉这个城市的最好的银行家才知道,为此,博温愿意等待。如果他不愿意等待,用圣埃克苏佩里的话来说,他会使未来成为"不可能",而不是"可能"。事实上,没有人想到,在2008年到2016年期间,该行的支行数量翻了一番,这正是通过瑞典商业银行的特殊方式"使未来成为可能"。

向下晋升和其他非传统人力资源的做法

上述支行开业的故事说明了银行分支主管的一大关键作用:发展支行网络。这个故事还揭示了银行人力资源部门的一项重要操作:招聘支行行长。至少可以说,瑞典商业银行与其竞争对手的做法不同。我们之前以斯德哥尔摩一家支行行长斯图雷松的故事开启了这一章节,现在让我们重新回到他身上。

他说:"被任命为这家支行的行长,对我来说,是一个很大的提升。"这一坦白是在我们向他表示惊讶时说的,因为他在担任支行行长之前曾经是分行行长。我们开玩笑地说,他可能在某种程度上被降职了。对此,斯图雷松笑着回答道:"你的观点太集中化啦!"他的意思是,我们的观点等同于相信"员工离企业中心越近,也就是离总部越近,他就应该越快乐"。斯图雷松提到了瑞典商业银行的一个关键因素,我们在前文已经提到过,那就是"权力下放"。换句话说,把中央权力移交给各支行。斯图雷松补充说,从地区经理或在总部任职到支行行长的转变是完全正常的轨迹。"我们经常这样做,"他说,"例如,在斯德哥尔摩最大的10家支行中,有7位行长曾担任地区负责人。我们推断,区域前负责人应该不会那么容易甘心当一个区区小支行的行长,这情有可原。"于是我们问斯图雷松,既然支行行长的职位更高,那薪酬待遇是否更为优渥。"当然,"他回答说,"支行行长肯定比分行行长挣得多。"

斯图雷松没有继续畅想银行首席执行官有一天会重新当回支行行长,但是很明显,安德斯·博温时常怀旧地回忆过去的日子。斯图雷松说:"我保证,安德斯·博温会告诉你,他最好的时期,是与客户近距离接触、真正赚到钱的日子。他甚至可能会告诉你,世界上最好的工作是成为瑞典商业银行的支行行长。"

当然,前分行行长并不是唯一被任命为支行行长的人。各支行内部的晋升更为常见。"在我30年的银行生涯中,我只看到过一个从外部招聘支行行长的案例。"斯图雷松解释道。当然,在拥有数百家支行的英国和荷兰等新拓展的市场,瑞典商业银行是从外部招聘的。但在这方面,该行也采取了一种打破传统的方式。首先,新任经理必须来自该支行所在的地理区域,对当地的经济结构有很好的了解。其次,招聘的结果5%取决于他的简历,而价值观占95%。正如安德斯·博温所指出的:"恰恰当你不得不从外部招聘,在一个新国家开拓市场时,'稀释原有DNA'的风险才最大。"我们稍后将会看到,与应聘者进行长时间的交谈,在确保他的价值观与瑞典商业银行的价值观相符方面发挥着至关重要的作用。然而，一旦此人被聘用，即使银行内部人员对其了解不深，也会对其完全信任，赋予其绝对的权力。因此，将由新任经理来决定支行的确切地点、布局、开业日期和工作人员。此外，不仅是在新开设的支行，而且在老支行中，也是由支行行长亲自招募团队成员。这种做法有一个非常重要的结果：整个银行的招聘都是通过支行进行的。这已经是一种最低限度打破传统的做法。但还有更多，事实上，这种做法还包括"完全不招聘"。

在瑞典商业银行，人力资源部门不负责招聘，但可以应各支行的要求，在其招聘过程中提供帮助。每年夏天，就像世界各地的情况一样，许多支行的员工都会去度假，需要替岗人员。瑞典商业银行不需要向临时职业介绍所寻求帮助，因为该银行每年都会收到大量自发的实习申请。如斯德哥尔摩地区，仅斯图雷松所在支行和其他几家支行提供的150份暑期工作，通常就会收到1500份学生的申请。遴选过程严格，遵循与招聘外部支行行长相同的原则：简历（对学生来说通常不长）对结果的影响为5%，价值观的影响为95%。与新招募的支行行长一样，瑞典商业银行也对实习生给予充分信任。他们可以完全自主地满足客户的要求，为其服务。如果实习生在暑期表现良好，银行便会向他抛出橄榄枝。斯图雷松幽默地总结道："我们不会采用大型咨询公司的标准做法——'非升即走'（up or out），我们的做法是'择优培养'（in and keep）。"换句话说，慎重遴选，然后留住人才。此前，博温曾表示，他担心匆忙开设新支行会"稀释该行的DNA"，但类似的担忧也推动了招聘。广泛的内部晋升大大降低了员工无法承担银行赋予他们的信任和责任的风险。

众所周知，瑞典商业银行是业内员工流动率最低的银行，许多员工在这里工作了一辈子。至于新鲜血液的注入——这对任何企业都非常重要——由于有机增长和所有这些临时工的聘用，这种流动是持续的。因此，毫不夸张地说，该银行所有与客户有接触的员工，从客户经理到斯图雷松，甚至是首席执行官，都是在他们不知情的情况下，通过支行招聘的。这是瑞典商业银行的另一个悖论。

关于首席执行官这一职务，我们询问了安德斯·博温，在他看来，自己晋升到这个职位的标准是什么。"首席执行官必须是一个完全接受银行价值观的人。这就是为什么只有在银行工作了很长时间的人才会被提升到管理岗位。我符合这些标准，但也有许多其他同事完全符合我们银行的价值观。我不知道董事会最终选择我的其他原因。"必须承认，通常情况下，首席执行官不会不知道自己被任命的原因。

专注核心业务

到目前为止，我们已经讨论了瑞典商业银行在人力资源领域的反传统做法。但这家银行在核心业务方面也有别于竞争对手。以发放贷款为例。我们在前文已经说过，贷款的数额并非决定因素：如果个人或企业位于支行所覆盖的地理区域，支行行长对是否发放贷款拥有最终决定权。投资政策也是如此。与竞争对手不同的是，瑞典商业银行从未投资过20世纪90年代初的瑞典房地产泡沫。它的破裂引发了瑞典历史上最大的银行业危机，并导致政府出手援助了所有主要的银行——但瑞典商业银行除外[1]。它也没有参与大规模的次贷热潮，是瑞典唯一一家不需要政府或股东纾困的银行。相反，帮助瑞典摆脱困境的正是瑞典商业银行。

同样的情况也适用于瑞典商业银行的外部增长政策。尽管面临市场压力，但该银行没有跟随竞争银行的大潮，进入波罗的海国家。它更喜欢文化上更接近的国家，这将使它更容易聘用能够认同其价值观和原则的员工。它在北欧国家、英国和荷兰挖掘了足够多的这样的人。应该指出的是，这种"文化相似"的方法不仅仅只有优点，因为，进入一个相对成熟的市场，通常来说难度不小。然而，尽管这些国家并非银行荒漠，潜力巨大，但该银行更喜欢与员工一起面对激烈的竞争，而不是在新兴市场寻求财富，尽管新兴市场前景良好，但在那里未来员工的价值观未必与瑞典商业银行一致。瑞典商业银行也没有在产品创新方面加大投资，以促进业绩增长，其投资范围与竞争对手相当。这意味着，瑞典商业银行再次采取了与传统增长方式相反的方法，即通过进入快速增长的市场或通过产品创新来寻求增长。

故事说到这里，如果我们告诉你，与竞争对手截然不同的是，瑞典商业银行总行完全没有做过广告或者有过任何营销活动方面的支出，你一定不会惊讶。营销推广只存在于支行，并且具有极强的针对性，比如赞助当地的活动或会议。通常，银行的客户承担了推广者的角色。传媒沟通方面也是如此，长期以来，瑞典商业银行一直试图避开媒体。它已经稍微改变了它的方法，当然，按照惯例，它的做法依

---

[1] 其中一家要求政府援助的银行最终拒绝了政府的条件，并拒绝了援助。只有瑞典商业银行从未要求过援助。

旧与众不同。这个故事值得细讲一番。

接不接受采访,这是个问题

2000年,瑞典商业银行决定正式进军英国市场(在此之前,该银行在英国3家支行,专门致力于满足该国斯堪的纳维亚客户的需求)。这并不是该银行第一次在瑞典以外的地方开设支行,为当地客户提供服务。当时,瑞典商业银行在北欧国家已经建立了牢固的基础。瑞典商业银行始终贯彻"支行自治"的原则,并相信斯堪的纳维亚价值观和英国价值观之间有某种相似之处,因此派代表前往英国。此时此刻,即使这位代表头顶银行英国分支总管这一光鲜亮丽的头衔,却毫无莎士比亚笔下那种丹麦王子侵略不列颠群岛的举止。他空降到一个小镇,只有一小块不起眼的场所可以使用。正如我们之前所说的,他慢慢寻找,最终发现了一位可以胜任首任支行行长的英国应聘者,并按照瑞典商业银行的惯例,让他来决定一切:在何处、何时以及如何开设该国第一家支行。

一段时间后,首家支行顺利开业,运营良好。于是,便需要在另一座城市找到新的经理,开设第二家支行;第三位经理,第三家支行,以此类推。这开始看起来像斯堪的纳维亚人无声地入侵了。的确,在没有人注意到的情况下,瑞典商业银行2007年在英国开设了第50家支行,2011年开设了第100家支行。然而,很少有人知道这一情况,因为像往常一样,银行没向媒体透漏半点风声。但是,在一个拥有100家分行组成的网络中,很难继续保持低调。发现这一情况的,是一名记者,而且不是一名普通的记者。作为英国广播公司(BBC)经济报道部门的负责人,他邀请英国区首席执行官接受访问。

自2010年以来,一直担任英国区首席执行官的安德斯·博温第一次感到焦虑:"接不接受采访,这是个问题。"如果接受采访,记者必定会添油加醋,夸大其词,赞颂他是个低调的、伟大的战略家。一方面,这样的报道与事实不符,另一方面,可能会破坏他在员工中的形象。相反,如果博温不接受采访,各种报道还是会出现,而他却无法亲自阐述观点。英国式的方法为这一难题带来了解决方案:他需要招聘一位了解英国金融业状况的公关专家。但由于能力在招聘决策中只占5%,他还需要一个有相同价值观的人。不用说,要在短时间内找到这颗罕见的珍珠并不容易,但博温决定冒险一试。

不久之后,时任银行业公关顾问的理查德·温德(Richard Winder)看到了这则招聘启事,并对此很感兴趣。他发送了简历,做好了经历一个传统的招聘过程的准备:首先由中介公司或人力资源部门筛选,然后可能会与直接上司进行面试,评估应聘者的能力是否能胜任该工作,最后,如果一切顺利,将会与英国区首席执行官进行最终面试。当理查德接到瑞典商业银行邀请他参加面试的电话时,他就是这样认为的。那是2011年的一个下午,下午4点。6年后,理查德回忆起那次会面,仿佛就在昨天。

一位高管向他打招呼并自我介绍:"我是安迪·科普西(Andy Copsey),瑞典商业银行英国区的首席运营官。"到目前为止,对理查德来说,一切都在预料之中:他受到了首席运营官的接见,这让他对自己任务的重要性感到放心。但这种第一印象并没有持续多久。

理查德原以为会面将持续一小时,而事实上,他在那里待了三个半小时,这是他以前从未见过的。更糟糕的是,首席运营官没有询问他的技能,没有询问他关于简历的任何问题,也没有询问他为瑞典商业银行英国区制定了怎样的公关计划。理查德对此早有准备。他研究并了解到,这家银行在英国几乎不为人所知,没有任何公关宣传,所以顺理成章地,它正在寻找一位优秀的专业人士,为它制定宣传和品牌推广计划。这正是他的工作,他干劲十足,心想:"我会得到这份工作,这对我来说会很容易。"但是和他谈话的人对这些话题不感兴趣。相反,他似乎想与理查德进行一种非正式的谈话,这种谈话很快就围绕着他的价值观展开了。

对于在伦敦金融城拥有丰富银行业经验的理查德而言,价值观是一个"骗局",高管和经理每年开会讨论一次,但很快就会被遗忘,因为生意永远是第一位的。这种场面话与理查德和安迪·科普西之间的对话差别起码有好几光年那么远。这位英国区首席运营官谈到了价值观和人际关系的重要性,这使得人类总是希望与他人互动,寻求长远的积极经验,从而使这些人愿意与你合作,并把你推荐给其他人。随着谈话的深入,理查德也越来越多地表达了这一段时间以来对英国银行业的不满,因为现状与他的设想完全相反。安迪·科普西在这一领域有着长期的经验,他温和地表示认同理查德的分析。谈话本来可以持续更长的时间,但到了晚上7点半,他们不得不相互道别。

理查德回忆说,他离开时曾想,如果自己被录用,在这样的环境下工作感觉会很不错。"我再也不用戴着面具,隐藏自己的价值观。也不会像在伦敦金融城那样,等到晚上6点,走进一家酒吧,脱下领带,然后大喊:'工作的时候并不是真的我,现在才是!'"然而,他有一种感觉,招聘不会像他想象的那么容易,因为在瑞典商业银行,似乎一切都与众不同。事实上，在他离开之前，安迪·科普西就对他说：

"在我看来，我们有很多共同点。要不要去参观下我们的支行？"

"乐意至极。"理查德回答道，几乎掩饰不住他的惊讶，因为他仍然认为下一步应该是见英国区首席执行官。"我猜，会有人把地址发给我，然后帮我预约参观时间？"

"事实上，我建议你去参观对你来说最方便的支行。"首席运营官建议道。"联系这家支行，向工作人员说明情况，然后去实地参观，去过之后，记得联系我。"

不用说，理查德对这样的招聘过程有点困惑，但这还不是全部。几天后，他收到了安迪·科普西寄来的两本书。一本是扬·瓦兰德在2002年写的[1]，另一本则是最近由一位研究过瑞典商业银行的顾问写的[2]。理查德坦白道："大学毕业后，我还没读过有关企业管理的书，但为了在参观支行时跟上节奏，我一头扎进了书里。"

这一次，理查德对支行行长没有询问他在银行公关方面的技能或想法感到不那么惊讶了。两人又进行了一次非正式的谈话。这位分行行长告诉理查德，在银行工作了20年后，他从未听说过的瑞典商业银行主动提出让他在自己的城市帮着银行开设一家支行。"在我们市里，我的名字当时比瑞典商业银行更出名。"分行行长笑着回忆道。然后他讲述了他是如何找到这个地方，如何招募员工，如何确定开业日期，如何发展业务的。

---

[1] 扬·瓦兰德：《权力下放：运作的原因与方法》，斯德哥尔摩：SNS Förlag出版社，2003。

[2] 克朗：《更好银行业的蓝图：瑞典商业银行和危机后银行业的成熟模式》，英国彼得斯菲尔德：哈里曼大厦出版社，2009。

理查德从这次会面中总结出了两点经验教训。第一点涉及他自己的专业领域:"并不是这家银行为其分支机构带来了声誉,而是这些支行为这家银行创造了声誉。"第二点涉及瑞典商业银行的文化:"这家银行不会对人发号施令,告诉他该怎么做,而是选择有相同价值观的人,并相信他们会找出实现这一愿景所需要采取的最佳行动。"理查德需要时间来亲自实践第二点。

与此同时,他打电话给安迪·科普西,告诉对方自己已经参观过支行。我们问理查德,首席运营官是否提出聘用他。"完全不是。"理查德笑着回答,"他邀请我去见英国区的首席执行官安德斯·博温,于是,我又和他进行了一次非正式的谈话。"在理查德看来,这家银行的招聘过程是一系列近乎哲学性的对话。这种想法不无道理。后来,他了解了招聘的规则:5%的技能加95%的价值观的"法则"。这些非正式谈话的目的正是为了了解理查德的价值观,验证其是否与瑞典商业银行的价值观一致,从而确定是否可以对其予以充分信任。我们在前文中说过,这一点是很必要的,因为瑞典商业银行的组织结构中没有任何监督员工的措施和条款。

在与首席执行官进行了一个小时的谈话后,首席执行官询问理查德,银行该如何处理媒体对于第100家支行的报道请求。终于,理查德获得了展示自己技能的机会,可以证明自己是公关经理的最佳人选。然而,他并没有为此滔滔不绝。"最简单的办法就是总行写一份新闻稿,但我不建议这样做。"理查德说。这一回答激起了博温的兴趣。一位公关经理的候选人反对总部进行官方宣传的传媒策略,似乎不太常见。

理查德继续说:"我的建议是由支行发布消息。可以向所有支行征求意见,愿意接受当地新闻媒体采访的可以这样做。它们可以介绍自己是如何在当地建立起来的，以及与当地客户建立起来的长期关系。与此同时，它们可以指出，自己是100家分行组成的银行网络的一部分。公关过程需要下放到各支行。"他总结道。

几天后，理查德接到通知，得知自己被录用了。

你可能会说，这是个会察言观色的应聘者，说了对方想听的话。然而，理查德的最后一句话里暗含了一个需要解释的悖论。事实上，未来的公关经理提出一种公关策略，要求各支行自行应对媒体而不要求建立一个自己麾下的公关部门，从而大大地缩小了他未来工作的范围，这样的做法并不常见。当然，我们有充分的理由认为，提出一项庞大的集中式公关计划，建立团队和相应的预算，不会让理查德获得这份工作。但是，提议将公关权力下放，他得到的实际上是一份空洞的、相对来说缺乏日常内容的工作。解决这一悖论的方法在于，理查德确实被瑞典商业银行的理念所折服，正如他在三次招聘谈话和阅读两本书时所看到的那样。用另一位银行家迈赫迪·贝拉达的话来说，他是被"职业自我"和"本我"共存的可能性所征服的。但如上所述，理查德仍然有一些陈旧的固定思维。

他说："我上任的第一天早上，本以为会有领导来对我说：'我们需要设定目标，开始实施你的计划。我们会用这种方式来衡量你的表现，指导你的工作。'"但接待他的人说了完全不同的话："你现在是我们中的一员了。我们相信，你与我们有着相同的价值观，同时具有特定的专业知识。你可以全权负责这一方面。由你来制定合理的目标，以及应对重大挑战和日常问题的方法，然后你就可以开始行动了。当然，如果涉及具有战略影响或高经济风险的挑战，决策将在战略层面做出。"如果你熟悉艾萨克·盖茨的著作《自由企业》，你可能会将瑞典商业银行的做法与美国戈尔公司（W. L. Gore）进行比较。戈尔的许多新员工，尽管是根据他们的价值观被挑选出来的，但也会问这样一个问题："我现在该做什么？"答案是："由你自己决定！"在戈尔，每位员工都要自己决定什么是实现企业愿景的最佳行动。然而，如果某一行动出了问题，会"把船弄沉"——它可能会在船的"吃水线"以下戳个窟窿——那么员工就有义务咨询所有能帮助他的同事。这与瑞典商业银行略有不同。瑞典商业银行的价值观背后隐藏了一个基本原则，也是辅从性原则，即"做事的人知道自己在做什么"，以及随之而来的责任。

这样管用吗？

无条件为客户服务有很多可取之处，但你可能会想，这种与众不同的方法是否真的有效。拉尔斯·肯内特·达尔奎斯特向我们讲述了他在一家支行工作时的经历。一天，一个客户来找他说：

"这是其他银行给我的价格，与之相比，贵行太贵了。"

"抱歉抱歉。如果对您来说，最重要的是价格，那我就帮不了您了。"达尔奎斯特回答道，他不确定这样的答案会不会将客户彻底拒之门外。

然而第二天，客户带着他的家人回来了。

"我们商量好了，想成为你们的客户。价格固然重要，但并不是全部。我们希望被平等对待。"

达尔奎斯特从这次经历中得出了一个非常普遍的——甚至可以说

是战略性的——结论:"我们的目标不是拥有最多的客户,而是拥有欣赏瑞典商业银行方式的客户。我们不希望压低价格,与同行竞争,也不希望冒不必要的风险,我们想要赢在服务上。"而无条件的服务,即使比竞争对手更贵,也会对新客户产生影响。有人可能会说,许多顾客对价格比对服务更敏感。没错,但问题是最终是否有足够多的客户以无条件的忠诚来回应无条件的服务,以确保这家银行的业绩和可持续性。

让我们从英国说起。从2011年时的100家支行到2018年,瑞典商业银行已经在全英国拥有200多家支行。这还是在所有支行都必须遵循一个强大的约束条件的情况下实现的:只有找到一个认同银行价值观的支行行长可以进行管理时,才会开设一家新支行。与英国最大的6家零售银行相比,瑞典商业银行的规模不算大。然而,它还是赢得了英国人的好感。例如,在过去4年里,它被评为英国最好的私人银行[1]。这本身就是一个突出的成果,但如果考虑到瑞典商业银行不是一家私人银行,而是一家零售银行,这一结果就更加突出了。由于其与客户的良好关系,许多客户不仅委托瑞典商业银行管理他们的日常业务,还委托其管理他们的资产。在日常业务、个人业务和企业业务方面,瑞典商业银行连续8年被评为英国个人和企业客户最满意的银行,并连续3年被评为中小企业的首选银行。

最重要的是,2016年,瑞典商业银行被《今日管理》(*Management Today*)杂志评为英国银行业高管最推崇的银行。这就好像一家比利时银行被法国银行业高管评为最受尊敬的银行一样——有些人甚至会说,

---

[1] 《金融时报/投资者纪事》,见 www.icawards.co.uk/methodology。

就好像一款比利时葡萄酒被投票选为法国人最喜爱的葡萄酒一样。2017年，瑞典商业银行在该榜单上排名第四。从表面上看，这似乎是一种退步的表现。然而，值得注意是，瑞典商业银行是英国最受尊敬的4家银行之一，但其市场份额仅为1%（尽管这一比例每年都在增长）。

但让我们回到瑞典，瑞典商业银行的祖国，它在瑞典有400多家支行，大部分业务也在那里。它连续7年被评为瑞典银行业客户服务最好的银行；连续7年被评为最佳商业银行；连续6年被评为最佳中小企业银行[1]。它还被评为瑞典最好的私人银行[2]。在过去的7年里，它一直是瑞典信誉最好的银行，也是唯一一家跻身瑞典信誉最好的10家企业的银行（不分行业）[3]。或许，在次贷危机期间，这家银行不需要来自政府（纳税人）的任何流动资金的帮助，这一事实也促进了它的声誉。更重要的是，瑞典商业银行从未要求其私人股东纾困——这是经济衰退时的常见做法。

最后，如果离开瑞典，看看瑞典商业银行在全球的地位，也是相当令人羡慕的。例如，《全球金融》（Global Finance）杂志将瑞典商业银行列为全球第三安全的银行。至于穆迪（Moody's）、标准普尔（Standard & Poor's）和惠誉（Fitch）这三大全球主要评级机构的金融评级，瑞典商业银行已连续多年持有，并且在撰写本章时仍旧持有全球所有零售银行中最高的信用评级。

---

1 金融晴雨表/伊斯特布鲁克实验室排名，见 www.eastbrooklab.se/arets-affarsbank-2016。
2 瑞典普里瓦塔·阿费尔排名，见 www.privataaffarer.se/nyheter/dehar-sveriges-basta-private-banking-886943。
3 瑞典凯度·西福排名，见 www.kantarsifo.se/sites/default/files/reports/documents/anseendeindex_foretag_2017_kantarsifo.pdf。

你可能想知道，所有这些优秀的排名是否都能通过该银行不俗的经济业绩来体现。的确，尽管常识和研究让我们相信，一家企业的服务质量、声誉甚至赞赏，迟早会反映在其经济业绩中，但必须要用事实说话。瑞典商业银行毫不费力地就提供了大量事实。

仅在英国，该分支就实现有机增长，在该行全球总营业额中所占的比例从2000年的零上升到2017年的13%。2018年，就整个银行而言，其年度报告显示，瑞典商业银行连续第47年在盈利能力方面超过竞争对手。1971年，它的盈利能力处于中等，在瓦兰德上任之前甚至一度位于中等以下略低的水平。但在1972年，其盈利能力超过了平均水平，并一直保持至今。

最后，比约恩·维尔克（Bjorn Wilke）和其他研究人员根据伦敦商学院收集的数据进行了一项研究，比较了1900年以来数万家上市公司的股票价值。瑞典商业银行的股票价值增加了190万英镑，超过了同期世界上任何一家企业[1]。在一个多世纪里，其股票价值以平均每年10%的速度增长，不包括股息。当我们请理查德·温德就这些出色的业绩发表评论时，他重申了瑞典商业银行的真正目标，说道："（这些业绩）只是我们以价值观为基础、以客户为中心的文化和组织方式的结果。"

---

1 尼兰德:《世界上最好的股票来自瑞典》,《瑞典通讯社》, 2009年9月7日，见http://www.swedishwire.com/business/902-worlds-best-stock-share-is-swedish?format=pdf。

改变组织方式，以客户为中心

这位瑞典商业银行经理的评论突出了几个要点。首先，他肯定了"迂回"原则：突出的经济成果是结果，而非目的。这不禁让人想起约翰·诺德斯特罗姆的一句话。诺德斯特罗姆是同名连锁百货公司的首席执行官，该百货不仅以其传奇般的服务闻名，而且其经济效益也和瑞典商业银行一样出色："我们的承诺是100%为客户服务。我们不致力于金融市场或房地产市场，也不致力于创造一定数额的利润。我们只致力于客户服务。如果我们能盈利，那就太好了。但客户服务是排在第一位的。"[1] 第一点可以反过来重新表述为，直接关注经济效益迟早会导致企业在客户服务上作出让步。换句话说，客户服务不是无条件的，而是受到预算、财务指标压力等因素的制约。在这种情况下，客服部的电话接线员可能会被告知，不能为每位顾客提供超过10分钟的电话服务，或者使用快递寄送延迟发货的产品成本太高。

理查德·温德评论的第二点更为深刻。事实上，许多企业都表现出"以客户为中心"的战略。然而，很少有人能真正做到这一点。原因众所周知，即前文提到过的彼得·德鲁克的名言："文化能把战略当早餐吃"。换而言之，如果企业没有建立起一种文化，即被大多数人认同的价值观和行为准则，员工就不会按照战略而是朝着他们特定的利益方向行事。

我们认为，德鲁克的这句话使得许多企业在不质疑自身战略的

---

[1] 罗伯特·派克特、帕特里克·麦卡锡:《诺德斯特罗姆通向卓越客户服务之路：如何成为你所在行业的"诺德斯特罗姆"》，第235页。

情况下，迅速地寻求如何让自己的文化与战略"保持一致"。不幸的是，很难制定出符合例如"实现12%的EBITDA"这一战略的人类价值和标准。探戈是两个人跳的舞，或者如金融服务公司祥峰投资（Vertex）的首席执行官杰夫·韦斯特法尔（Jeff Westphal）不那么浪漫的说法："什么时候你能和一只160公斤重的大猩猩跳舞？当他想跳的时候。"[1]要使文化与战略一致，第一步就必须从根本上重新审视战略的地位。我们在前文已经讨论过这一问题，这一过程包括制定企业的梦想-愿景、成立的原因，以及存在的理由或目的。就利他企业而言，它的愿景始终是追求无条件地创造社会价值——为客户、供应商、当地社区……说到"客户"，这意味着企业对待客户的方式必须发生根本性变化。

我们之前引用过首席执行官安德斯·博温的一句话："员工不是一个需要控制的风险。在瑞典商业银行，我们是在与人性合作，而不是与之对抗。"博温谈到客户时，与前任瓦兰德的描述并不完全相同。然而，从员工对待客户的信任程度来看，我们可以得出结论，客户不会给瑞典商业银行带来风险。相反，他们更像是一种社会资本。

研究人员对"社会资本"一词有不同的定义，但从根本上说，它指的是一段关系中不同部分对彼此的信任程度。正如弗朗西斯·福山（Francis Fukuyama）[2]和阿兰·佩雷菲特（Alain Peyrefitte）[3]在各自的著作中所阐述的那样，这种相互信任是市场经济和西方社会演进的基础之一。具体地说，当一家企业的员工与他们的合作伙伴（这里指客户）

---

[1] 出自2019年4月4日进行的个人访谈。
[2] 弗朗西斯·福山：《信任：社会美德与繁荣的创造》，纽约：自由出版社，1995。
[3] 阿兰·佩雷菲特：《信任社会：起源和发展的性质》，奥迪尔·雅各布出版社，1995。

保持的各种关系的社会资本很高时，企业就会获得许多"间接"利益。

首先，降低了企业成本。交易成本要低得多，因为交易过程中不必伴随着一整套防范和控制被视为"风险"的客户的措施。其次，企业将实现持续有机增长。在其他地方，员工与客户是纯粹的交易关系，而在利他企业，则是一种互惠关系，一种纽带。例如，在瑞典商业银行，员工尽其所能为客户服务，客户也以忠诚回报银行，向银行说明其未来的需求，并向熟人推荐该银行。我们还记得，瑞典商业银行的坏账率为0.04%。另有一家银行的数据与其接近，我们当中的一员曾经研究过其企业精神的孟加拉国的格莱珉银行，它的坏账率为1%。这似乎很奇怪，因为瑞典商业银行的客户与孟加拉国的贫困妇女差异巨大。然而，这两家银行有一个共同点：客户都不被视为需要控制的风险。无论如何，格莱珉银行没有办法对其进行控制。这些贫穷的农村妇女没有抵押品来保证她们的贷款，乡村银行除了信任她们别无选择。而瑞典商业银行也认为，没有办法（或者根本不想）控制其客户。这就是当地关系在这家银行如此重要的原因：在员工和客户之间建立一种真正的纽带，一种真正的信任。银行信任员工，然后员工再信任客户。而当客户看到自己完全被信任时，就会投以回报，无论是金钱上还是精神上。他买得更多，买得更频繁，还会向亲朋好友推荐这家银行。

这一切听起来都很美好，但你可能会问，如何让员工想要建立这种具有强大社会资本的信任关系，而不是一开始就将客户视为风险。套用美国人的一句话，这可是一个价值100万美元的好问题——或者在瑞典商业银行的情况下，就是100万瑞典克朗。在这一点上，就需要文化发挥作用了。

为此，一些企业正在进行"文化变革"项目。这既是一个概念上的错误，也是一个注定失败的方法。我们无法改变文化，即直接影响员工的价值观和行为规范。然而，我们可以"行动起来"，改变组织模式，也就是在很大程度上塑造企业价值观和规范的运作方式，从而产生新的价值观。例如，在一种工资可变部分取决于是否达到指标阈值的组织模式中，大多数员工将"设法"获得"漂亮的数字"，即使有时这些数字与现实相差甚远。然而，一旦对这种组织模式进行改革，引入公平的薪酬和分红机制，最重要的是，赋予员工行动自由以实现企业的愿景——这需要多年时间——情况就会发生改变。这些员工不再只追求个人利益，而是竭尽全力实现共同的愿景。

简而言之，正是组织模式的转变导致了文化的改变，而文化的改变又反过来促使员工无条件地为顾客做任何事，从而产生了非凡的经济效益。这就是像瑞典商业银行这样的利他企业成功的"公式"。

瓦兰德在这家银行仅担任了9年的首席执行官。在此期间，他以一种无条件客户服务的理念取代了瑞典商业银行的传统战略，并相应地改变了组织模式，从而促进了员工的发展。瓦兰德与员工一起，围绕一些价值观和原则，共同创建了"瑞典商业银行模式"。这种理念至今仍然存在，并推动瑞典商业银行发展了近半个世纪。

安德斯·博温继任者的宣布证明了瑞典商业银行将始终贯彻这些原则和理念。2019年4月上任的首席执行官卡丽娜·奥凯斯通（Carina Akerstrom）表示："权力下放的工作方式给了我们强大的力量，而这种力量很大程度上取决于支行的直觉能力和对当地的深刻认识。"[1] 同

---

[1] 见http://news.cision.com/handelsbanken/r/announcementby-the-board-of-handelsbanken-carina-akerstrom-appointed-newpresident-and-group-chief-,c2743341。

年，我们参观了瑞典北部的一家农村支行，亲眼目睹了这一点。

该支行位于一条购物街上，橱窗里陈列着当地的纺织品，相当富有当地色彩，以至于我们最初以为这是一家装饰店。推开门后，我们发现自己置身于一个有数张办公桌的开放式办公区。一些员工正戴着耳机与客户交谈，一旦结束，他们就会摘下耳机。这里既是支行，也是一个"呼叫中心"，但只为员工本人认识的当地客户服务。那天，接待我们的是佩妮拉·扬松（Pernilla Jansson）。我们问她，瑞典商业银行是如何在如此偏远的村庄开设支行的。"当然了，这毫无问题。想象下100年前的样子。""100年？""是的，瑞典商业银行在1919年开设了这家支行，当时这里的确真的没什么东西。"佩妮拉·扬松解释道。虽然扬·瓦兰德当时拒绝举行银行成立百年庆典，但扬松所在的支行却毫不犹豫地庆祝了自己的百年诞辰。瓦兰德对此没有异议：他一直希望支行决定一切，包括它自己的庆祝活动。

是的，瑞典商业银行的"公式"行之有效，但这并不意味着它是永恒的（尽管近半个世纪的巅峰状态可能会让某些企业做起这个美梦），也不意味着它可以被复制。然而，正如大野耐一所说，这家银行的哲学理念为任何企业或组织都提供了有用的经验教训，并促使它们努力寻找自己独特的解决方案。

瑞典商业银行的经验教训

安德烈·阿迪德（André Added）曾是一位企业家，现在是几家非政府组织[1]的负责人，他总是说："被他人服务才是最惬意的。我所有企业的成功都源自这句话。"[2] 被服务似乎与为他人服务是矛盾的，但安德烈·阿迪德又加了一句话，澄清了这一自相矛盾的说法："当一个人接受他人的服务时，就必须完全信任对方，并坦然接受对方的错误。"这里有两点需要注意。首先，安德烈一生都是企业和人道主义协会的领导者，这一经历使他意识到很多人都愿意为他人服务。否则，参与人道主义组织的人就会非常少。当这些人进入职场时，也会保留这一天性——至少在刚开始的时候。但一段时间后，"某些东西"促使大多数员工开始"有条件、有限制"地服务他人，这种服务可能针对同事，也可能针对客户。下午5点15分，客服把电话接到答录机上，开启自动语音回复"客户服务的时间为上午9点到下午5点30分"，然后就去打卡处，成为第一个在下午5点30分打卡下班的人。这个破坏了人们服务的自然天性的东西在安德烈·阿迪德的第二句话中被揭示了出来：经理和公司对员工的完全信任。换句话说，员工知道，如果他在努力服务的过程中犯了一个错误，将永远不会受到批评。

乍一看，这似乎很容易落实：只要首席执行官宣布允许"犯错的权利"即可。约翰·诺德斯特罗姆或克里斯·米特斯塔德就是这样做的。然而，这两位首席执行官——像瓦兰德和其他利他企业的首席执行官一样——首先改变了企业的组织方式，使他们的宣言不会成为一纸空文。否则，很快就会有一名员工因为没有征得当时不在场的老板的同意，就从收银台中拿出100欧元来赔偿客户而受到指责。

---

1 分别是无国界水域、世界儿童、扶轮。
2 出自2018年5月16日的个人访谈。

这种转变的方向既非常简单，也非常复杂：将组织环境中阻碍员工无条件地为客户服务的所有方面都替换掉，使其能促进员工无条件地为客户服务。正是由于组织变革的复杂性，才使得像瑞典商业银行这样的"公式"难以应用。因为"特定的组织模式创造了特定的文化，使员工愿意无条件地为他人服务，从而产生出色的业绩"这一概念很容易形成，但要想对组织模式进行显著的转变，第一步却并不容易。将现有的组织模式转换成新的组织模式没有秘诀，也没有方法。一旦奠定了基调，就必须与员工共同创造方法，因为现成的秘诀是创造力的敌人。

有人可能会反驳说，我们不需要为了让员工更好地为客户服务而共同创造一种新的组织模式，只需要设立正确的流程和脚本，然后培训员工正确地遵循它们，如果他们表现良好，则予以奖励。许多服务型企业都是这样做的，有些甚至达到了良好的服务水平。然而，尽管这些员工正确地执行了服务流程，但是这些服务流程并没有给予他们服务的欲望，更重要的是，没有给予他们无条件地服务的欲望。至于激励措施，则会很快导致员工用对金钱的渴望取代对服务的渴望，变成"有条件地服务"。然而，无条件服务是一种自愿行为。顾客有点像小孩子，他们很快就能发现为他们服务的人是否真的在听他们说话，他是否真的愿意为他们做任何事，或者他的倾听是否单纯流于形式而服务附带条件。换句话说，顾客很快就能发现这个人是否是真诚地想要服务，还是出于义务（或者是为了钱）才这么做的，即使他们服务良好。如果顾客认为这家企业"不想为他们服务""不做任何事""不喜欢他们"，如果他们还有其他选择，就会转身离开。

这样一来，你便能理解创建组织环境的必要性，这个环境让员工有无私服务的欲望，与此同时，你可能也在思考如何才能改造自己的企业以实现这一点。例如，许多企业正在打造一个关注员工身体健康的环境。它们认为，这种行为符合"快乐的员工造就快乐的顾客"这一准则。这没什么不对的。相反，糟糕的身体状况是企业对员工缺乏尊重的表现。然而，坐在一张舒适的椅子上，甚至有一个休闲或午休的空间，不一定会让员工产生无条件地为顾客服务的欲望。

这种"利他欲望"是一种心理现象，它的产生和维持的决定性因素，与其说是员工的身体环境，不如说是关系环境——员工与同事之间关系的性质。换句话说，如果工作中的关系建立在服从和控制之上，而不是建立在行动的自由和信任之上，员工就不会自发地想为客户服务——他只是被迫这样做。无论工作的物理空间或物质条件怎么改善，都是如此。只有组织模式的转变才能改变工作关系的性质，并使员工产生无条件地为客户服务的利他主义想法。

引领这些变革的企业从未找到一劳永逸的"法宝"。任何企业都犯过一些错误，迫使它重头开始某一转变阶段。最后，每家企业都与员工共同构建了一种专属其独特环境的组织模式，而且这种模式不断演变，因为环境也在变化。然而，我们可以总结出所有这些企业都具有的一些转型特征：（1）创造社会价值的共同愿景，并明确拒绝将社会价值创造置于经济价值创造之下；（2）体现大多数员工都认同的原则、价值观和行为规范的组织实践。

换而言之，企业从一个简单的工作集体，即员工偶然通过招聘聚在此处工作，演变成一个社区。它之所以成为一个社区，是因为其员工拥有共同的命运（梦想-愿景、使命或目标）以及共同的利益（他们希望在工作中采取行动和日常体验时所遵循的一些原则和价值观）。

正如企业哲学家让-克里斯蒂安·福韦（Jean-Christian Fauvet）所言："为了充分利用社会主体的愿望，公共利益必须与个人福祉相一致。"[1] 因此，就像卫材和水果佬的情况一样，员工将参与企业经济活动的转变，从而无条件地为客户服务。

即使这些企业成功地创造了一种让员工愿意无条件为他人服务的运作方式，它们也从不认为这是理所当然的。这种模式不是机械的，而是有机的。一个老板可以接受客户三次"顺手牵羊"供他们使用的小型物件。然而与会议之家的丹尼尔·阿比坦不同，到了第四次，他便会失去耐心，告诉员工要密切监督客户。然而，与斯大林的说法相反，服务-监督与信任-控制一样有效。以酒店为例，具体来说这意味着：不注明可在前台购买浴袍；进入早餐区时不询问房号；退房支付时，不询问是否消费了冰箱里的零食；又或者，办理入住时，不要求信用卡担保。

好吧，那遇到滥用信任的情况的话，该怎么办呢？的确，正是因为这个原因，为了打击这些滥用信任者，企业采取了所有这些监控措施。这就是戈登·福沃德著名的"3%的管理"理论。即使他提出这一理论时指代的是对员工的控制，但对3%（骗子、滥用者等）客户的管控显示了对剩余97%完全诚实的客户的不信任。也许你会说，这种绝对的信任更容易给予员工，因为可以对其进行社会控制，就像在任何一个紧密联系的社区中一样，那些不遵守标准的员工将承受压力。相反，顾客是一个完全陌生的人，当他到达销售点或服务点时，我们才刚刚见到他。除了他自己的标准外，他不受其他任何标准的约束。然

---

1 让-克里斯蒂安·福韦：《社会动力》，组织出版社，2003。

而，会议之家的例子证明，我们可以信任第一次见到的客户，也就是他们来参加研讨会或留宿的那天。瑞典商业银行对待新客户也是如此。

是的，与斯大林所说相反，信任就要毫无保留、不加控制。同样，服务时也不能加以监视。但这并不意味着企业不能与一位特别不自持的客户结束关系，正如捷蓝航空首席执行官乔尔·彼得森解释的那样。因此，阿比坦会和员工们"抗争"，确保他们不会去监督客户，因为客户从走进会议之家的那一刻起，就成了客人，或者，用他们自己的话来说，就成了朋友。阿比坦还说，维持这种组织环境是一场"日常战斗"。因此，要把传统的组织模式转变成一种让人愿意为之服务，并让它保持活力的模式并不容易。每天通过无条件的利他服务表现出来的对客户的爱及其结果（企业的不俗业绩），就是要付出的代价。

到目前为止，我们已经描述了企业及其为了直接利益相关者（客户和供应商）创造社会价值而做出的转变。然而，也有一些企业为其间接打交道的对象创造了社会价值，例如邻居、掌握专业知识的老人、所在地区的年轻人等。我们将在下一章探讨这一现象。

第 7 章

默默为大众利益而行动

为邻居、老人和年轻人服务的企业

生命不是财产。生活不仅是生者之间的契约,还是死者、生者和未出生者之间的神圣契约。

——迪伊·霍克,《混序:维萨与组织的未来形态》[1]

我们一走进古久根靖的办公室,就被邀请坐在沙发上。我们注意到,咖啡桌上放着一本日本书法书。

"这种书法很特别。"我们中的一个人指着封面说。

"这是一位居住在这个地区的年轻女性的作品。"古久根解释道。

"这幅作品充满活力,非常刚劲有力。"我们这样评论道,并表示,我们对书法很感兴趣,认识一些生活在法国的日本书法大师。

"你们今天时间充裕吗?"古久根突然问我们。

"我们正想问您这个问题。"我们礼貌地回答。

"探讨书法这个话题,可以花上很久时间。"古久根说。

---

[1] 迪伊·霍克:《混序:维萨与组织的未来形态》,旧金山:贝雷特–科勒出版社,2005,第316—317页。

你可能会问,这种沙龙式的谈话为何会出现在企业之中,尤其是当你得知,这既不是一家广告公司,也不是一家用精美书籍装饰办公室的知名企业,而是一家铸造厂。事实上,我们拜访的是日本一家中小型企业——古久根株式会社,古久根靖是社长兼所有者。他是一名五十多岁的男子,面带微笑——这在与日本人的第一次工作接触中并不常见。这只是众多"震惊"中的第一个。

艾萨克知道日本人相当重视自己的传统。因此,你可能会认为,他从一开始就把谈话引向传统是明智的。但这番对话并不是事先准备好的,只是一个幸运的巧合。日本确实有几十个古老的传统,从武术到插花艺术,但艾萨克只对其中的几个有所了解。然而,日本有句话是这样说的:"世上没有偶然。"

古久根随后解释说,这位31岁的女书法家是日本著名书法家手岛右卿(Teshima Yuhkei)的徒孙。手岛右卿在日本有众多弟子,但在世的仅余3人。其中一位78岁的老妇人就住在附近,这位年轻的女书法家正在跟她学习书法。这位社长说:"我认识她,本想在你们访问结束时再谈这个话题,因为这位女士提议我与她合作。这次合作将是铸造和书法的结合。"[1] 后来,我们注意到办公室后面有一幅铸铁浮雕,上面刻有书法图案。这正是他们合作的一个例子。这位年轻女子对3D书法很感兴趣,而这种书法正是通过铸模的材料来完成的。因此,这并非偶然。但书法和铸造之间的联系不止于此。

古久根说:"在书法和铸造领域,传承者越来越少。铸铁技术在日本已经流传了几千年。这两个传统都必须找到一种延续下去的方式。

---

[1] 文中古久根靖的话语,如无特殊说明,均出自其2016年4月27日接受的个人访谈。

所以，书法和铸造的结合具有必要性。"这位社长不假思索地说出了这番话后，将谈话重新转到最初吸引我们拜访这家企业的主题上：传统在日本工业中的重要性。我们问古久根，他是否认为某人是他在铸造方面的师父。

"创造了这家铸造厂的家父，也是我的师父。我想，如今我也有自己的门徒了。"

"这几乎是铸铁的一个艺术概念，接近手工业。但铸铁产品没有艺术性，是批量生产的。在您看来，在一个大规模生产的行业中，这样的愿景如何继续存在呢？"我们问他。

"在日本，对铸铁感兴趣的年轻人越来越少。但我希望这些年轻人带着这份兴趣，来我们这里工作。"古久根的话里透露出他正面临延续铸造传统的挑战。

古久根靖的父亲在20岁时不顾自己农民父亲的反对，决定创建这家铸造厂。选择创立一家铸造厂而不是其他企业，并不是巧合。他所在的农村与日本其他成千上万的农村相似。和许多地方一样，一条河穿流而过，但这条河有一个特点。人们注意到，河里的沙子非常适合用来制作精密铸造模具。因此，从20世纪20年代开始，河流附近出现了许多铸造厂。古久根靖从小就知道父亲的铸造厂，他家的房子就在旁边，厂区的院子就是他的游乐场。这一切都注定了这个小男孩要继承这个地区的铸铁传统。然而，在继承铸造厂之前，他从父亲那里继承了另一份遗产——他的叛逆精神，拒绝继承家族企业。

从十几岁起，古久根再也不想听到铸造厂的事了。他放荡不羁，17岁就把自己的生命置于危险之中，在北海道学习期间，参加了疯狂的摩托车比赛，甚至引发了一场灾难性的事故。古久根死里逃生，他的腿险些被医生切除，但在最后一刻被保住了。尽管铸造厂的情况很困难，父亲还是赶去1500千米外的医院探望了他。古久根说："他希望我能康复。这些经历让我意识到亲子关系、祖先和作为男人的使命的重要性。"他自己的使命就是继承父亲的事业。大学毕业后，他加入了铸造厂。"我很幸运能活下来。我现在为一个目标而活，为一个使命而活。"他总结道。

又一次，大约30分钟后，在我们没有敦促的情况下，古久根重新把讨论引向了此次访问的主题。我们想了解为什么这家企业决定将铸造的传统传承给下一代，以及它是如何完成这一使命的。正如我们已经发现的，就像过去的古久根一样，年青一代对铸铁不感兴趣——原因大不相同。

当地的铸铁工业位于名古屋以南，在方圆100千米范围内，只有一家企业对年轻人有吸引力：丰田。古久根非常尊重丰田，理解它的魅力。然而，为了完成他的使命，他必须吸引并留住年轻人在厂里工作，即使条件艰苦。正如他所说，这家铸造厂的员工，夏天的时候，工作服上满是汗水和结晶盐。[1] 作为社长，他别无选择，只能创新。

在这个创新的决定中，我们应该强调两点。首先，传承的使命不等同于固守过去，而是创新——这与博物馆完全相反。其次，创新有多种形式，通过创新来传承并不排斥任何一种形式。最简单的创新形式涉及产品（或服务）。创新的过程往往很难，但结果却是最容易复制的。中国钢铁行业正是这么做的，这让日本同行坐立不安。更复杂

---

1 Chunichi Shimbun:《零部件制造商受制于复苏步伐》,《日本时报》,2011年6月25日。见 https://www.japantimes.co.jp/news/2011/06/25/national/parts-makers-at-mercy-of-recoveryspace。

的创新形式涉及过程，因此古久根将致力于此。接下来是企业商业模式的创新，这是很难模仿的。然后是组织创新，包括组织结构和日常实践。关于组织结构的创新，我们在瑞典商业银行的案例中已经探讨过，它能够使企业实现前三种形式的创新。此外，它是不可模仿的，因为每个企业的遗产都是独一无二的，这一点对古久根靖来说非常重要。事实上，他书桌后面的墙上挂着四个汉字："继往开来"，这是古久根个人和铸造厂的座右铭，激励他在组织方式上进行创新，以突出铸造厂的独特价值。

变得比丰田更具吸引力

招聘是铸造厂面临的第一个重大挑战。通过当地报纸广告招聘员工的传统做法，与丰田的吸引力相比，显得微不足道。于是，古久根前往日本的贫困地区，例如某个失业严重的前矿业城镇，或者日本南部遭受地震的地区。他为这些地区的年轻人提供了一份工作和免费住房。许多人欣然接受。然而，在体验过铸造厂的艰苦工作条件后，很少有人愿意留下来长期工作。古久根不得不进行组织创新以吸引并且留住偏远地区的年轻人。他既没有参考动机心理学的研究成果，也没有参考盖洛普用于测量和管理员工的著名工具，Q12测评法——该方法显示，只有6%的日本员工在企业中兢兢业业地工作[1]。他继承了日本人的另一个特点，将实用主义发挥到极致，测试并逐渐发明了"如何

---

[1]《全球职场状态》，盖洛普，2017，第207页。

让员工在企业扎根",而不是"如何让员工忠诚"的人力资源计划。换句话说,古久根就好比一位园丁,他深知,不能"激励"花朵在花园中生根发芽,因为他并无相应的奖励或惩罚措施。相反,应当创造满足花朵基本需求的条件——水、光和矿物——这样,它们就可以"产生内在动力",自己扎根并茁壮成长。因此,古久根决定创造这样一个"让员工渴望与企业一起成长"的工作和生活环境。

这种工作环境的核心是,操作员有机会获得关于铸造厂的全部知识。在你看来,这似乎无关紧要,但它实际上是一家工业企业的重大创新,包括在整个日本。事实上,丰田等日本企业首先意识到,员工每天重复执行同样的限制性任务,会产生极其消极的影响。因此,他们注重发展员工的多技能性。然而,尽管丰田公司的每个操作员都在其团队活动范围内掌握多项技能并定期运用这些技能,但这只涉及整个汽车生产过程中的很小一部分。为了使他的铸造厂比丰田更有吸引力,古久根决定,每个操作员,无论担任什么职位,都必须掌握铸造的全部技术。虽然没有一个操作员会在所有职位上轮岗,但对知识的掌握能让其远离"现代的杂役",摆脱卓别林的电影《摩登时代》(*Modern Times*)里主角查理的悲惨命运[1],使其超越丰田操作员的水平,从而更接近铸铁的学徒。这就是古久根所说的"在铸造厂创造门徒"。从某种意义上说,他把自己的铸造车间变成了一个道场,熟悉日本武术的人都知道,道场是一个沉浸式学习的地方,也是传播日本传统艺术的场所。[2] 古久根铸造厂在组织结构上进行了创新,使所有的操作员

---

1 在电影中,工厂里单调又疯狂的机械劳动使工人查理精神失常。——译者注
2 最近,信息技术行业也采用了道场的概念,工程师在这里编写和开发软件。见本内特:《使用道场原则找到更好的路径》,汤森路透,2018年1月4日。

都能通过掌握炼铁技术而提升，也使得古久根靖社长成功吸引并留住了年轻员工。像会议之家、卫材和瑞典商业银行等企业一样，这种组织结构的创新也给客户带来了创新。这里要说的客户就是日本工业界的传奇——索尼（Sony）。

如何成为索尼的供应商

是的，你没看错，古久根成了索尼某部门的唯一供应商，正如古久根所说，"如果我们破产了，索尼的芯片部门就有消失的危险。"在我们拜访的前两天，该部门的前负责人邀请古久根共进晚餐。在日本，一家跨国企业的部长邀请一家小供应商吃饭是件很不寻常的事，即使他已经不在任了。更罕见的是，一家小企业垄断了一家跨国企业的供应。

20世纪90年代中期，当时全球最强大的电子产品企业索尼正寻求提升在芯片生产线的设计和制造方面的市场份额。当时这个市场由松下（Panasonic）和雅马哈（Yamaha）主导。最新加入市场的索尼只排在第三位。为了扩大规模，该部门的管理者试图把设备安装工作台由原先的钢制换成铸铁制。的确，铸铁具有独特的性能：它能吸收对芯片制造非常有害的声音和振动。此外，由于这些都是铸铁的自然属性，因此用来实现与组装的钢制工作台同等效果所需的整块铸铁的数量要少得多。在精心比对了一些精通铸铁技术的铸造厂后，索尼公司最终将生产这种工作台的任务交给了古久根。

你也许会说，这就像是"中了头奖"。是的，理论上如此，在实践中却有很多"但是"。第一个"但是"是，世界上没有一家铸造厂能够做到索尼的要求，古久根株式会社也不例外。曾经有一段时间，每个日本工业集团都有一个自己的铸造厂。一些工业集团后来将铸造业外包给了中国，而那些保留铸造厂的集团，据古久根所说，其技术则有些过时。与这些集团不同的是，古久根的铸造厂一直寻求技术上的领先地位。然而，当时古久根生产的主要是用于织造和木材加工的铸铁，而不是电子产品。这就意味着创新，也是第二个"但是"。

对于一个拥有100名左右员工的中小型企业来说，进行这样规模的创新项目需要一笔巨大的投资，失败的风险也很高。人们普遍认为，只有1/10的创新项目能够成功[1]。但与能够承受9/10失败概率的大型集团不同，古久根株式会社承担不起这个成本，风险太大了。最后，出乎许多人意外的是，即使成功地通过创新成为巨头索尼的供应商，也不一定会大获成功。中小型企业集中精力专门满足大客户的需求，但一旦大客户改变主意，它们就濒临破产，这样的例子数不胜数。尽管如此，古久根社长还是决定接下这个项目。

不顾所有的"但是"，促使古久根社长坚持接下这个项目的主要原因是为年轻员工的工作环境注入新的活力，让他们愿意为铸造厂工作。事实上，制造产品和发明产品是不一样的，特别是为业界传奇索尼发明产品。对于年轻人来说，这可能和加入丰田一样，甚至更有吸引力。

---

[1] 史蒂文斯、伯利：《3000个原始想法=1个商业成功！》，《研究技术管理》，1997年5—7月，第16—27页。

有一天，古久根把所有员工召集在一起，说："为索尼发明的这个产品是我们的自我救赎。我们将全力以赴，共同完成这个项目。"换句话说，社长告诉他的年轻员工们，解决方案将由他们自己创造。乍一看，领导者这种关于"自我救赎"的发言似乎有些夸张，甚至类似于操纵，或者还有可能会引起焦虑。在这种情况下，古久根株式会社的发展前景和未来的饭碗都非常脆弱，员工都很清楚这一点。当时，中国已经开始生产铸铁产品与日本进行直接竞争，导致日本铸造厂的销售额逐步下降。人们有时会说，恐惧是动员人类的最佳方式。但员工在恐惧的背景下，取得突破性成功的例子是非常罕见的。古久根没有通过恐惧来动员员工，而是为他们提供了一个机会，让他们进行一项世界上任何一家铸造厂都无法做到的突破性创新，从而有效地拯救自己的企业。

经过多次试验，古久根株式会社的员工通过发明一种结合了模具铸造和铸件装配的混合技术，找到了解决方案，这在世界上是首创。其结果是多方面的：多亏了这张创新的工作台，索尼抢占了竞争对手的市场份额；古久根株式会社由于生产了索尼80%的台面，营业额暴涨。而对企业领导者来说更重要的是，年轻员工借助这家享有盛誉的客户，掌握了一项突破性的技术，取得了巨大进步，实现了个体的成长与发展。

然而，虽然员工的工业技术对产品创新和经济效益的确作出了贡献，但这家铸造厂的最终目标不是员工的成长，而是社会的进步。

"企业是由在当地工作的员工组成的，社会是由在工作的男男女女组成的，让我们通过企业来推动社会进步。"这样的声明可能会出现在雇主联合会主席、国家总理甚至工会领袖的演讲中。实际上，这不是政治演讲的一部分，而是古久根株式会社网站底部的一句话，该网站详细介绍了古久根株式会社的企业政策。然而，有人可能会问，企业如何才能推动社会前进？从网站上"企业哲学"一栏的另一句话中，我们找到了这个问题的答案："我们（员工）通过'物造'（日文：Monozukuri）为社会作出贡献。"

这便是引导我们来到这个铸造厂的关键——社会价值的创造。然而，在我们接触过的所有企业中，古久根株式会社以一种特殊的方式创造了社会价值。推动日本社会进步是一种传统，是一种近乎神圣的传承。

当你听古久根靖谈论铸造业的时候，你会觉得这是他的精神追求。这不仅仅是因为他把铸铁和书法这两种在日本都有着几千年历史的行业放在一起进行比较。古久根在他的职业信仰宣言中写道：

> 铸铁需要"火"。
> 日本铸铁生产厂家逐年老化，铸铁之火正失去其生命力。
> 我们不能任由"火之国"日本的火苗熄灭。
> 日本的"物造"精神必须保持活力！
> 在古久根株式会社，对"铸铁"的执着仍然存在……

此处再次出现的"物造"概念，在这一职业信仰宣言中发挥着中心作用。让我们花点时间来研究一番。

日本工业：面对中国，忆往昔，筑未来

据说只有日本人才能准确理解"物造"这个词的微妙所在。它通常被翻译为"制造工艺"，指的是"优秀工匠将工作视为无上的重要，全身心地投入工作，不计时间和成本，追求完美"[1]。就好比一位表匠，花了几天时间，将细小的零件组装成手表。尽管明确提到了传统，但这个词的历史并不长。它直到20世纪90年代末才出现，当时恰逢一项旨在所有工业部门推广日本制造技术的法律出台。因此，立法者与企业密切合作，试图对日本金融泡沫的破裂和国家去工业化作出回应。最后，日本成立了"物造"咨询委员会和"物造"基金会，但是将"物造"精神永存并传承下去的责任是企业自发承担的。

"物造"倡议对日本产生了几项重大影响，最重要的是涉及了这些自发企业的愿景。事实上，一家"物造"企业的目标不是成为其全球行业中最大的参与者，而是成为一个独特的参与者[2]。这个想法表面上看似简单。"物造"企业寻求成为世界上唯一一家掌握某项特定技术的企业，而不是试图通过各种手段（首先是通过优化成本，例如转移到成本较低的地区）来提高其市场份额。这就是古久根株式会社在芯片制造设备方面所做的，并凭借操作台获得了日本年度最佳铸件奖。日本武生特殊钢材株式会社（Takefu Special Steel Co.）也是如此，我

---

[1] 鹤冈泽野：《为什么日本的物造经久不衰》，2014年4月1日，见http://jbpress.ismedia.jp/articles/-/40127。下面的讨论基于这篇文章和帕特里夏·普林格的文章《物造——从另一个角度看日本的关键原则》，2010年7月23日，首次发表在《日本特写》杂志，见http://www.japanintercultural.com/en/news/default.aspx?newsid=88。

[2] 出自日本国家科学技术博物馆科技历史部主任铃木一吉在鹤冈接受采访时的发言。

们也对其进行了研究。武生特殊钢材株式会社研究并开发了一种世界上独一无二的工艺，能将钢铁与钛等金属结合在一起，用于制造金属钛眼镜架、高端美容刀和剪刀、脑部手术的手术刀，以及修建横跨东京都湾、能够抵抗海水腐蚀的桥墩。它也凭借这一工艺成为金属供应领域的领军人物。另一家日本钢铁行业的中小企业河野制作所（Kono Seisakujo）研发了一种30微米的针，用于缝合毛细血管。

"物造"的第二个结果是，指导了企业的战略方针。古久根株式会社以"物造"为目标，"不计任何时间和成本追求完美"，使其雇员掌握了全部的专业知识。的确，产品的诞生如果不能调动企业的所有技术，就是不完美的。武生特殊钢材株式会社也是如此。其理念是花费大量时间寻找具有独特和完美性能的合金钢，以完全满足客户的要求。例如，研发一种韧性超强的刀片，即使弯曲后也能恢复到原来的形状。这种刀片被一些刀具制造商采用，单价高达2万欧元。世界上很多顶级厨师都使用这种刀。通过这种方式，武生特殊钢材株式会社将福井县越前地区有着700年历史的独特刀具制造技术传承了下去。

最后，"物造"意味着企业承接的项目是前人没能完成的首例，这对现有的技术提出了巨大的挑战，并要求其与时俱进。古久根株式会社生产的操作台不仅成了索尼设备的一部分，还出售给了全球最大的电子芯片制造商富士康（Foxconn）以及其他企业。古久根株式会社从索尼了解到，富士康的一家工厂是一座多层建筑，必须通过电梯运送设备。问题的根本在于电梯的容量限制是1000公斤，而古久根株式会社生产的铸铁操作台重1365公斤，整个设备重1600公斤。于是，索尼询问是否能将产品重量减轻44%，即600公斤。和往常一样，古久根靖将问题抛给了员工，经过几次尝试，他们成功解决了这一问题。我们问他为什么要接受这个挑战——因为这是一项非常大且有风险的投资，而且不可避免地会造成营业额的损失（铸铁价格在一定程度上取决于重量）。古久根靖毫不犹豫地回答说："这给我们厂打了个大广告，并且强调了一个事实，那就是，我们是世界上唯一一家可以做到这一点的铸造厂。"

在这种背景下，我们就更容易理解古久根对铸铁书法的兴趣了，古久根株式会社已经成为唯一一家拥有这项技术的铸造厂。乍一看，这是一项纯粹的艺术行为，用于在书法展览上展出。然而，在这次展览中，日本铸铁联合会主席偶然注意到了铸铁书法，对其产生了兴趣，并问古久根是否可以在国际铸铁大会上展示这幅作品，这是26年来第一次在日本举行的国际铸铁大会。这次活动再次引起了人们对古久根株式会社的关注，也展现了它用铸铁工艺制作艺术品的独特能力。

必须指出的是，这种传播日本制造技术的责任——并且通常由成千上万的企业自愿承担——与创新密不可分。正如古久根所言，这使得"火之国"日本的火苗不被熄灭。这不仅适用于铸铁工业，也适用于钢铁工业。日本是世界上唯一一个年钢产量超过1亿吨的发达国家。从逻辑上讲，因大量土木工程而需要钢铁的发展中国家是主要的钢铁生产国：中国以约8亿吨的产量位居第一，印度以约9000万吨的产量位居第三。日本之所以是全球第二大钢铁生产国，是因为许多中小型企业，如武生特殊钢材株式会社和河野制作所，通过将钢铁知识的传播与创新结合起来，成为世界上独一无二的企业，消耗了大量的钢铁。

成千上万的日本中小型企业不计成本和时间，毫无条件地传承技术并进行创新，无疑推动了日本社会的进步。在地球的另一端——法国，优秀的企业也擅长传统与创新的结合。

传承者

罗曼尼-康帝红酒可能是最著名的法国产品之一,它有时被称为世界上最好的红酒,并且毫无疑问是勃艮第葡萄园最具代表性的红酒,也代表了这一大名鼎鼎的"地带",即大片的独特种植地区。2006年,罗曼尼-康帝掌门人奥贝尔·德维兰发起了将勃艮第地带列入联合国教科文组织世界遗产名录的申请。十年后,申请得到了通过。乍一看,这一"加冕仪式"把葡萄园变成了一个露天博物馆,一个人们想要死守的传统。然而,事实证明,事情要复杂得多。

当德维兰被问起,为什么在有"原产地命名控制"(AOC)保护勃艮第产区的情况下,还要花那么多精力为其申请列入联合国教科文组织世界遗产名录时,他的回答有两方面:一是"巴黎的审判",二是"化学"[1]。显然,这里所说的"巴黎的审判"与描绘古希腊罗马传说的名画《帕丽斯的审判》(*Le jugement de Paris*)无关,而是与味道——葡萄酒的味道——有关。1976年,由世界各地最著名的专家组成的评审团在巴黎举行了一场盲品会,品尝来自世界各地的顶级红酒。这次比赛的结果几乎没有什么悬念:冠军要么是勃艮第红酒,要么是波尔多红酒。然而,令所有人大吃一惊的是,评委们并没有选择罗曼尼-康帝,也没有选择其他任何法国名酒,而是选择了来自美国纳帕谷的红酒。德维兰对这一结果做出了如下评论:"这给了我们一个非常有益的

---

[1] 德蒙考特:《制造年份是一种电影剧本》,《快报》,2015年3月2日。见http://www.lexpress.fr/tendances/vin-et-alcool/romanee-conti-un-millesime-est-une-sorte-de-scenariode-film_1655360.html。

教训[1]。让（我们）意识到……我们不能随心所欲地酿造葡萄酒，也不能想要多少就酿多少。"德维兰说的，是利用化学方法酿酒。

事实上，尽管法国葡萄酒的传统可以追溯到中世纪，但它的发展很大程度上要归功于杀虫剂，杀虫剂第一次给葡萄种植者留下了可以"控制自然"的印象。后来，种植者注意到土壤中的所有生物，比如在地下挖出条条小道、对土壤氧化和雨水渗透至关重要的蚯蚓，都遭到破坏时，这种印象渐渐消失了。但对罗曼尼-康帝来说，停止使用杀虫剂并不意味着恢复勃艮第气候的塑造人西多会僧侣的葡萄种植方式。这样的做法不仅将葡萄园僵化为博物馆，也将破坏勃艮第葡萄酒的品质。2016年，在纪念勃艮第葡萄园被列为世界遗产的仪式上，德维兰明确表示："我们是勃艮第产区，以及塑造了这块区域的伟大的葡萄种植者的继承者和传承人。我们有责任保护这种气候，并将其传给下一代。"[2] 换句话说，他所呼吁的，并不是固守传统，而是传承传统，这就需要创新。

从1985年起，罗曼尼-康帝开始进行有机耕作，后来又采用生物动力法酿制葡萄酒，这是最尊重自然生态系统的方法。自然动力种植法是一项真正的创新，因为这种生产葡萄酒的方法——同样适用于其他所有植物——禁止使用任何合成化学物质，而是借助自然处理。结果，罗曼尼-康帝的葡萄酒变得更好了。考虑到这款酒在使用自然动

---

1 德蒙考特：《制造年份是一种电影剧本》，《快报》，2015年3月2日。见http://www.lexpress.fr/tendances/vin-et-alcool/romanee-conti-un-millesime-est-une-sorte-de-scenariode-film_1655360.html。

2 《刻在石头上的铭文》，见https://www.climatsbourgogne.com/fr/22-3-2016-inauguration-plaque_439.html。

力种植法之前就已经拥有的卓越品质，超越以前的品质似乎不可能。德维兰的解释很简单，因为葡萄酒是风土环境的反映，只有在更多地关注葡萄植株、土壤和生态系统的情况下，其品质才能得到提高。他说，这的确是一种创新，却不能算是一场革命："我们没有彻底改变任何东西，只是对细微之处做了改变。然而，我认为，如今我们酿造的葡萄酒更醇、更透，风土的味道在这里得到了更好的体现。"[1]

乍一看，罗曼尼-康帝与日本中小型企业的"物造"有着很大的不同。然而，正如我们说过的，它们的目标都不是成为其所在行业的最大参与者，而是成为或保持世界上独一无二的参与者。每家企业都在努力做到这一点，承担起保护从老一代人那里继承下来的知识的责任，同时进行创新，将其传递给新一代。罗曼尼-康帝的葡萄酒，或者勃艮第拉卢·比兹-勒桦酒庄（Lalou Bize-Leroy）、波尔多拉图尔酒庄（Château Latour）的葡萄酒也具有这种特性，它们都采用自然动力种植法，意识到传承的责任。在众多法国奢侈品中，并不只有优质葡萄酒承担了这种责任。例如，奢侈皮具品牌爱马仕（Hermès）或路易威登（Louis Vuitton），它们都基于代代相传的手工制作技能，同时在生产方法上进行创新。然而，在法国，传承给后代的不仅仅是奢侈品专业知识。

一家为法拉利和特斯拉服务的"物造"铸造厂

如果你熟悉艾萨克·盖茨的著作《自由企业》，你可能会猜到，

---

1 德蒙考特：《制造年份是一种电影剧本》，《快报》，2015年3月2日。

这里说的是皮卡第（Picardie）地区的铸造厂FAVI。自2005年我们初次参观FAVI以来，我们一直在关注法国这家自由企业的先驱者，并于2015年再次拜访了该企业。我们还与前厂长让-弗朗索瓦·佐布里斯特进行了大量交流。在最近与佐布里斯特的交流中，我们意识到，FAVI正在实践"物造"——通过使用和传播制造技术，成为世界上独一无二的企业，而不是行业内的主导者。

这里需要说明的是，促使佐布里斯特建立一个基于自由和责任的组织的外部动机之一是他们的主要产品：黄铜变速器换挡叉。然而，佐布里斯特的内在动机是他对人类的信任，以及对基于不信任和控制的传统组织的愤怒。因此，他早在1983年就开始了FAVI的转型。然而，真正的突破——真正的组织创新——来自标致（Peugeot）汽车公司的第一份换挡叉订单，这在当时企业的等级制度和竖井式组织结构下是不可能完成的。

FAVI诞生于1956年，其前身是另一家工厂——Dhuille，这家工厂从1910年起就开始生产黄铜零件。[1] 1955年前后，尽管在二战后的第一个十年里，对黄铜产品的需求很大，Dhuille的老板马塞尔·德卡耶（Marcel Decayeux）还是决定开发一项当时无人精通的业务。具体来说，是建立一家铸造厂，通过向钢模空心部分加压注浆的工艺来制造零件，钢模可以承受非常高的黄铜熔体温度，大约1000℃。当时，这一项目遭到了该地区实业家的普遍怀疑，理由很简单，还没有人能够掌握这种技术。

---

[1] 关于FAVI的历史细节来自杜蒙的书《几页，一生与FAVI》（1997）。佐布里斯特换挡叉项目的故事出自艾萨克·盖茨《自由，管用！》一书中的章节《一个天真、懒惰的小老板如何创新？》，弗拉马里恩出版社，2016，第355—357页。

这种工艺是20世纪30年代在德国发展起来的，从未在工业上使用过。德卡耶在工厂的车库里安装了几台德国和意大利的机器，以及两台英国的熔炉，以此开始了这个项目。就在这个车库里，三名当地工人在一名德国工程师的帮助下，成功地生产出了第一批零件。这名工程师曾写过一篇有关该生产过程的博士论文，并于1957年加入了德卡耶的队伍。就像在硅谷一样，车库里产生的激进创新为企业带来了成功，后者为了进一步发展不得不离开车库。德卡耶在阿朗库尔（Hallencourt）建立了一家专门致力于这项新技术的工厂，名为FAVI。这是FAVI"物造"精神的首次体现。就像日本中小型企业一样，德卡耶想在自己的家乡创造一些独特的东西，他成功了。他常把一句谚语挂在嘴边："金腰带不及美声誉。"[1] FAVI是唯一一家生产压力注射铜合金的企业，这一成功得益于三位操作员和德国研究人员的制造技能和独创性。德卡耶经常对他们说："伙计们，有了你们，我们就会成功。你们会证明我是对的。"[2]

在新工厂里，FAVI开始生产各种各样的黄铜产品，如洗手池或水槽的虹吸管、水表或燃气元件，为当时最大的法国和德国制造商供货。作为"附带利益"，产品的多样性确保了该厂良好的经济表现，直到20世纪60年代末，马塞尔·德卡耶去世后，FAVI被兰斯家族集团AFICA收购。就在那时，新的突破出现了——仍然本着"物造"精神——这次，与标致的订单有关。

故事要从一家美国汽车制造商开始说起。当时，美国著名汽车公

---

[1] 杜蒙：《几页，一生与FAVI》，1997，第89页。

[2] 同上。

司克莱斯勒（Chrysler）的法国子公司对其变速器换挡叉的质量不满意，正在寻找一家能够大大改进换挡叉的铸造厂。马塞尔·德卡耶通过压力注射技术成功建立的"好名声"传到了克莱斯勒的耳朵里，克莱斯勒派出一位工程师前往FAVI，进行接洽。工程师对这次访问印象深刻，建议FAVI开展这个项目。在AFICA的支持下，FAVI针对克莱斯勒的需求进行了研究和开发，AFICA的铜合金方面的冶金学家正是让-弗朗索瓦·佐布里斯特。1982年，铸造厂成功地研制出一种铜合金，其耐磨性是当时用于变速器换挡叉的合金的3—5倍。更重要的是，注射技术的采用使得浇铸生产效率较以往有了很大的提高。因此，被标致收购的克莱斯勒法国子公司，向FAVI下了一份订单，这是第一个来自汽车行业的订单。紧随其后的是雷诺（Renault）、菲亚特（FIAT）、大众（Volkswagen）和沃尔沃（Volvo）。沃尔沃将100%的供应委托给FAVI，这在汽车市场上是前所未有的。菲亚特从FAVI订购的变速器换挡叉不仅用于菲亚特、阿尔法·罗密欧（Alfa Romeo）和蓝旗亚（Lancia）等品牌的车型，还有汽车业的传奇品牌法拉利。德卡耶通过"迂回"的方式不看重"金腰带"，转而追求良好声誉，最终为FAVI带来了巨大财富。但这一切都是后话。与此同时，FAVI还收到了标致的订单，这给它的组织结构带来了巨大的挑战。

事实上，成为首席执行官的让-弗朗索瓦·佐布里斯特很快就意识到，凭借现有的组织运行模式，FAVI将永远无法完成标致的订单。自上任之日起，他就试图使操作员具有自主性和责任感，并借此机会在组织结构和管理实践中实现真正的突破。由此诞生了FAVI的首个微型工厂。大约有20名操作员和内部推选出的领导者在那里自主地、直接地管理每天早上通过电传[1]送达的标致订单。这个新组织在生产力、响应力和敏捷性方面的提高，使FAVI圆满地完成了与标致的第一个合同，并凭借新型的组织模式，建立了新的声誉。

这第二次的经历比第一次更加体现了"物造"精神。与第一次一样，FAVI将制造技术与技术创新相结合，在一个新市场中变得独一无二。然而，和日本的古久根一样，佐布里斯特认为仅靠技术创新是不可能实现这一目标的，组织模式也需要创新。组织创新的过程揭示了工人以前不为人知的技能：操作团队通过全面负责生产，找到了解决诸多挑战的方法，这些挑战在传统的等级制度和竖井式组织结构下是不可能被克服的。此外，与在古久根铸造厂一样，由此产生的工人技能帮助FAVI产生了其他技术创新。

在短短几年内，FAVI就占据了欧洲变速器换挡叉市场20%的份额。对许多老板来说，这样的结果可能预示着轻松美好的日子——尤其是在市场份额持续增长，后来达到50%的情况下。但佐布里斯特不这么认为。FAVI凭借技术创新，使产品从最初的暖锅发展到水槽虹吸管和水表，再到汽车行业的变速器换挡叉。佐布里斯特认为应该遵循这一传统，开发新技术，在新市场中占据独一无二的位置。

为此，佐布里斯特采用了一个激发创新的方法——日本学者川喜田二郎（Kawakita Jiro）发明的"亲和图"，具体描述如下："该方法以小组为单位，将某一职业分解成若干基础单位，如产品、市场、技术等，由群体对其进行反思，然后每个单位列出阻碍其发展的因素，如材料成本、能源成本、固有缺陷的产品或技术等。接着，每周一次

---

[1] 电传是在传真机普遍使用以前的通信设备，其原理近似电报。——译者注

召开小组会议，想象一下，如果去除消极因素（拥有免费能源或劳动力……）将会发生什么情况。"[1]我们一直在强调"小组"，因为这一因素对"亲和图"的有效性至关重要。在FAVI，考虑到其组织模式，这些工作组将由生产操作员和技术人员组成，而不是工程师。

1999年，以操作员身份加入FAVI后并将于10年后接替佐布里斯特成为厂长的多米尼克·韦朗（Dominique Verlant）在其中的一次小组会议上说："我对有一点感到很好奇。多年来，我们已经开发出了抗腐蚀的合金，具有良好的延展性，抗摩擦磨损，硬度高，适合抛光，但是我们却从未研发过高导电性铜合金。"

佐布里斯特随后请FAVI车间负责人克劳德·巴尔博特（Claude Barbotte）进行一些纯铜的注入试验，纯铜是一种比铜合金更好的导体。然而并没有成功。然后，他委托ARIST（区域战略和技术信息机构）的技术专家进行一项调查，以确定全球是否有人掌握了这项技术。答案是否定的。于是乎，又一次，佐布里斯特出于对制造技术而非学术知识的尊重，建议克劳德辞掉车间负责人一职，专心投入到铜合金项目的研发中。这一举措也使得整个铸造厂转变成了一个个自主管理的小型工厂。

"为什么要研究这个呢？"克劳德问佐布里斯特。

"我不知道。但如果我们能做一些没有人会去做的事情，就一定会赚钱。"佐布里斯特以同样的语气断然回复道。

"为什么不把这个机会留给年轻的工程师呢？"克劳德问道。

---

[1] 出自艾萨克·盖茨《自由，管用！》一书中的章节《一个天真、懒惰的小老板如何创新？》，第24页；案例的其余部分基于通篇文章以及与让-弗朗索瓦·佐布里斯特的交谈。

"因为我认为，您在铸造行业有30年的经验，对于这种类型的创新，比工程师的理论知识更有用。"佐布里斯特解释道。

就这样，在长达3年的时间里，该项目涉及了几十名铸造工人，其中包括一位85岁高龄、早已退休的前操作员。他们每个人都分享了自己的"技巧"，从而解决了铸造厂在各个阶段遇到的问题。2003年，正如佐布里斯特所说，凭借着这些铸造工人50余年在1000℃高温中工作的集体经验，这一项目最终研发成功。FAVI也因此成为世界上第一家掌握高导电性纯铜注入技术的企业。那时的它在世界上是独一无二的，这也符合"物造"精神。然而，另一方面，这样的技术却没有顾客需要。但这样的情况并没有持续太久。

一年后，佐布里斯特碰巧在一次实业家会议上与全球泵业的领导者格兰富（Grundfos）的法国子公司老板共进午餐。后者对FAVI的技术很感兴趣，询问其是否能够制造高导电性的铜。他惊讶地得到了一个肯定的答案，因为格兰富一直在寻求通过提高电导率来提高泵的效率。这家丹麦的龙头企业深知，此前，世界上没有厂家生产过铸铜转子。于是，佐布里斯特建议格兰富对其转子进行测试。没多久，FAVI便把转子送到了格兰富的法国子公司。两天后，佐布里斯特接到电话，要求他们紧急赶往格兰富。格兰富的员工当场做了演示，表明铸铜转子的效率是标准铝转子的1.5倍。

你可能会认为格兰富一定会将这笔"世纪订单"交给FAVI，因为这家铸造厂拥有一项独特的技术。然而情况却完全不同。相反，这位全球领先的泵业制造商的老板要求佐布里斯特从科学的角度来解释转子的高导电性。如果没有合理的解释，格兰富就不会下订单。这个行业并不像医药行业一样。尽管起初并没有科学的解释，但从埃及时代，人们就开始使用阿司匹林，因为它对健康有诸多好处，直到 20 世纪 70 年代科学家才提供了理论解释。可能有人会认为，皮卡第地区这家小小的铸造厂一定会放弃这笔生意。事实恰好相反。它决定资助某工程学院一个由 4 名研究人员组成的实验室，了解并向潜在客户解释为什么铜的导电性能如此卓越。他们成功完成了任务，也赢得了格兰富的订单。格兰富之后，法德合资的电动变速箱制造商赛威传动（SEW），以及工业巨头西门子（Siemens）和雷诺也要求 FAVI 为其生产电动马达。但这种独特工业技术所带来的"附带利益"还不止这些。

2007 年，FAVI 收到了来自一家美国企业的工程师的参观请求。FAVI 的产品出口到巴西和中国，但尚未出口到美国。此外，这位工程师来自一家当时还默默无闻的企业，名为"特斯拉"，这是一位伟大的物理学家的名字。在我们写作本书时，特斯拉因为发明了各种极具创新的电动汽车车型，一直是所有的媒体的焦点。然而，2007 年时，它还处于测试阶段，埃隆·马斯克（Elon Musk）也还不是它的标志性老板。虽然当时的 FAVI 不了解特斯拉，但特斯拉却对 FAVI 了解颇深。这一次，马塞尔·德卡耶所珍视的能够生产出世界上独一无二的产品的"好名声"一路传到了美国加州。

这位非常务实的美国工程师随后提议 FAVI 加入他们的冒险旅程。没错，就是冒险，因为转子是电动汽车的关键，但这一零件的供应商里很少有人相信特斯拉的计划能成功。佐布里斯特同意了。就这样，皮卡第地区这家小小的铸造厂在装配了神话般的法拉利之后，在特斯拉的启动阶段，为所有的测试车、原型车和试驾车都提供了原件[1]。这

---

[1] 批量生产时，特斯拉更倾向于整合转子的生产。

一事实几乎不为大众所知。这也是该厂第三次践行"物造"精神：依靠久经考验的制造技术，凭借尖端创新，在世界上独树一帜。

"物造"技术是FAVI创新的关键，尽管它并没有真正意识到这一点。这一技术产生了与践行"物造"精神的日本中小型企业类似的结果，分为直接和间接两部分。首先，由于其领土上一家中小型工业企业的长久发展，这种技术直接推动了法国的进步。在去工业化的问题上，佐布里斯特明确指出，如果说西方国家比新兴国家有什么优势的话，那就是必须予以保护和传承的本国工人的制造技能。FAVI的发展表明，法企可以在本国发展壮大，甚至能将工业产品出口到中国。这种直接追求工业技术永续的做法也产生了间接影响：该企业30多年来经济效益表现出色。

然而，你可能会问，是否有法国企业传承工艺的方式既不像日本的中小型工业企业，也不像皮卡第地区的FAVI，或是法国的奢侈品企业。答案是肯定的。法国设立了"活文化遗产企业"（Entreprises du Patrimoine Vivant，简称EPV），这是一种国家认可的标志，旨在让拥有优秀手工工艺和工业技术的法国企业脱颖而出。许多EPV都属于奢侈品行业，不过，从锅炉制造到3D数字化的其他行业的企业数量也在不断增加。在法国，还有一些机构，如法国传统艺师行会（Les compagnons du devoir et du tour de France）或"法国最佳手工业者"（Meilleurs ouvriers de France）。我们知道，这两个机构的许多成员正在建立自己的企业，在众多领域将传统知识传授与创新结合起来。哲学家马克·阿莱维（Marc Halévy）称他们为"大师"，并解释称，企业面临的挑战是摆脱价格竞争——这种竞争往往导致它们迁往劳动力成本较低的国家——并在自己的专业领域成为"大师"，就像艺术家一样。[1] 接下来，我们将分享另一个法国中小企业的例子，它不属于上述提到的这些著名机构的成员，但它以自己的方式传播技能、进行创新，并推动了所在地区阿尔代什省的发展。

一家颠覆羊毛纺织传统的企业

如果你正在寻找一个与迄今为止我们介绍过的企业截然相反的例子，那么阿尔代羊毛再合适不过了。这是一家坐落在阿尔代什省深处的小型合作社，其名字由法语的"Ardèche"（阿尔代什省）和"laine"（羊毛）组成。不可思议的是，这家中小企业既与日本有业务联系，也涉足奢侈品行业。它的第一个大客户是一家日本服装制造商，最大客户一度是香奈儿（Chanel）。这充分证明了这家中小企业的羊毛在世界上是独一无二的。但在阿尔代羊毛建立的初期，没有任何迹象表明它能有如此大的影响力。事实上，这家企业成立的头几个小时里，就已经有了黄昏的气息。

1972年，巴拉斯夫妇在阿尔代什省的一个村庄圣皮埃尔维尔（Saint-Pierreville）发现了一座废弃了十多年的羊毛纺织厂。屋顶已经严重损坏，但是所有的机器仍在车间原地，羊毛还在织布机里。工人们消失了，好像被一种神秘的流行病带走了一样。山谷里的牧羊人，因为找不到销路，就在剪羊毛之后将其一并烧毁。巴拉斯夫妇还遇到了许多老年人，因为年轻人都离开村庄去外地谋生了。在这片荒凉的

---

1 马克·阿莱维:《大师》，2016年8月17日;《寻找未来企业家的理想形象》，2017年4月12日，未出版。

土地上，旅游业本可以给这个山谷带来一些希望，但村民们坚决反对旅游开发。许多荷兰人在那里购置了房产，但他们有自己的生活圈，这让当地人有些不快。在一些地方，甚至出现了"荷兰人，回老家"的标志。不受欢迎的不仅仅是外国人。当蒙特卡洛拉力赛经过这个地区时，墙上清楚地写着："拉力赛过后，小镇正在衰亡"。所有这一切最终产生了一种"宿命论"，当地人认为自己被世界遗忘了，这里是一片没有未来的土地。

巴拉斯夫妇不是阿尔代什人，虽然他们也看到了同样的事实，但他们从不同的角度分析了形势。他们所看到的是羊毛的生产技术，它曾在工业时代的一百年间养活了整个山谷，如果被传承下去，可能会再次兴旺发达。"我们想要保存这些知识和技术，看到这个纺纱厂重新运转起来。"贝亚特丽斯·巴拉斯说。于是，夫妇二人决定一起采取行动。

这并不是这对夫妇的第一次"社会冒险"。热拉尔·巴拉斯学的是建筑学，但他逐渐发现自己的职业是"社会建筑师"。1970年，20岁出头的巴拉斯夫妇试图打造一种远离规则、薪酬制度的集体生活，至少在夏天的时候，他们说："我们不想打造一个每个人都自顾自建造自己梦想住房的村庄，我们也不想打造度假中心，更不想打造另外一个普罗旺斯雷堡（Baux-de-Provence）……"[1] 经过大量研究之后，他们在1980年启动了一个废弃村庄——位于阿尔代什南部巴拉祖克（Balazuc）的维尔奥登镇（Viel Audon）的修复项目。由于不通车，曾导致教育检查员拒绝在此地开设探索课程。如今，这个小镇已经变成了一个青

---

1 波尔奎特：《更高的村庄》，《鸭鸣报》，2008年7月23日。

少年教育项目的训练营地,至今仍在不断地为古镇注入新的生机。近四十年来,这些项目已经帮助教育了1万多名年轻人。正如其中一名17岁的参与者所写的:"在这里,我们大量获取成长的能量。"[1]

这样一来,我们就不难理解,在同一时间、同一地区发现的废弃纺纱厂,为什么能对热拉尔·巴拉斯产生莫大启发。从1975年开始的3年里,他花部分时间修理了车间的屋顶,还和贝亚特丽斯一起,花4年的时间学习了基本技术——剪羊毛、纺纱、做床垫、安装涡轮机。尽管那时,山谷的居民已经不再从事羊毛生产,但技术仍然存在,而巴拉斯夫妇则成了将技术传承下去的纽带。随后,他们省吃俭用,还找到了投资,组建了一支干劲十足的项目团队,并最终于1982年创建了合作社。

巴拉斯夫妇的故事可能会让人想起1968年学生运动里反对消费社会的人在农村重建世界的故事。然而,这并不是贝亚特丽斯对阿尔代羊毛的愿景:"我们想要成为社会的一员,但要以不同的方式行事。"换句话说,她和她的丈夫并不认同对资本主义的抽象批判,他们开辟的新道路也不是反叛的同义词——尽管贝亚特丽斯为讲述阿尔代羊毛的故事而写作的书选择了一个颇有挑衅意味的标题:"反叛的羔羊"[2]。相反,他们的行动是基于现实考虑的,并试图融入经济和社会,尽管方式不同。如今,阿尔代羊毛约有60名员工,营业额从第一年的8万欧元上升到今天的200万欧元,主要通过其网站或展会直接销售。至于为了生产羊毛而被剪毛的羊的数量,从阿尔代羊毛成立前的零增长

---

[1] 见 http://www.levielaudon.org/le-mat-ardeche/chantiers/。
[2] 贝亚特丽斯·巴拉斯:《反叛的羔羊:阿尔代羊毛——地方发展的纤维制品》,膳食出版社,2003。

到每年5万只。更重要的是，除了生产床垫、羽绒被和床绷外，阿尔代羊毛已经成为一个真正的活动基地。20世纪90年代末，圣皮埃尔维尔开辟了一条历史旅游路线，展示羊毛生产的技巧，包括修剪和梳理羊毛、纺纱、织造、针织、毡制等，同时也回顾了该地区工业时代的全貌。如今，它每年吸引2万多名游客。最近，一家咖啡屋兼图书馆、一家餐馆和一家罐头工厂刚刚开业。

然而，经济上的成功并不是阿尔代羊毛的目的，而是一种手段。其真正的目的是保存和传播一种古老的专业知识并使其在阿尔代省永存。与奥贝尔·德维兰一样，巴拉斯夫妇一直致力于把扎根于一个地区的古老技术传授给新一代，他们成了传承人。像实践"物造"精神的企业那样，阿尔代羊毛延续了当地的技术并促进了社会的发展。这里并没有成为一个去工业化的地区，几十名年轻人在阿尔代什河谷里工作，数百名牧羊人通过出售羊毛获得了额外的收入。

用当代流行的术语来说，巴拉斯夫妇善于"验证概念"。他们通过这种方法，再次传承了另一种工业技术：羊毛服装的制作。

"城市敏感地区"制造

1986年，在成立4年之后，阿尔代羊毛在生产羊毛床垫、羽绒被和枕头方面发展良好。然而，作为优秀的企业家，巴拉斯夫妇希望拓宽产品范围，尤其是那些具有较高附加值的产品。于是，他们萌生了制作羊毛服装的想法。我们至少可以说，世界服装市场在阿尔代羊毛成立之前就已经发展成熟。但像"物造"企业那样，巴拉斯夫妇并不想成为最大的企业，而是唯一一家能够供应某种特定产品的企业。而且，和"物造"企业一样，夫妇二人也将依靠当地的技术。

这一次，是与阿尔代省相邻的城市瓦朗斯（Valence）。20世纪20年代，这座德龙省（Drôme）的省会城市吸引了大批亚美尼亚人，他们不得不离开已成为土耳其领土的祖传土地。法国收留了许多亚美尼亚人，几个世纪以来，他们一直被认为是小亚细亚地区各行各业技艺高超的工匠。因此，他们成立了许多皮革制品和服装企业，其中许多家如今不得不搬迁或面临搬迁的威胁。巴拉斯夫妇再一次想要成为一种纽带，使这些技术得以延续。经过一番调研之后，他们在亚美尼亚社区找到了一个愿意传授羊毛编织术的工匠。然而，她有一个条件："我可以教你们，但必须是在瓦朗斯，我可不愿上你们那儿去。"起初，巴拉斯夫妇对这种拒绝到邻省的做法感到恼火，因为他们认为自己是在"引进"技术。但深思熟虑之后，他们认为，这一条件有着深刻的意义：在发源地保留并传承当地的工艺。你可能会认为，巴拉斯夫妇将在瓦朗斯的某个工业区建立工厂。他们确实是在某个"地区"这样做的，但却并非工业区。

前文说过，巴拉斯夫妇是"社会建筑师"，比如，他们加入了"司法调解人"小组，这是一项由德龙省的一名检察官发起的邻里调解倡议。许多冲突发生在所谓的"城市敏感地区"（Zones Urbaines Sensibles，简称ZUS）。这一地区建有大量廉租房，经常会出现一些不文明行为甚至极小部分居民的轻微犯罪行为。巴拉斯夫妇萌生了一个想法：在一幢廉租房的一楼开办工作室。面对这样的创举，我们可以将其称为一场"革命"。一段时间以来，瓦朗斯廉租房管理办公室一直支持设立经济活动，然而，这些活动在巴拉斯夫妇的倡议之前从未见过天日。"我们试图采取积极的态度，考虑该地区拥有的资源而不是限制。"贝亚特丽斯·巴拉斯表示。但是困难很快就来了。

阿尔代羊毛服装工作室在瓦朗斯的丰巴莱特区（Fontbarlettes）成立不久，新上任的主管梅里姆·弗拉德就遭遇了一些令人不快的意外。很快，工作室的窗户就被窃贼打破了。此外，该地区的公共场所里挤满了一群无所事事的年轻人，他们以各种方式打发时间，包括燃烧摩托车。梅里姆向我们展示了工作室附近仍然可见的痕迹。这里的确存在着一种不安全的气氛，"城市敏感地区"这个词在该社区是当之无愧的。

为了防止这种情况再次发生，梅里姆在工作室的窗户上安装了铁条。对于一个正在积极融合并希望重振敏感地区的行业来说——正如巴拉斯所设想的那样——这是个糟糕的开局。一天，当梅里姆正在思索这一矛盾时，目光落在了工作室加固的门窗及外面的景象之上。她看到一些花盆，里面的花茎已经枯萎了很久。梅里姆心想："嘿，我们来照管一下这个并不美丽的地方怎么样？"这就是她所说的"绿色游击队"的开始。

在未征求任何人许可的情况下，梅里姆就在这里种满了花。邻居们纷纷表示赞赏。但更重要的是，他们也开始这么做了。1986年，也就是阿尔代羊毛在"城市敏感地区"成立服装工作室的那一年，该地区成立了一个社区居民协会，阿尔代羊毛在其中发挥了主导作用。协会成员被称为"积极居民"，他们推动了许多行动，例如与孩子们一起劳作，翻新庭院或楼梯井，建立知识交流网络，等等。这个协会也被称为"MAT"，这是塔罗牌中的一个角色的名字，象征着一个愿意承担风险、参加冒险的疯狂人物。的确，"MAT"并没有逃避风险，而是决定着手解决街区公共场所的问题。这里四周被狭长建筑包围，草坪状况很差，是可疑集会的场所。协会主席正是阿尔代羊毛工作室的主管梅里姆·弗拉德，她提议在那里建立一个菜园。

你可能会说，阿尔代羊毛似乎完全偏离了原本设定的"传承制衣技术"的轨道。没错，然而，作为"社会建筑师"的巴拉斯夫妇考虑的是企业推动社会进步的所有手段。在瓦朗斯，阿尔代羊毛决定为其服装工作室的邻居的幸福生活作出贡献。

那时，"城市菜园"还没流行起来，MAT的菜园既不是在屋顶上，也不是在露台上，而是在一个曾经遭受几次纵火，看起来像是被遗弃的城市沙漠的公共场所上。如今，这个地方看起来更像是一片宁静的绿洲。这片由MAT管理的菜园占地超过1公顷。此外，这里种植的蔬菜还在瓦朗斯的市场上销售。这些产品不仅是"法国制造"，还可以自豪地被称为"丰巴莱特制造"，下面还能开玩笑地加上一句批注："经过社会环境自测"。

在我们参观期间，我们见到了协会40名成员之一的威廉，当时他正在收拾自己的小花园。

"先生们，这里是另一种生活和另一座城市，花园美极了。"他吐露道。

"为什么？"我们问。

"起初的时候，这里并不是一个安静祥和的城市……这是一个动荡的城市。"威廉回答道。

我们试图了解更多。

"在栅栏后面，有一片田野。直到两年前，那里还会发生烧毁汽车、摩托车这样的事情，"威廉开始解释道，"你们无法想象！那些家伙，他们就在田野中间放火，完全不在乎。"

"现在没有这种情况了？"我们问。

"是的，没有了。梅里姆在那儿建了菜园，现在是个安静的地方。"威廉说。我们继续问，作为城市居民的他，是如何开始从事园艺的。威廉回答说："他们（协会的人）教我们怎么做。协会有一个园丁。以前，我只会用农达（Roundup）除草剂，在土壤上堆上肥料，不管三七二十一，只要长出东西就行……现在，一想到这个，我就会大笑不已……"

威廉的笑声背后还有另一个原因。在撰写本书时，所有媒体都在谈论农达。一名美国园丁赢得了一场具有里程碑意义的诉讼，在这场诉讼中，农达的制造商因导致其罹患严重癌症而被判赔偿2.53亿欧元。我们曾在2014年见过威廉，但他直到加入MAT后才停止使用农达。当然，MAT的花园无法与罗曼尼-康帝的葡萄园相媲美。但是协会的成员，也就是丰巴莱特地区的"积极居民"们，并没有为了使这片敏感地区恢复生机，而牺牲土壤的活力。威廉很清楚梅里姆在创建这个花园背后的协会中所起的作用。协会成员除了能接受园艺培训外，还能相互促进。威廉解释说："我们经常跟其他人交谈。一天，一个邻居拿着一小块木头一样的植株对我说：'来，拿着这个。把它种在地里，你就知道是什么了。'噗地一下，它就长成了一株葡萄！你看，这才是花园，是另一种生活。"

当看到被城市暴力占领的遗弃空间变成了宁静的花园时，你就能理解威廉刚刚所说的"另一种生活"。当然，帮派并没有消失。起初，一些花棚甚至被人弄塌了，但协会决定不设置栅栏，暴徒也没有再回来过。梅里姆和MAT的成员并不天真，他们明白，这些人只是转移到了更远的地方，那些混凝土浇灌的废弃空间。社会学家早已证明，在这样的地方无法幸福生活。没有人说过，收复土地的"绿色游击队"可以在几个月或几年建成。尽管勒·柯布西耶（Le Corbusier）设计的马赛联合公寓的围栏被炸毁了，但用威廉的话说，这并没有把这个动荡的地区变成生活和工作的绿洲。而梅里姆和MAT协会的城市花园，却成功做到了这一点。如今的梅里姆获得了法国最高荣誉骑士勋章。30年后，MAT协会仍然存在，时刻准备着将接力棒交给新一代的"积极居民"。

无论是在阿尔代什省的河谷传承羊毛纺织技术，还是在瓦朗斯传承制衣技术，又或者采取行动提高邻里的生活幸福指数，阿尔代羊毛都在努力使其经营的地区更为宜居。如今，这个河谷以及丰巴莱特街区的居民都能更好地生活和工作。正如阿尔代羊毛在其企业信仰中所总结的那样："针线之间，岁月流转，一个以创造社会价值为目标的经济就是这样'织造'出来的。"[1]

责任延伸到老人、年轻人和邻居

许多充满智慧的名言告诉我们，生活只存在于当下；我们的担忧常常来自对未来的焦虑，对过去的怀旧或遗憾，这使我们无法充分活在当下。这就是为什么孩子通常是快乐的。当他们不开心时，似乎

---

[1] 见https://www.ardelaine.fr/blog/ardelaine-scop-economiesociale-et-solidaire-aventure/histoire-economie-sociale-solidaire/。

是在为未来担心，比如，他们会问："爸爸，妈妈，我们什么时候到呀？"这是因为坐在汽车里的他们无法享受当下的乐趣。我们观察到，通常情况下，家长会这样回答："还有20分钟。"这个答案似乎并没有改变孩子现下的任何东西，因此，两分钟后，他们又会继续提出同样的问题。然而，活在当下并不一定意味着不关心未来或忘记过去，也不意味着可以不承担责任。恰恰相反。这正是成人与儿童的区别：行动自由和随之而来的责任。

因此，LSDH与奶农关系的建立并不是到出售-购买牛奶那一刻才开始的。正如前文所说，LSDH也服务于生存受到威胁的奶农。大多数时候，因为找不到愿意收购牛奶的制造商，或者收购价过低，他们处于破产边缘。此外，奶农还面临另一个生死攸关的威胁：该行业吸引的年轻人越来越少，许多农场濒临倒闭。

事实上，这样一份"一年365天，每天早上6点就出门挤奶，没有节假日"的工作异常艰辛且不受重视。难怪许多奶农的孩子不愿意继承产业，也没有新人愿意加入。LSDH决定通过创建"Start Box"计划来改变这一情况。这项计划针对的对象并不是所有的年轻人，也不是所有出生农业家庭的年轻人，而是一个非常特定的人群：25岁以下的农业生产者或农业初次创业者。该计划为他们提供为期两天的培训课程（经济、贸易、交流、牧群管理、遗传学）；给予5000欧元的无息贷款；多年期最低限价保证（2016年，1000升限最低收购价为320欧元，而法国市场的平均价格约为270欧元）；随着产奶量逐步增长，提供陪伴式的支持。埃马纽埃尔·瓦塞内克斯对这项计划高度重视，多次出席活动，比如亲自带领"Start Box"的参与者参观LSDH工厂。他向参观者们详细说明了LSDH的战略以及他们职业的重要性。

当然，你可能会说，这种做法远非利他主义，LSDH将从参与"Start Box"计划的供应商那里收获利益。的确如此，如果参与者们愿意，几年内，他们将向LSDH提供牛奶。他们完全能够以270欧元的价格将牛奶卖给LSDH的竞争对手，而不是LSDH保证的320欧元。此外，如果一项计划如此有利可图，为什么竞争对手不这么做呢？最后，一旦担保终止，贷款偿还，奶农就不再受到LSDH的约束。然而，许多人继续与LSDH合作。这并不是因为LSDH对他们很慷慨，而是因为对他们表现出了尊重。埃马纽埃尔·瓦塞内克斯直言不讳地说："我认为我们的社会正遭遇这个问题。在我们这里，没有主次贵贱之分。如果以后没有卡车司机的话，我们就会饿死。企业是一块尊重人的土地。如果你不尊重对方，就无法吸引最优秀的人才。即使侥幸成功，也绝无下次。"推动LSDH各项举措的正是尊重，而不是利润。这并不排除这样一个事实：由于这种利他行为，LSDH取得了不错的经济效益。

LSDH的尊重也体现在与邻里的关系中。2013年，距离圣但尼德洛泰勒镇10千米的一家袋装沙拉制造商克鲁德特（Crudette）挂牌出售，作为贴牌液体饮料生产专家的LSDH似乎没有理由对此特别感兴趣。尽管瓦塞内克斯本人很欣赏他们的产品，但他从来没有参观过这家邻近的工厂。然而，当他得知罐头蔬菜集团"百蔬乐"（Bonduelle）对克鲁德特的收购即将完成时，瓦塞内克斯忽然意识到，即使该集团以人性化商业举措闻名，他无意指摘，但风险依旧存在，某种产业发展逻辑可能会导致周围人群失业。除了对该地区可能造成的社会损害，更具体来说，员工的家庭也可能受到影响。随后，瓦塞内克斯计划收购克鲁德特，并保留所有职位。

该项目可能看起来像是一个纯粹的慈善行为，因为LSDH和克鲁德特的市场间没有任何战略兼容性。然而，就像那些在核心商业活动中选择"迂回"的企业所采取的利他行为一样，"附带利益"出现了，并且几乎是立刻出现的。事实上，由于牛奶或果汁瓶的重量较大，运送它们的卡车只有2/3的满载量。收购克鲁德特后，就可以用剩余空间装载沙拉，从而将其运输成本降至零。瓦塞内克斯没有再往下细想。经过一个周末的思考，他电话联系了克鲁德特的老板，紧接着，在周一下午对其进行了拜访，并几乎在当天晚上就完成了收购交易，令百蔬乐集团的管理层大吃一惊。LSDH后来还从这次收购中获得了其他"附带利益"。但这家奶制品企业收购克鲁德特的初衷是为了保护当地中小型农业食品企业的结构并发展其业务，而不是从中获利。

帮助邻居不一定意味着要收购附近的工厂。比如，会议之家的许多会场都在农村地区，是当地最大的雇主。它完全可以止步于此。然而，它试图更进一步，为其厨房就近购买尽可能多的产品：蔬菜、水果、奶酪、肉类等。这完全违背了规模经济原则，特别是大规模采购的做法。但就像瑞典商业银行一样，会议之家也采取了与此相反的方法。尽管采购成本较高，但会议之家选择创造社会价值，并对所在地区的经济发展作出贡献。

和LSDH以及会议之家一样，古久根株式会社、罗曼尼-康帝酒庄、阿尔代羊毛和飞度奶酪等其他企业对其直接经济对话者承担了全部责任。但同时，这些企业也决定承担起对老一辈、新一辈以及邻居的责任。邻居们很少参与企业经营活动，却能够间接感受到企业的影响力，或对企业产生影响。从哲学上讲，为老人、年轻人、邻居服务，似乎不合逻辑，因为这些人与企业之间并没有直接联系，对企业来说是"不在场的"。然而，哲学家们已经就这个问题争论了几个世纪。

法国和许多其他民主国家通常引用让-雅克·卢梭（Jean-Jacques Rousseau）的"社会契约"，即一个社会当前成员之间的契约。最近，生态思潮又补充说，当前的成员与后代间也有社会契约，他们有责任为后代提供一个良好的居住环境。"可持续发展"一词1987年首次出现在布伦特兰（Brundtland）报告中时，是这样定义的："可持续发展是既满足当代人的需要，又不损害后代人满足其自身需要的能力的发展模式。"[1]然而，正如哲学家亚历山大·埃特金德（Alexander Etkind）[2]所说，这种关注其他世代的哲学辩论由来已久。矛盾的是，它的起源可以追溯到法国大革命，而众所周知的是，法国大革命正是由卢梭的思想引起的。

　　例如，18世纪的英国哲学家埃德蒙·伯克（Edmund Burke）面对法国大革命曾断言，社会契约不仅存在于一个社会的现有成员之间，而且存在于所有正生活在其中、曾经生活在其中以及将来生活在其中的人之间。伯克认为，这样的契约几乎是一个社会各代人之间的精神纽带。同样，20世纪初震动了整个欧洲大陆的革命，尤其是发生在俄罗斯和德国的革命，促使德国哲学家瓦尔特·本雅明（Walter Benjamin）批判性地看待这些革命，并谈到我们和过去几代人之间必须保持一项秘密协议。最后，20世纪最著名的法国哲学家之一雅克·德里达（Jacques Derrida）在《马克思的幽灵》（*Les Spectres de Marx*）一书中写道："任何伦理、任何政治，无论革命与否，如果它在原则上不尊重那些已不在或尚未出世的人，不承担对现世之人以外的

1　见 https://fr.wikipedia.org/wiki/Rapport_Brundtland。
2　亚历山大·埃特金德：《扭曲的哀悼：未死之人在未埋葬之地的故事》，帕洛阿托：斯坦福大学出版社，2013。

责任，都是不可取的。"¹这正是我们在此描述的企业对老人、年轻人和邻居承担的责任。可以看到，尽管它们的行为是利他的，但其社会影响力仅限于它们的经营所在地，而国家的作用是在全国范围内为大众利益服务。此话不假。但我们发现，在某些特定情况下，企业也可以很自然地服务于大众利益，甚至共同利益。

那些为大众利益服务的大集团

　　米其林（Michelin）是世界上最大的轮胎制造商之一，该品牌还以其几项附属活动而闻名，其中包括著名的《米其林红色指南》，为读者选择并推荐最好的餐厅。然而，对餐馆进行排名并不是这本指南的原本目的。第一本指南出版于1900年，直到1920年才有了第一份排名。在此之前，该指南为在大城市之外"冒险"的司机提供了必要的信息：修车厂、酒店，尤其是地图和城市平面图。然而，即使携带了米其林印刷的红色指南和地图，司机仍然面临一个巨大的障碍。选定路线后，还需要在地面上找到这条路，而当时法国的大多数道路都没有路标。然后，即使成功找到了这条路，司机也不知道还要开多远才能到达最终目的地，因为没有任何标志。最后，当他到达一个城镇时，他无法确定是否是自己的目的地，同样是因为没有任何指示牌。对于骑马出行了几个世纪的当地人来说，这并不是个问题。但相比之下，对于来自大城市的司机——也就是米其林

---

1 雅克·德里达:《马克思的幽灵》，伽利略出版社，1993，第15—16页。

的顾客——来说，这很快就成了一场噩梦。20世纪第一个10年，米其林决定采取行动。就这样，法国首次全国性的区域规划诞生了，这不是由公共部门完成的，而是要归功于一家企业制作地图和指南的部门。如今，在法国的一些道路上，我们仍然可以看到米其林自费铺设的方形路标和路牌。

你可能会提出抗议，认为米其林的行为与其说是为了大众利益，不如说是为了自己的利益。这确实是一个非常明智的策略：首先，为驾驶者创建一个生态系统——路标、指南、地图——鼓励他们在城镇外使用汽车，这必然会导致轮胎的使用和磨损；其次，这个生态系统也为米其林品牌做了广告。然而，如果这种策略如此有益，我们有理由问一句：为什么法国汽车制造商不采用这种策略？更何况，第一次世界大战前，法国汽车工业生产的汽车比其他国家的总和还多。"迂回"原则可以更好地解释这种情况。米其林决定改进法国的路标，因为这将有助于这个国家的现代化（当时英国已经开发了一套体系）。从严格意义上讲，这并不是一项投资，因为没有任何经济模型能够证明设置路标与轮胎销售之间的相关性。直觉可能会告诉米其林，销售将会增加，但没人知道这是否足以弥补道路开发的支出。即使可以，也不会产生直接利益，而是一种"附带利益"。

米其林对法国的援助并不仅限于汽车行业。米其林兄弟多年来一直坚信航空的重要性。1914年，也就是第一次世界大战刚开始时，兄弟二人向当时的政府提议免费制造100架轰炸机[1]。为了理解这一提议

---

[1] 见尚波所著《工业爱国主义与创新》一书中的章节《米其林与航空，1896—1945》（拉乌泽尔图文出版社，2006）。

的意义，不得不提的是，当时，法国只有几十架主要用于监视的飞机，并没有轰炸机。米其林将其部分工厂改造成飞机制造基地，为飞行员开设了一所轰炸机学校，并修建了世界上第一条400米长的水泥跑道。这一举措大获成功，其后，法国政府委托米其林建造近2000架飞机，而米其林则以成本价出售。然而，当时有人怀疑，米其林的做法不是出于爱国主义，而是为了宣传自己的品牌。不可否认，这的确有助于提高企业的声誉。然而，当时没有一个法国实业家愿意生产飞机，无论是免费捐赠还是以成本价出售。此外，米其林没有利用其在这个新行业的主导地位，而是在战争结束后重新回到了轮胎制造业。

以上事实证明，米其林是一家为大众利益行事的企业。然而，这种情况似乎与当时的背景密切相关。今天，许多国家正在经历持续不断的危机，公民期待着政府的解决方案，因为后者理应关心大众的利益。一些人批评甚至指责大企业是这些危机的原因。因此，他们呼吁政府监管这些企业，限制它们的活动，甚至对部分企业进行制裁。期望大企业为大众利益行事的公民越来越少了。

这种低期望的原因可能来自意识形态方面。比如，经济学家米尔顿·弗里德曼认为，资本主义企业的唯一责任在于增加利润而不是服务大众；还有人认为，企业系统地滥用公共利益以增加其利润。在不介入这场辩论的情况下，我们提出了另一个导致公众低期待的原因：那些为大众利益行事的企业并不是为了引起人们注意而这样做的，因此他们的行为并不为人所知。米其林就没有就其行动进行宣传。然而，也有一些企业，虽然并没有大肆宣传，但却在自己的国家得到了国民的认可，被认为是稳定经济、为民服务的典范。如果有人告诉你它们是银行，你可能会觉得难以置信。然而，情况确实如此。

对社会有益而非增添重担的银行

对资本主义最古老的评论之一涉及其周期性的本质：任何时期的增长过后衰退都不可避免，伴随着大量破产、裁员和社会贫困。即便在今天，资本主义世界仍留有1929年大萧条的伤疤，2008年的次贷危机也令人记忆犹新。许多人预计还会出现一场规模巨大的新危机。

在这里，我们不打算描述经济学家关于危机的真正原因、本可以阻止危机的决定，尤其是让我们能够以更低的成本摆脱危机的决策的讨论，即使这些讨论引人入胜。我们的出发点是，尽管经济学家拥有大量的历史知识和所谓的智慧，危机还是经常发生。各国似乎已意识到这一事实，正在采取行动应对可能到来的危机，并从其后果中恢复过来。正因为如此，鉴于经济面临系统性风险，各国政府对银行进行了大量监管和"压力"测试，以确保其未来面对危机时具有韧性。然而，必须指出的是，尽管有些人认为这些预防措施不够充分或在做表面文章[1]，但很明显，在所有国家，部分或几乎整个银行体系都经常陷入危机。

我们写了"几乎整个银行系统"，因为也有例外。第一个例外是一家瑞士银行。虽然WIR银行在全球的知名度比不上瑞士的其他大型国际银行，但所有瑞士人都知道它，这是有原因的。两家瑞士中小型企业在1929年金融危机后难以获得信贷，于是发起了这家合作银行——WIR，这是德语"Wirtschaft"（经济）的缩写，但最重要的是，这个词还表示"我们"。该银行发行自己的货币——WIR法郎，用自己的

---

[1] 见法国开发署首席经济学家盖尔·吉拉德的采访，https://leseconoclastes.fr/2019/03/gael-giraud-tsunami-financier-desastrehumanitaire/。

资金担保。它向其成员提供贷款，并接受成员之间用这种货币进行交易。该银行很快吸引了许多中小企业，它们找到了解决其融资需求的办法，这在传统银行中是无法得到的，或者是代价较高（WIR的贷款利率在历史上一直低于市场利率）。然而，WIR多次发挥了其创始人没有想到的作用：稳定瑞士经济。事实上，在经济和金融危机期间，银行信贷的发放受到限制，但WIR没有受到任何影响，并通过其货币为合作的瑞士中小型企业的营运和其他金融需求提供资金。

2018年，该行的资产负债表总额为46.5亿欧元，但更重要的是，其自有资本比率为8.4%，比法定最低要求3%高出好几倍，这使得该行成为迄今为止瑞士最稳健的银行[1]，远远超过第二名的水平。如今，1/5的瑞士中小企业（超过6.2万家）是WIR的成员（每年的会员费仅几十欧元）。因此，为无条件地为中小企业服务而建立的结构，在无意中已成为瑞士一个主要的"反周期"因素。

你可能会说，WIR不完全是传统银行。我们欣然承认这一点。然而，在我们的研究过程中，遇到了另一家稳定该国经济的银行。这是一家大型零售银行，与所在国的所有其他银行进行竞争。当我们告诉它的首席执行官，其银行几乎可以被视为"国家救星"时，他有点惊讶。然而，短暂的停顿之后，他的反应是："但是，你说的绝对没错。在经济泡沫时期，我们的经理们往往倾向于回避（不遵循当前的趋势）……所以，可以说，经济过热时，我们在帮忙降温。然而，泡沫总有一天会破裂。当泡沫破裂、信贷枯竭时，我们又回来了，因为所

---

1 《盈利1350万瑞士法郎的WIR银行》，见https://www.wir.ch/fr/notre-profil/medias/communiques/communiques/benefice-de-135-millions-de-francs-pour-la-banquewir-1/。

有银行最后都在'重症监护病房（股东或国家手中）'……我们想成为一个对社会有益的企业，而不是一个负担。"

这位首席执行官名叫安德斯·博温，这家银行名为瑞典商业银行，前文已经介绍过，这是一家为了能够无条件地为客户服务而进行彻底转型的银行。你可能会问，"无条件"一词是否也适用于定期发生的银行危机期间，这个时候，银行通常会大幅放慢对客户的信贷发放。对瑞典商业银行来说，这个问题的答案是肯定的。在需要纾困的危机期间，瑞典商业银行并没有借助纳税人的慷慨获得救助，而是继续为他们提供服务——甚至比正常时期还要多。

的确，在严重危机期间，许多国家会拯救陷入困境的大企业，比如美国的克莱斯勒和法国的阿海珐（Areva）。但还有另一个行业，有众多企业得到了救助——不是偶尔的，而是经常的——那就是银行业。如此巨额支出纳税人的钱的理由是，一个国家无法承受其主要银行所谓的系统性破产，这将导致国内经济的全面停滞。问题在于，银行一边享受公共资金大幅限制发放贷款，甚至完全停止发放贷款，一边却在危机时期切断公众和中小企业的资金来源。换句话说，纳税人拯救银行是为了维持经济运行，但银行却在经济参与者最需要的时候限制贷款。这与瑞典商业银行的政策正好背道而驰。

要做到这一点，银行首先必须避免成为金融危机的受害者，就像瑞典商业银行那样。更重要的是，它能减弱危机对该国经济的影响。该行既不认为这是其宗旨，也不认为这是一项经营原则。它的两个原则是，第一，提供满足员工普遍心理需求的工作环境，第二，比同行利润更可观。为了实践这些原则，瑞典商业银行发明了独特的组织实践和客户关系流程。在众多优点之中，这些创新具有非凡的谨慎性和一致性。为了确保最后这句话听起来不像很多银行宣传册上的空洞声明,有必要做一些澄清。

与对手银行(以及大多数资本主义企业)不同,瑞典商业银行从未在高增长业务中寻求超额利润。相反,它坚持了自己的核心业务:向家庭和企业放贷。其竞争对手和金融分析师都不明白这一点,大家应该还记得,传统银行管理层的薪酬往往与增长和利润挂钩。因此,数年来,当其他银行通过投资新兴国家房地产或结构性产品(终将破裂的泡沫)获得"超级增长"和"超级利润"时,瑞典商业银行就像一只丑小鸭,或者更确切地说,像一只乌龟。

它像一只乌龟一样,一步步慢慢爬行。这只乌龟却拥有一位具有开拓性的首席执行官,他拥有经济学博士学位,并很好地运用了基本经济学原理:任何高于平均水平的利润都意味着高于平均水平的风险,"超级利润"即"超级风险"。瑞典商业银行认为这些"超级风险"完全不符合其"审慎"和"一致性"原则。事实上,为了在"下个世纪"始终保持比同行更高的利润,该行的战略是专注于自己擅长的业务,即通过各支行与客户建立亲密联系,向长期客户发放贷款,无条件为其服务。每当外界市场或内部人士提议(正如我们在前文看到的,瑞典商业银行鼓励内部辩论)是时候进入一个新产品市场或新的领土时,总会得到这样的答案:"我们是否比这个行业里已有的参与者更优秀呢?"

瑞典商业银行的特点是避免"超级利润"和"超级风险",不向经理发放奖金,并关注员工,特别是向所有员工支付同样数额的养老金,因此在瑞典,它有时被称为"社会主义"企业。矛盾之处在于,"社会主义"的瑞典商业银行或许是其对手银行中资本主义程度最高的，尽管（或正因为）后者疯狂追求超额利润，但它们不得不用纳税人的钱来挽救自己免于破产，也因此从实质上被国有化了。更重要的是，银行业危机期间，瑞典商业银行从未向股东索要过资金。因此，它不仅对国家，而且还对股东的钱精打细算，认真负责。

因此，在瑞典商业银行的案例中，"社会主义"与"资本主义"的对立似乎已经过时。相反，它是瑞典最重要的社会参与者，"社会"在这里取其本意。危机期间，在其他银行切断资金供应的同时，该行继续向新老客户提供贷款，从而帮助了整个瑞典社会。它支持了该国的经济结构，在总体需求和就业下降的时候挽救了数百家中小企业和家庭，使其免于破产。

最值得注意的是，瑞典商业银行在不以服务大众利益为目标的情况下，发挥了社会作用。它希望创造的社会价值源于它的第二个原则：长期并无条件地为当地客户服务。无条件意味着不仅在"天气好"的时候为他们服务，还意味着在"暴风雨来袭"的时候依旧为他们服务。整个瑞典在危机期间都为此而受益的事实证明，无条件地为他人提供服务也可以为大众利益带来"附带好处"。话虽如此，即便瑞典商业银行不以创造大众利益为目标（我们提到它时，安德斯·博温有点惊讶），但该行向来就有这个传统。瑞典商业银行前首席执行官扬·瓦兰德曾将该行的客户顾问比作好医生。的确，由于医生的职责是照顾民众，很少有人会说医生是社会的负担，而不是一个对社会有益的职业。令人惊讶的是，瑞典商业银行的银行家们也在关心社会。

服务于具体对象

践行"物造"精神的FAVI、罗曼尼-康帝酒庄、阿尔代羊毛、LSDH、米其林、WIR银行和瑞典商业银行等中小型企业展示了创造社会价值的可能性。它们已经并将继续证明,一家企业可以为其所在地区甚至整个国家提供服务。它们的规模、行业和地理位置各不相同,但有两个方面将它们联系在了一起,并使它们区别于其他许多创造社会价值的企业。

首先,这些企业或通过改变其"核心业务",或直接创造"核心业务",就像阿尔代羊毛或WIR银行,从而创造了社会价值。借助"核心业务"这一点至关重要,因为这使它们能够调动最好的资源,从而创造尽可能多的社会价值。相比之下,在新拉纳克地区,罗伯特·欧文也在创造社会价值,但这要归功于幼儿学校和夜校——这是一项与其核心业务纺纱无关的活动,而且受制于共同所有者的经济考虑。

其次,利他企业通过对具体的人承担责任来创造社会价值:需要传承的当地技能的持有者、在同一社区可以生活得更好的邻居、能够打开当地前景的年轻人。当然,对某些具体的人群承担责任必然会缩小这种责任的规模和范围,但确实有一些主要的好处。

第一,它提供了创造社会价值的可能性,因为我们只有在面对一个人,一个我们看到或者认识面孔的人时,才能真正采取社会行动。埃马纽埃尔·瓦塞内克斯正是因为考虑到每天都能见到的员工的家人,才决定买下当地的一家工厂。第二,对具体的人采取的行动使我们能够衡量和注意到它的影响,首先是情感上的影响,就像阿尔代羊毛工作室的邻居在城市菜园里那样,居民脸上表情的变化说明了一切。最后，它使我们避免了"善意铺成的地狱"，即为"人类幸福"或"国家幸福"之类的抽象行为。历史一再告诉我们，这些行为往往会导致个人牺牲，而这些人是具体的。正如20世纪伟大的法国诗人勒内·夏尔（René Char）在谈到那个世纪发生的事情时所写的："有多少人爱的是人类而不是个人。"[1]企业本身并没有引领人类历史进程的使命，但它可以发挥自己的作用，因为它很有资格这样做——只要它服务于具体的对象，而不是抽象的原因，不管这些原因看起来多么积极。

---

1 勒内·夏尔：《睡着的窗，屋顶的门》，伽利玛出版社，1979，第578页。

第 8 章

如果股东不是面具人

与董事建立"不算计"的关系

真正的教养反映了我们的品质和性格,是对他人真诚尊重的一种表达。它是未来组织成功的关键。

——弗朗西斯·赫塞尔本,《同心圆领导力》[1]

史蒂夫对新技术充满热情。他离开家乡,搬到了美国中部地区。在这里,初创企业如雨后春笋般蓬勃发展。在找到一份推销员的工作后,史蒂夫继续寻找一切机会自己创业。终于,期待已久的一天到来了。不到20岁的他借钱和两个合伙人一起投资了一家为该地区大多数工业公司制造高科技设备的企业。不幸的是,这项投资以失败告终。但他没有气馁,很快就投资了另一项业务。这一次,他成功了。不过,这家企业规模不大。史蒂夫有很大的抱负,注意到了一则一家大型先进工厂总经理的招聘广告。他决定试一试,以便学习和获得经验。他作为一名企业家和初创企业高管的经历,不仅让他得到了这份工作,而且还获得了不错的报酬,堪比该地区薪酬最高的老板。自然而然地,

---

[1] 弗朗西斯·赫塞尔本:《同心圆领导力》,旧金山:约瑟巴斯出版社,2002,第35—36页。

当他成功地发展和壮大了这个拥有500名员工的制造厂后，向老板请求成为其合伙人。遭到拒绝后，史蒂夫从该厂辞职，并与3位新合伙人买下了一家同样处于尖端行业的小工厂。不久后，满怀雄心壮志的他注意到了这个行业中最大的一家工厂，该工厂正面临一些经济困难。史蒂夫首先被聘为公司的首席执行官，然后，很快提出了一个让老板惊讶的建议。这一次，不再是合伙制，而是直接收购。史蒂夫从自己的错误中吸取教训，在准备交易时非常小心，他召集了另外8位合伙人，向老板提出了约8000万美元的报价。收购就这样完成了。

你可能会说，史蒂夫终于实现了每个企业家的梦想：在一个具有巨大潜力的行业中，成为最大企业的首席执行官和共同所有人。正如弗雷德·阿斯泰尔（Fred Astaire）主演的一部电影的片名所言："天空无极限。"可惜的是，事情的结果并没有如史蒂夫所愿。的确，在这家新企业里，他的决策和投资很快就产生了很好的效果。然而，合伙人对此并不满足。9年后，他们要求史蒂夫要么支付更高的股息，要么回购股票。史蒂夫选择了后者，找到了新的合作伙伴一起完成了收购，并继续按照自己认为合适的方式实施战略。但这种情况并没有持续很久。该地区和该行业一直蓬勃发展，创造了大量财富。3年后，他的新合伙人也表达了不满。他们认为，史蒂夫在工厂的一些投资减少了他们的股息。根据董事会的决定，他们禁止史蒂夫进行一项新的大规模投资。由于无法接受这样的权力斗争，史蒂夫辞职了。股东们准备出售工厂。

然而，史蒂夫并不是毫无规划就离开的。他不仅是一位优秀的首席执行官，也是一位精明的投资者。他迅速前往该国的金融之都寻找新的合作伙伴。这一次，他又从自己的错误中吸取了教训：他向他们详细说明了到目前为止成功实施的发展和投资政策,并表示希望在工厂继续执行这些政策。因此,他警告潜在股东,公司只会发放有限的股息,其余利润将用于再投资。令人惊讶的是,史蒂夫找到了足够多的投资者,包括一些机构投资者,并以大约1.5亿美元的价格从前合作伙伴那里买回了工厂。这样一来,史蒂夫就可以继续在工厂推行他的政策,并在后来使其成为全美最著名的工厂,成千上万的参观者从世界各地涌向工厂了解史蒂夫的方法。

你有没有想过,这个史蒂夫可能是硅谷的标志性人物之一呢?事实并非如此。故事中的企业家从未踏足美国的这个地区,它甚至不是发生在现代。实际上,史蒂夫的故事发生在19世纪早期,真实的主人公是罗伯特·欧文。当时,英格兰中部和苏格兰的棉花工业与硅谷的创业热有着惊人的相似之处,于是我们给欧文起了个美国名字。在这两个例子中,突破性的技术创新都是由富有远见和胆识的年轻企业家推动的。但促使我们分享这个故事的原因不仅仅是这些相似之处。事实上,那个时代不仅见证了我们今天所知的现代资本主义企业的诞生——它的管理、组织、创新力;同时,也是管理层与股东之间的治理理念和关系面临重大挑战的时代。罗伯特·欧文是一位杰出的企业家和社会创新者,他与股东之间的冲突只是整个工业革命期间出现的众多冲突之一。这个故事从未停止过,一直在延续。

该拿董事们怎么办?

从19世纪的铁路和钢铁,到20世纪的汽车、电子和计算机,再到21世纪的互联网,每一次的创业热潮都吸引了大量投资者。他们投入了大笔资金,希望迅速获得利润,但往往感到失望。于是,他们向经理施加压力,要求他们调整战略方向,或者干脆替换他们,期望获得更高的收益,哪怕已经取得了不错的结果。这种现象在其他许多企业中也反复出现,并且现在依旧存在,而这些企业甚至都不在某一行业的"热潮"之中。

如今,这一切都体现为企业的"金融化",即金融市场的需求决定着投资者的期望,并影响着董事会的气氛,导致董事会对首席执行官施加压力。然而研究表明,能够长期财务表现出色的企业非常罕见:只有2%的大型企业在10年内相对于竞争对手保持了长期优势,只有0.06%(6772家被研究的大企业中只有4家)在20年间业绩明显优于竞争对手[1]。因此,大多数首席执行官承受着持续不断的压力,这促使一家大型集团的高管反思:"在大多数情况下,只有凭借PPT展示、优雅的对话和说服他人的能力,才能让一位首席执行官在业绩不佳的情况下继续留任。"他补充说,有些人甚至变成了"仅靠说服能力就能在持续的糟糕表现中生存下来"的艺术大师。然而,董事们不是那么容易上当的。正如查帕拉尔钢铁公司(Chaparral Steel)首席执行官戈登·福沃德所言:监事会/董事会是个奇怪的东西:它们非常人性化,也非常善变。如果企业在亏损,而你作为老板,穿着华丽的西装,拿着漂亮的PPT走到董事会面前,快速完成了陈述,然后离开了会议室,董事们会说:"这样太顺利了,但我们正在亏损。我不确

---

[1] 威金斯、鲁埃夫利:《持续竞争优势:时间动态与卓越经济绩效的发生与持续》,《组织科学》2002年第13卷,第82—105页(相对于竞争对手的持久竞争优势是通过托宾的Q比率值来衡量的,即公司市场价值对其资产重置成本的比率)。

定他是不是我们现在需要的人。"但换个角度，福沃德继续说道："如果企业赚了很多钱，你可以穿着睡衣或者运动鞋走进会议室，然后说：'伙计们，你们知道吗？别开会了，我们应该出去喝杯啤酒。'然后，董事们可能会说：'是他的个性造就了这家公司。我们需要像他这样的人！'"[1]于是，福沃德得出结论："你作为老板的价值将以企业的利润来衡量，而董事会的行为是最好预测的。"COPAP集团现任领导者、家乐福子公司前总监让-巴蒂斯特·德尔农古（Jean-Baptiste Dernoncourt）针对这个结论作出了更加细致的评论，他认为，过去的结果不及未来业绩展望重要："老板价值的衡量，在于是否能够使大多数董事相信未来能够取得比当下更好的经济效益。"

不管这些不同诠释孰是孰非，两位高层的论断都很好地说明了董事会在业绩方面（过去或未来）对首席执行官施加的压力。但这也反映了董事行为的另一个方面——心理方面。因此，福沃德的"董事会的行为是最好预测的"这一结论，指的正是被心理学家称为"群体思维"（group think）的现象。这是一种可能导致错误决策的伪共识，因为在群体中，人们会为了维护群体和睦而压制异议的表达，或者使其更加困难。贝莱德集团首席执行官拉里·芬克也指出，董事会"可能会屈从于群体思维或忽视现有商业模式面临的威胁"[2]。换句话说，当实际或预感到的结果是好的时，董事会的群体思维阻止他们提出令人不快的问题。但正如英特尔前首席执行官安迪·格鲁夫（Andy Grove）在其著作《只有偏执狂才能生存》（Only the Paranoid Survive）

---

[1] 出自2007年9月25日的个人访谈。
[2] 见 https://www.blackrock.com/corporate/investor-relations/larry-fink-ceo-letter。

中所说的那样，正是在明显没有问题的时候，我们才应该开始忧虑。

首席执行官试图通过几张简短的PPT或者讲述一个很好的故事来淡化事情的严重性，从而回避关于他们糟糕表现的辩论，这类例子比比皆是。他们都试图"避免雷达"，成为众矢之的。你们可能会问，他们是否能达到目的，因为董事会不可避免地会与其讨论糟糕的业绩。

从理论上讲，董事会这一框架有助于董事对企业治理作出真正的贡献。然而，在实践中却并非如此。董事会动态专家贝弗利·贝汉（Beverly Behan）写道："董事们通常会拿到一份厚厚的文件，只有在第47页才会有真正的发现。"[1] 一位曾参与准备首席执行官向董事会陈述的高管毫不犹豫地表示，首席执行官的目标显然是"将正题隐藏在大量信息之中，尽可能晚地提供文件。"因此，正如贝汉总结的那样，如果会议上80%的时间都用来作展示（主要由首席执行官完成），只有20%用于对话和辩论，那么董事们几乎没有什么有意义的意见也就不足为奇了，因为他们大部分时间都在倾听。[2]

冗长的文档和陈述并不是妨碍董事作出真正贡献的唯一因素。例如，群体思维或董事会中普遍存在的同质性使得新董事很难融入其中，尤其是当后者希望提出异议时。例如，董事会动态专家马克·纳德勒（Mark Nadler）观察到，"董事会新成员肩上背负着巨大的负担"。他们希望把自己所有的经验、技能或独到的观点带到会议上，同时他们也希望融入群体……两者之间仿佛隔着一条分水岭。新董事们不希

---

[1] 贝汉：《伟大的公司值得伟大的董事会》，帕尔格雷夫·麦克米兰出版社，2011，第93页。

[2] 同上书，第102页。

望在第一次董事会会议之后立即失去信誉和影响力。[1]因此，他们往往会陷入占主导地位的群体思维。如果他们拒绝维持现状，就会被边缘化，甚至被逐出董事会。

其他因素也可能阻碍新老董事作出重大贡献。正如贝汉所言，在董事会上，某位董事制造紧张氛围的情况并不少见，比如"董事会暴君"，在与管理层或其他董事打交道时，他会采取敌对的立场或富有攻击性的语气，甚至带着鄙夷。或者这位董事不满陈述里提及的任何信息，因此浪费了董事会宝贵的时间。又或者他能左右董事会的辩论，以至于任何人都几乎无法表达自己的观点[2]。董事会上的所有这些情况都说明了两个相互关联的问题。首先，这些非正常现象和冲突与董事们对企业政策意见的多样性没有多大关系，而与表达意见的方式密切相关——如果这种异议能够排除万难而得到表达的话。其次，这些情况可能导致首席执行官与董事会建立某种权力平衡，以期实现"停火"。这类首席执行官声称，他们比任何人都更了解企业，为了管理企业并迎接挑战，他们需要自由。简而言之，他要求"不受打扰"，并且通常最终能得到这样的待遇——直到下次董事会的召开，战斗重新开始。

人们可能会认为，首席执行官只有两个选择：要么回避冲突，要么参与权力平衡。然而，我们找到了指导首席执行官及其董事会行动的第三种方式，这是一种与利他企业哲学相一致的方式。

---

1 格鲁特:《随着董事会更加多样化，审视"微观行为"》,《金融时报》,2017年9月5日。
2 贝汉:《改造你的董事会》,《公司董事会》2011年7月—8月刊。

第三条路：真正为董事会服务

真正为董事会服务需要做到的第一点，也是最直接的一点，是解决将董事会置于消极被动而非积极对话状态的主要原因之一——信息冗长。

罗伯特·汤森德回忆到，在担任安飞士租车公司首席执行官后的第一次董事会上，RCA公司首席执行官、美国广播电视传奇创始人戴维·萨尔诺夫（David Sarnoff）要求他提供各地区和各车型租赁活动的详细报告。汤森德拒绝了。他解释说，如果作为首席执行官的他不需要靠这些信息来管理安飞士，那么对于一个董事来说，这些信息也是多余的。人人都称萨尔诺夫为"将军"，因为他是一名准将，也因其在二战期间的英勇表现而被授予法国荣誉军团的骑士称号。他有些不快，却没有再坚持。[1]但是，拒绝不必要的文件只是首席执行官向董事会提供信息服务的第一部分。

正如让-巴蒂斯特·德尔农古解释的那样："信任程度与董事会要求提供的信息量之间存在直接关系：业绩越糟糕，他们要求的文件页数就越多。"因此，想要真正服务于董事会的首席执行官，首先要了解董事们为什么会产生怀疑，并询问他们在担心什么。通过这种对话，首席执行官才能发现他们真正关心的问题。例如，董事们可能会要求他对未来几年的业绩进行预测，但考虑到行业的波动性，这可能是不必要的。然而，董事们之所以提出这样的要求，可能是因为这位首席执行官即将退休，反映了董事们面对新首席执行官的到来而引起的不

---

1 罗伯特·汤森德：《领导箴言》（纪念版），旧金山：约瑟夫巴斯出版社，2007。

确定性，对企业实力的担忧。只有在确定了董事会在这一微妙时期真正关心的问题之后，首席执行官才能让董事们着手提出几个他们认为对自己至关重要、实则非常简单的财务指标。然后，首席执行官的职责就是确保财务部门能够准确地帮助他"服务"董事会。

例如，挪威零售商莱坦集团首席财务官克莉丝汀·根顿（Kristin Genton）就对其财务部门进行了调整，使其专注于这一目标。她给下载到手机上的应用程序拍了一张照片。"你读过这些应用程序的用户手册多少次？从来没有。这并不是说这些应用程序是简单的。事实上，它们极其复杂。但你用一个直观而简单的界面隐藏了复杂性。这是很多人在提供财务信息时做不到的事情！"根顿不断地让同事问自己这样一个问题："为什么这份报告要以这种形式呈现给这位收件人？"然后，她邀请他们按照苹果公司设计用户界面的方式来设计自己的信息，并将其称为"疯狂界面"[1]。同事开发了这样的界面，主要为加盟商提供服务和指导，但同样简单且准确的财务信息方法也适用于董事会。

真正为董事会服务需要做到的第二点不那么直接。它需要创造一种即使在存在分歧的情况下也有助于进行平静且建设性的对话的关系氛围。的确，无论是因为企业在长期内很难保持竞争优势（大家应该还记得2%这个数字），还是因为股东之间存在明显的利益冲突，董事会上总是会出现很多冲突。并不会因为董事会被一种近乎宗教的光环包围（一个拥有金钱力量的精英圈子），就意味着它不像市政委员会

---

[1] 西格尔：《疯狂的简单：使苹果成功的执着》，Portfolio/企鹅出版社，2012；另见 https://www.wired.co.uk/article/simplicity-apple-dna。在英语中，"疯狂"（insane）一词既有贬义，也有褒义，与法语中的"疯狂"（fou）类似。

或运动队那样，受到随机组建的集体的反复无常的影响。首席执行官可以通过创造一种促进对话而不是挑起战火的氛围来发挥作用。

乐迪卡游戏是一家国际中小型电子游戏公司，身为总经理和董事长的鲍勃·戴维兹某天得知，另外两个合伙人董事将在下次董事会上叫上各自的律师，进行激烈争辩。他决定竭尽所能避免这种情况发生。于是，董事会当天，他在一家玩具店为每个人购买了泡沫棒球棒。在冰冷的气氛中，他把球棒分发给与会者，并表示，由于这次会议可能会进展艰难，他提议每个人都应该用尽全力击打对手。董事们惊讶不已，意识到自己准备进行的战斗是多么可笑，会议最终在一片得体的气氛中顺利举行。

这个故事当然呈现了一种极端的情况，但也说明了首席执行官可以采取行动，防止一场非常严重的争端演变成"堑壕战"。更普遍地说，如果心理学家仅仅根据15分钟的互动观察就能预测超过90%的夫妻能长久还是会分离，那是因为冲突并不一定会导致决裂。简单地说，造成冲突的不是观点的不同——幸好人人生而不同，因此自然而然拥有迥异的观点——而是这种异议表达的方式缺乏尊重、考虑和仁慈。这种缺乏来源于一种不健康的文化、一种疏远而正式的关系。在这种文化中，董事们不是感情丰富的人类，而是戴着面具、扮演着戏剧角色的演员。

在这出"戏"中，戴着高帽的董事会前来核实自己——或他们所代表的股东——的投资回报，甚至只是为了收取出席会议的车马费。相反，有效的董事会拥有健康的文化，董事们在会议上要表现出良好的礼仪。然而，这种文化并不是自发形成的。与董事们共同构建这种文化，是首席执行官在董事会中叮以采取的"第三条路"的第二个方面,始于调整好自己的姿态。

建立健康的中小企业董事会文化

1992年,丹尼尔·布伦纳(Daniel Brunner)决定把他的金融服务中小企业传给儿子马克(Marc)和马克的两个兄弟[1]。马克担任首席执行官已经好几年了,在此期间,他让销售额翻了两番。因此,父亲想要把自己100%的投票权给马克是很自然的事情,同时,他也想要把自己的财产平均分给三个孩子。另外两兄弟并不在这家企业工作,他们认为这样的安排是公平的——但马克不这样认为。他要求父亲给予他的两个兄弟和他一样的投票权,以全员通过的方式进行决策。丹尼尔认为儿子的举动很大气,尽管他觉得共同掌管会降低决策的效率,但他还是同意了马克提出的方案。在接下来的几年里,在马克的领导下,该企业继续保持着良好的增长和业绩,直到这家已经达到中等规模的中小型企业,最终引起了一个大型竞争集团的兴趣,并提出收购要约。

在收购消息传出后召开的三位共同所有人的会议上,马克·布伦纳把消息传达给了两位兄弟,然后继续说:"我认为这个收购要约没有什么值得考虑的。我们的企业不会出售,我建议你们直接忽略它。"说完,他立刻注意到一件令人尴尬的事情:他的两个哥哥没有说话,但他们已经改变了态度。他们退居讨论了一番,并在会议的剩余时间里

---

[1] 为了保护主人公的隐私,这位首席执行官的名字和故事的一些次要细节被更改了。

都保持着这个态度。这一事件使马克开始留意董事会氛围,这是他过去常常忽视的。直到上一次会议之前,他一直觉得,他让两位兄弟在投票权上平等的"宽宏大量"的行为,创造了信任和相互尊重的气氛。然而,他错了。两兄弟可以选择共同出售多数股权。但马克继续在董事会中发号施令,就好像他的少数股权赋予了他对任何决定的否决权一样。作为能够阻止董事会任何决定的首席执行官,他不由自主地凌驾于他的兄弟之上。这与他想要的关系完全相反。

很快,马克就和两位兄弟进行了会谈,并建议他们从根本上改变股东协议。以前董事会要求全员意见一致,从而使他本人有权阻止任何决定。他提出放弃自己的否决权,从现在起,所有决定都应由多数人作出。他对两兄弟说:"如果你们不满意,可以把我从首席执行官的位子上赶下去,或者卖掉公司。我将定期向你们作汇报。如果我们之后设立董事会的话,我将向董事会汇报。"两兄弟接受了新的协议,并要求认真考虑收购要约。当交易流程走到签署意向书和由买方起草投标书时,看着竞争对手提出的最终报价,马克和两位兄弟一致拒绝了收购要约,因为价格不够有吸引力。随后,他们决定成立一个真正的董事会,邀请几位在职或退休的独立董事。

那以后,董事会里的氛围并非其乐融融。由于马克是首席执行官,兄弟俩对他仍怀有某种下属情结。不过,不信任和系统性反对消失了,交流变得平静而富有建设性。在股东协议变更和拒绝收购要约后的15年里,该公司的市值增长了15倍。

我们之所以讲述这个故事,不是因为我们认为,最常见的冲突发生在家族股东之间。也不是说解决这些冲突的唯一办法是首席执行官对其他合伙人的利他行为。对我们来说,这个故事首先说明了股东之间以及董事会内部冲突的心理基础。具体来说，哪怕是一点点的不信任或缺乏相互尊重，都会妨碍董事会成为良好的企业治理机构。其次，它阐明了首席执行官在建立健康文化方面的责任。马克·布伦纳的案例，以及他在董事会中建立信任文化所采取的行动，并不是我们研究的唯一案例。

与董事会分享利他的企业愿景

任何企业文化的共同建设都是从分享企业渴望实现的愿景开始的，然后是对指导员工关系的价值观和生活规则的明确阐述。因此，对于渴望无条件创造社会价值的企业来说，股东通过董事分享这一愿景至关重要。这绝不是一件简单的事，因为每个投资者都是由自己在企业的利益所驱动的，而且，这种利益不一定仅仅是财务上的，也不是由共同愿景所驱动的。我们在前文中已经看到，让罗伯特·欧文的前两个董事会接受他的社会企业愿景是多么困难。他成功地与第三个董事会的股东和董事们分享了这一点，使其成为投资他工厂的必要条件。

也许你认为，这样的结构在企业金融化的今天是不可能存在的。我们都知道许多董事让公司屈服于金融市场压力的例子。在初创企业的世界里，我们也看到（通常在不知不觉中），仅仅是出于短期的财务原因，投资者将一系列的"战略轴心"强加于人，逐渐导致企业离创始人最初的愿景越来越远。然而，在我们的研究中，我们也遇到了几个例子，表明这样的结构是可能存在的。例如，在为道科瑞癌症中心寻找投资者的过程中，蒂莫·约恩苏的做法和罗伯特·欧文为自己的企业寻找第三个董事会的做法一样。他坚持寻找那些认同他的观点并同意推迟分红的投资者。同样地，多米尼克·庞也要求巴斯德诊所的医生兼所有者放弃他们的一部分收入，继续支持这家诊所社会价值的创造。他之所以敢这么做，部分原因是合伙人已经有57年没有得到过分红，他们更愿意把收入再投资到诊所。这是两家私营企业，并且同属医疗领域。在这一领域，关爱他人是根本使命，但股东接受了利他主义的企业愿景。因此，他们放弃了短期投资回报，转而创造社会价值，追求长期繁荣。上市公司也能做到这一点吗？

令人惊讶的是，我们已经遇到了好几个这样的企业案例。例如，在欧洲有业务点的美国工业中小企业太阳液压的创始人兼所有者鲍勃·科斯基就在决定上市的当天，向投资者明确地传达了他的社会愿景。他邀请所有投资者来参观太阳液压，亲眼看看他们将要投资的最宝贵的资产——所有员工。参观结束后，一些大型机构投资者告诉科斯基，他们理解他的愿景，但作为基金经理，受金融市场需求的制约，他们不打算与太阳液压合作。他们还真诚地希望他能找到与他契合的投资者。科斯基成功地动员了股东和认同其社会愿景的董事们。太阳液压的研究结果表明，上市公司不仅可以与股东分享自己的社会愿景，还可以与董事会分享自己的社会愿景，且不会对企业的经济表现产生不利影响。太阳液压常被《财富》（Fortune）评为美国成长最快的100家小型上市公司之一，《福布斯》（Forbes）也将其列为美国中小企业200强之一。

如果上市公司不是中小企业，而是跨国公司，投资者包括各大机构和众多小股东，首席执行官又该怎么办呢？日本卫材株式会社社长内藤晴夫就是这样一个例子。内藤在面对东京证券交易所最传统的投资者时,成功地分享了卫材的利他主义的愿景。2005年,他在股东大会上提出修改集团章程,以创造社会价值取代利润最大化,获得了75%的赞成票。关于这次投票,我们问内藤,他是否事先对股市上的股东们进行了"教育",让他们成为"开明的股东"。他回答说:"股东不是我们教育的对象。"的确,他没有必要这么做,因为卫材的新章程在其众多股东中引起了共鸣,在某种程度上,日本武士道准则已经在社会责任方面对其进行了"教育"。然而,内藤从未向股东隐瞒这样一个事实:基于社会愿景进行的活动"不是捐赠,甚至不是企业社会责任活动,而是经营活动和投资"。此外,卫材不仅对其股东,还对所有股东和所有想了解这一点的企业说:"企业必须为比创造利润更重要的目的而改革,必须从同时追求经济利益和社会价值转向以创造社会价值为唯一导向,社会价值的创造最终会带来经济价值。"[1]最后,卫材"不教育股东"的做法也可以被视为对股东中那些纯粹出于财务原因进行投资的人的尊重。

在某种程度上,内藤的做法主要在于与所有股东进行对话,这种对话在股东大会上达到了高潮。首席执行官如果要提出修改集团章程的建议,必须事先得到董事会的批准。在巴黎证券交易所上市的万喜集团的首席执行官格扎维埃·于亚尔(Xavier Huillard)并未修改集团章程,但他会定期与股东及董事会代表进行讨论。他将首席执行官对于他们的责任总结如下:"首先,必须制定一个愿景,一个企业项目,这不仅仅是一种商业模式或战略,还应包括社会责任。这使你在股东

---

[1] 见《卫材知识创造:通过业务活动实现HHC使命》,卫材知识创新部2014年内部文件。

面前拥有了权力，在你谈论这个项目时，就能倾听他们的意见……开发这样一个项目是避免受金融市场约束的唯一途径。其次，必须要偏袒那些对你的项目感兴趣、有长远眼光的股东。"[1]尽管社会维度是万喜集团愿景的一部分，但它并不是无条件的。然而，这个例子表明，首席执行官可以让董事会进行一系列关于愿景的对话，而不是只讨论上季度的财务业绩。

董事会内部的一系列对话

董事会一成立，马克·布伦纳就参与了这样的对话。他说："如果你是一个真正的领导者，你会倾听每一个打交道的对象。你不能说，'我会听取所有人的意见，但不包括股东的'，这样是相互矛盾的。"[2]这种交流持续了5年，每年约四到五次董事会，在此期间马克为董事们热忱服务。他总是提出这样的问题作为开场："董事会应该对收购采取什么样的政策？面对业绩的波动，应该采取怎样的政策？"对董事们来说，这些问题是合理的，对马克来说，这也是让他们参与对话的一种方式。这些交流显示了各方意见的多样性，反映了董事们对企业基本目标的不同看法。随后，董事们清楚地意识到，除非他们明确地认同企业的愿景，否则他们无法就特定的治理政策达成一致。由于马克·布伦纳的企业也有利他主义的目标，所以除了"我们企业的愿景

---

[1] 出自专题讨论小组《以人为本的未来组织》，全球彼得·德鲁克论坛，维也纳，2019年11月30日。
[2] 出自2015年9月21日的个人访谈。

应该是什么？它渴望创造的价值是什么"以外，他还问道："我们企业的所有交流对象的需求是什么？这些需求是如何相互强化的，还是会有冲突？"正是通过这样的方式，他才能够像于亚尔建议的那样，详细说明企业内部拟定的愿景，这一愿景包含了无条件地为员工及其他交流对象服务。正如布伦纳解释的那样，董事会可以完全接受，也可以不同意这一愿景的某个方面。后一种情况需要重新听取员工的意见，这样他们才能做出对其有意义的修改。这可能需要多次来回听取，但如果你真的想让董事会参与进来并听取他们的意见，这是正常现象。

鲍勃·戴维兹说，首席执行官就像一个天平：一方面，他必须服务于董事会，另一方面，他必须服务于员工。他的工作是找到平衡双方需求的办法。这并非易事。因此，在那些倾向于为员工服务的领导者中（在某些地方被称为"自由领导者"[1]），很少有人完全致力于找到这种平衡。例如，哈雷戴维森公司（Harley Davidson）的前首席执行官里奇·蒂林克（Rich Teerlink）真诚地为员工服务，当他担心董事会会作出不利于员工利益的决定时，毫不犹豫地提出了辞职。哈雷在纽约证券交易所上市，当时的表现非常出色，所以董事会任由蒂林克作决策。然而，这显然是一场权力斗争，其结果之一是，董事会没有按他的提议选择继任者。

对于利他企业来说，这种平衡是多维的，因为客户、供应商、当地社区、老人和年轻人必须同时得到服务。在这种背景下，与董事会的权力平衡把首席执行官的任务进一步复杂化了。例如，联合利华

---

[1] 艾萨克·盖茨：《自由企业》，法亚尔出版社，2017。

（Unilever）前首席执行官保罗·波尔曼（Paul Polman）就试图将该集团转变为一家关心当地社区和子孙后代的企业。业绩优异的时候，尽管经常不愿意，董事会还是同意了他的做法。然而，作为21世纪第一个10年末世界上最受尊敬的首席执行官之一，波尔曼在亨氏（Heinz）的恶意收购后地位受到削弱，并遭到了解雇。[1]有鉴于此，布伦纳要求董事会讨论企业所有利益相关者的需求，以及他们之间如何相互加强。首席执行官和董事会之间的对话有助于找到这种平衡。

马克·布伦纳有15年的首席执行官经验，不仅了解自己企业的许多董事，还了解他所在的其他董事会的许多董事。他认为，大多数董事希望这样的参与度，希望得到真诚的倾听，并参与塑造董事会文化。但事实上，他们很少有机会这样做。当然，布伦纳还认为，有些董事和股东投资是为了迅速获得收益，因此不希望过多地参与其中。他表示，在这种情况下，如何让这些股东在他们的特权范围内感到满意，并被其他有长远眼光、希望参与其中的投资者所取代，取决于首席执行官和董事会。这一观点也得到了万喜集团首席执行官格扎维埃·于亚尔的认同。

贝莱德集团首席执行官拉里·芬克在给首席执行官的信中也建议让董事参与进来。他是从希望推进董事会治理或质疑战略选择的激进基金[2]的角度出发的。不过，他的观点更广泛："当活跃人士提出高质量的想法时——这种情况比一些批评人士暗示的那样更为常见——我们鼓励企业尽早开始讨论，让像贝莱德这样的股东参与到讨论之中，

---

[1]《雄心勃勃的荷兰人波尔曼意见不一，但留下了积极遗产》，《金融时报》，2018年11月29日。

[2] 激进基金又译维权基金，一般除了投资公司之外，还会通过大量购买上市公司的股票以试图获得在公司的董事会席位，从而影响公司的重要决策。——译者注

并让其他关键的利益相关者参与进来。但是，当一家企业在等待提案以开始此类讨论时，或者当它未能以一种有吸引力的方式阐明其长期战略时，我们认为，进行有意义对话的机会往往已经丧失。"换句话说，芬克呼吁首席执行官与董事和股东进行建设性的、开放的对话，这种对话是他们强烈希望的。分享一个有远见的长期战略，即企业愿景，会促进每位董事对战略选择作出有意义的贡献，也间接促进每位股东作出贡献。矛盾的是，这种愿景的存在也使我们能够就企业的经济层面进行富有成效的对话。

从利他主义愿景到资本主义股东——反之亦然

1974年，德雷克·萨德勒（Drake Sadler）刚刚完成了他在加州北部经济机会办公室的一项为期5年的任务，这项任务由肯尼迪总统提出，旨在制定战略和制度来消除美国的贫困。德雷克着重于农村社区的发展：为贫困社区或移民社区的儿童开设学校、粮食合作社、计划生育诊所等。在此期间，他与一位年轻的亚美尼亚裔美国女子罗斯玛丽·格莱德斯特（Rosemary Gladstar）邂逅并结婚，这将有助于他在人生新阶段寻找更有意义的活动。罗斯玛丽的曾祖母经历了1915年至1916年的亚美尼亚种族大屠杀。在这场悲剧中，她用自己对植物的知识，制作食物和药品，拯救了一些生命。这个家庭一直保持着草药师的传统，罗斯玛丽也给邻居提供药物来治疗他们的疾病，但她有些失望。她想教他们如何使用植物，但大多数人都不想学习，只想得到药品。德雷克对这笔医学遗产很感兴趣，对妻子说："为什么我们不做一些这样的东西，然后卖给附近的商店呢？我们现在可能没有钱去墨西哥生活，但可以借此机会去看看，以后想想在哪里定居。"[1]这对夫妇梦想有一天退休后到墨西哥去。罗斯玛丽非常喜欢这个主意，于是他们制作了1万包草药茶，估摸着大概需要9个月的时间卖掉库存。然后，德雷克开着他的家庭版大众小巴车上路，推销他们的产品。11天后，他打电话给罗斯玛丽：

"听着，你需要重新订购一批植物和包装。"他说。

"为什么？"

"因为我把所有东西都卖了，我们需要生产更多产品。"

"不可能的。我们做了1万包，就只有这么多！"罗斯玛丽惊呼道。

"不不，大家都想买我们的产品。"德雷克坚称。

"那就把钱带回来，然后我们再看下一步做什么。"罗斯玛丽总结道。

"好吧，那等我回家再谈。但是再订购些植物！"

德雷克回来后，算了账，成功地说服了罗斯玛丽继续进行了9个月的实验，就像他们最初设想的那样。9个月后，草药茶包的销售额达到了50万美元。乍一看，这是个好消息，但对罗斯玛丽来说就不那么好了。

"现在已经失控了。生意做得太大了，有人给我们打工。但这根本不是我们当初都认可的想法。"罗斯玛丽说道。

"但是，你一直想教导人们。现在，他们家里有成千上万的草药茶包。我们为什么不把信息写在包装上呢？把这些东西写下来，印在我们的草药茶上。不要把它想成是生意，这是你对教育渴望的延伸。"

---

[1] 文中德雷克·萨德勒的所有话语均出自其2016年1月19日接受的个人访谈。

德雷克建议。

　　罗斯玛丽最终接受了丈夫的提议。事实上，这对夫妇以一种极其非正式的方式定义了企业的利他主义愿景：教育公众了解药用植物的功效，不以追求利润为目的。他们把这家企业命名为"传统医药"（Traditional Medicinals）。

　　不久后，夫妇二人又迈出了第二步。塞瓦斯托波尔是传统医药总部所在地，位于加州的索诺马（Sonoma）山谷。夫妇两人生意兴隆，塞瓦斯托波尔到处都是大袋子或者货物箱。标签上注明了各大不同的原材料出产地：厄瓜多尔、墨西哥、印度尼西亚……这让德雷克着迷。但他也意识到，他对这些植物的生产和收获条件一无所知。罗斯玛丽对此也不太清楚，因为她主要痴迷于它们的特性。一天，德雷克向罗斯玛丽提议，一起去参观他们在这些国家的供应商。在危地马拉（Guatemala），去往提供柠檬草的香茅种植园的路上，柠檬树的尖芽映出明亮的绿色，空气中弥漫着芬芳，夫妇二人被这一切深深地吸引住了。

　　"这柠檬草多漂亮啊！"罗斯玛丽惊叹道。

　　"没那么漂亮，你仔细瞧瞧。"

　　"你在说什么呀？这些植物太棒了！"

　　"有点地方不对劲，要用心去看。"德雷克坚持说。

　　"我不明白。"

　　"有一些妇女和儿童，非常年幼的儿童在这些田地里工作。"德雷克解释说。

　　在接下来与种植园主的交谈中，尽管种植园主对他们很友好，也很欢迎他们，但他们意识到，原材料的生产条件并不符合他们的企业愿景。

回来后，德雷克向一位做药用植物批发商的朋友讲述了他的沮丧经历，他时不时会去这位批发商那里采购。后者向德雷克"逐国"介绍了药物收购的情况，并描述了比他在危地马拉看到的更糟糕的环境。当时的情况非常简单：在像传统医药这样的买家和贫穷的农民采摘者（50%的时间在野外工作）之间要经过四五个中间人。在这一链条中，最大的输家是农民，更不用说他们被迫工作的孩子。德雷克很是沮丧。随着这些对健康有益的天然产品的推广，夫妇二人的企业完成了它的使命，也因此取得了不错的经济效益，尤其是在它招募了新员工之后。除了这条供应链外，一切似乎都很正常。萨德勒夫妇又开始了一段对话，这次是德雷克想结束这一切。

德雷克解释说："罗斯玛丽，我觉得，我们不应该再继续下去了。这与我从经济机会办公室学到的完全相反。出了这种事，我永远无法直视我的前领导斯隆夫人的眼睛。"

"听着，如果你很在意她的想法，为什么不过去和她谈谈呢？"罗斯玛丽建议道。

于是，德雷克回去拜访了这位非常敬业的领导。后者直截了当地建议道："我一直都跟你说，如果你不喜欢某件事，那就去改变它……一次一个村庄。你没法改变整个世界。"

因此，传统医药利他主义愿景的第二个轴心出现了：为世界上种植和收集药用植物的贫穷土著赋能。

随后，传统医药开始参与项目投资，帮助这些当地社区脱离贫困。根据德雷克和团队观察到的需求，项目可以涉及学校，或是水井。传统医药这样做的目的是为了实现其社会愿景，但由于与供应商的良好关系和人众对其产品持续的需求，它继续保持良好的发展。德雷克本应为此感到高兴，但他却有些忧虑。

事实上，近年来，德雷克观察到，20世纪70年代创立的诸如传统医药等许多有机产品品牌都是通过吸引投资者而发展起来的。然后，有一天，它们被收购了。德雷克认为，这些收购是这样进行的：买家必须为收购支付溢价。为了收回成本，他把创办公司的人赶了出去，这样企业的文化和价值观就改变了。除此之外，他还经常降低原料的质量。我想知道，怎样做才能避免这样的事发生在传统医药。随后，他萌生了成立董事会的想法，以确保传统医药实现利他的双重愿景：教育公众了解药用植物的优点，并发展种植和收割这些植物的社区的可持续自主权。

20世纪80年代初，首席执行官德雷克向6位人士提议，他们每人持有传统医药1%的股份，帮助其制定一项长期战略，与两位联合创始人一起守护该企业。他成功了。董事会由几位杰出人士组成，比如美国最大的有机连锁超市全食超市（Whole Foods Market）的前董事长约翰·B. 埃尔斯特洛特（John B. Elstrott）。他们原则上都很赞同传统医药利他主义的双重愿景。

然而，在一次董事会上，几位董事要求德雷克向他们解释发展当地社区的活动如何能促进经济效益的产生。在德雷克看来，这些问题似乎与传统医药的愿景并不完全一致。然而，正是董事们帮助他和传统医药在实现这一愿景方面走得更远。

事实上，原料的质量是产品最终质量的关键。在传统医药出售的每一种草药茶中，只有一到两种成分是有效成分，茶袋里的其他草药则用于减轻活性成分的不良影响。例如，在促进排便的产品中，只有35%的药材是活性成分。这种活性成分能够促进粪便的产生，但因为其效果显著，还会导致抽筋、胃胀或腹胀等情况。为了尽量减少这些副作用，茶袋里剩下的65%由其他草药组成。因此，活性成分效果越强，所需要的含量就越低。

就这样，德雷克发现了传统医药的社会愿景对其与供应商的关系产生的间接影响。一方面，投资供应商所在的社区可以创造社会价值，另一方面，正因为如此，这些供应商能够生产出活性越来越强的植物，从而降低了生产成本。反过来，对供应商来说，这种质量的动态变化使其能够在其他客户处获得更好的评价，从而繁荣发展。事实上，传统医药拒绝成为生产商的唯一客户，以免产生依赖性。换句话说，德雷克并没有寻求将当地社区的发展置于经济利益之下，但由于董事们的提问，他发现了这一间接的联系，这使他能够进一步实现企业愿景的这一方面。

在不削减教育和卫生项目的情况下，传统医药开始帮助向其提供产品的社区改进种植和收获方法。正如德雷克在谈到这种创造社会价值和随之而来的经济价值的方式时所说："这根本不是慈善，而是经济。"他的意思是，这种方法涉及的不是少数特定的供应商，而是所有的供应商，即业务核心的整个供应链。事实上，无论是具有活性物质的植物还是可以减轻副作用的植物，传统医药在35个国家采购的160种植物中，向生产商提供的技术援助覆盖了其中的99%。

传统医药的故事本身就很有趣，它是一个利他主义的中小企业，旨在创造社会价值。但这个故事也包含了一些关于首席执行官和董事会之间关系的独特观点。首先，德雷克想要借助董事会保证企业的可持续发展，保护其不被收购，因为他认为自己无法独立做到这一点。他坦诚地说："我擅长的方向，不是长期的战略和财务思维，这不是我所来自的世界。我会使用财务术语，阅读和理解Excel表格中的财务报表，但那不是我的方向。"他表示，他需要有人帮他将经济维度融入自己的思维。董事会恰好扮演了这个角色，使他参与了关于这方面的对话。

其次，董事会没有给他解决方案，那不是它的职责。董事会也没有质疑传统医药的愿景。它真正的职责在于维持企业经济的可持续性。如何在不损害企业长远发展的前提下实现这一愿景，取决于德雷克。他深知这一点，并想出了如何进一步发展的方法，从而确保传统医药的经济可持续性。

最后，德雷克明白并接受，他的角色不仅仅是无条件地为客户和供应商服务，而且还要为董事会服务。就像在马克·布伦纳的企业一样，他发现自己要在对董事会和其他打交道对象的服务之间取得平衡。事实上，他设立董事会就是为了让董事会帮助他确保企业的长远未来。因此，起初，他并没有与董事会进行真正的对话，他在等待董事会为他服务，并使他能够继续为客户和供应商服务。董事会对这种不平衡的质疑引发了真正的对话，促使德雷克提出了一种平衡的解决办法。有人说"需要是发明之母"。的确，董事会的质疑和随后的对话促使德雷克创造出了解决方案，并推动传统医药在实现长期目标方面走得更远。

2016年前后，董事会决定将20%的资本开放给一个关注社会影响的投资基金。但很难向投资者解释，传统医药永远不会被出售。即使基金的目标是产生社会影响，但它仍然是一只基金，并在中期寻求一定的资金回报。传统医药最终找到了"建筑商基金"。该交易于2017年4月完成。基金的合伙人特里普·贝尔德（Tripp Baird）总结了他的企业愿景是如何与传统医药保持一致的："先设立一个鼓舞人心的长期愿景，然后再据此回到战略和运营计划上来。这样，经济回报就成为这种安排的自然副产品，而不是基本目标。"[1]这不是一个普遍的情况，但开辟了新的可能性：同一"迂回"原则可以同时存在于一家机构投资者和一家企业身上。两者都以创造社会价值为目标，并通过尽其所能和无条件地这样做，创造经济价值。

然而，马克·布伦纳和德雷克·萨德勒与各自董事会围绕企业利他愿景而展开的真正对话，只是创建有效且有建设性的董事会文化的第一步。为董事会服务还需要定义管理董事之间关系的价值观和行为准则，并且付诸实践。

董事会内良好的生活规则

如果董事们习惯于在与愿景相关的问题上长期参与、被人聆听，那么我们可以合理地假设，他们制定的行为标准将涉及尊重、相互信任、倾听、善意、严格要求、坦率或教养。简而言之，这些是生活规则，确保了董事会内部的真正对话和合作，无论是针对目前的人员构成，还是针对未来的新董事会上。当然，建立在良好的生活价值观基础上的健康文化无法单独长久存在。因此，董事会必须制定惯例和原则，使健康文化长存。

第一个惯例是招聘新董事。通常情况下，新候选人由首席执行官提出，由董事会批准。鲍勃·戴维兹在为他的纳斯达克上市公司乐迪

---

[1] 见https://bthechange.com/success-through-community-traditional-medicinals-found-investor-through-seeking-shared-values-45c3cdc41d71。

卡游戏挑选未来董事时采用了以下原则:"选择那些你无法控制的强势领导者。"[1] 戴维兹在这里所说的"领导者"是指我们在本书中所描述的公司利益相关者的仆人式领导者,而不是"法定领导者"。这是建立董事对首席执行官信任的另一种方式,让他们知道,自己的意见才是真正重要的,董事会的决定不会由首席执行官和几个关系密切的董事事先准备好。这种方法的结果之一是,乐迪卡游戏非正式但又水到渠成的"领导者"不是首席执行官鲍勃·戴维兹,而是另一名董事会成员——安飞士的前首席执行官罗伯特·汤森德,由他来负责维护董事会内部的信任和尊重文化。

类似的事情也发生在了马克·布伦纳的家族中小企业中,但后者走得更远。每一位董事候选人都被邀请以顾问身份参加会议至少一年。具体来说,他将参加辩论,获得和其他人一样的报酬,但没有投票权。只有经过这段"试用期",他才有资格晋升为有投票权的董事会成员。这个惯例有两个有趣的方面。首先,有个成语叫作"害群之马":即使一个强大的文化可以抵制一个不认同它的董事,但在招聘时不考虑这种风险是不负责任的行为。其次,该提议的优点在于,降低了试用期后候选董事被辞退的风险。事实上,受短期经济利益或强大自我(需要赢得一场测试以证明自己的能力)驱使的候选人很少接受这个提议。这为董事会节省了大量应对"害群之马"(这与"唱反调的人"不同)的时间和精力。值得注意的是,这种招聘过程对布伦纳公司董事会的影响和对戴维兹公司董事会的影响是一样的:公司的

---

1 鲍勃·戴维兹、艾萨克·盖茨、布莱恩·卡内:《没有自我的领导》,法亚尔出版社,2019年,第139页。

"文化"领导者并不是身为首席执行官的布伦纳,而是身为一家工业集团老板的一名董事。

董事会的积极文化也促使鲍勃·戴维兹为首席执行官的继任制定了特定的惯例。第一项惯例是现任首席执行官每年向董事会或董事会旗下的任命委员会以及薪酬委员会提交一份继任计划。当戴维兹询问任命委员会主席汤森德,为什么需要这样一份文件时,汤森德回答说:"如果你从天上掉下来,飞机坠毁了,我想知道你的想法——你,而不是其他人——认为公司该怎么做。告诉我你想做什么,该由谁来做。你比任何人都了解这家公司。不要让董事会猜测应该做什么,准备一页纸的书面文档。如果你不能把它写在一页纸上,那是因为你不明白问题所在。"[1]这样做是为了确保在特殊情况下,当首席执行官无法履行他的职责时,在董事会选定继任者之前,公司的临时管理层能够按照董事会和前首席执行官确立的愿景行事。

第二个惯例是当现任首席执行官有计划或意外地离职时,招聘未来的首席执行官。与来自外部的董事不同,利他企业的首席执行官候选人大多来自内部,目的是确保他们认同企业的愿景和价值观。然后,准首席执行官以顾问的身份加入董事会,这样董事会就可以直接判断他是否最适合成为为所有利益相关者(包括董事会成员)服务的领导者。理想情况下,接班人选通常是企业的关键领导者之一,在现任首席执行官真正离职之前,他要融入董事会一年或更长时间。这就确保了这种过渡是尽可能自然的,正如马克·布伦纳所说:"避免

---

[1] 鲍勃·戴维兹、艾萨克·盖茨、布莱恩·卡内:《没有自我的领导》,法亚尔出版社,2019年,第122页。

突变"。这样做还可以防止董事会强迫新首席执行官开启"英雄"模式,使其身负压力,从而导致他采取行动时往往是为了"证明自己",而不是以自己的风格继续为企业的社会愿景和长期未来采取行动。例如,我们已经看到,瑞典商业银行强大的文化是多么迅速地"拒绝"了它的一位新首席执行官,这位首席执行官或许觉得有义务迅速证明他的任命是正确的,并偏离了该行原有的可持续经营模式。

上文所描述的惯例主要关于人选——任何文化建设的基本要素。但是还有其他惯例,涉及董事之间关系的发展,旨在鼓励董事之间尽可能多地直接互动,而不是局限于董事会内部的互动。例如,在一些大型家族企业,这些董事们带着配偶一起参加"学习之旅",以代表家庭的董事角色参加集团里不同企业的培训研讨会,参加年轻人的活动,维持家庭精神和几代人之间的关系。我们中的一个人有幸和大约15个家族股东及其配偶一起参加过这样的学习之旅。参与者之间的交流是自然而持续的:参与者会向相关人员提出他们可能会遇到的问题,然后很自然地就此展开讨论。这样的情况可能发生在某次正式的介绍会上,每个人描述他们看到或听到的事件,也可能是在非正式的场合,比如用餐期间。话题多样,可以是某个侄子的最新消息,某家特定企业面临的困境,也可以是某人参与的创新项目的经验分享。这段空闲时间是产生创新和培养企业家精神的基础。研究创新过程的学者野中(Nonaka)和竹内(Takeuchi)认为,基于共享价值观的非正式社交是知识创造过程的四大场所之一[1]。在我们看来,这种关系质量和对话空

---

1 参见由两位作者开发的SECI(社会化、外显化、组合化、内隐化)模型:《创造知识的企业》,牛津大学出版社,1995,第83—89页。

间（日本哲学将其称为"场"（Bâ）[1]）是这些企业取得巨大成功的根本原因之一。诚然，这些都是未上市的家族企业，但通过对它们的密切观察，我们发现，这种做法也可能出现在其他股份制企业中。

维萨在发展董事及其周围人之间的联系方面实行了一项更令人惊讶的惯例。不过，应该指出的是，当迪伊·霍克刚开始担任首席执行官时，他并不想这么做。这个想法是另一个他欣然接受的倡议的结果。每年维萨都会派高级经理和董事到风景秀丽的目的地参加住宿研讨会。维萨以友好的文化而闻名，因此还邀请他们的妻子（在20世纪70年代，美国的银行从业者都是男性），并为她们组织一个特别的活动。一天，她们中的一些人找到霍克，问她们是否可以参加商务会议。霍克对这个想法很是赞赏，并付诸实践。妻子们参与讨论的人数如此之多，会议受到所有人的欢迎，以至于后来的年度研讨会放弃了单独的"妻子特别活动"。但这并不是故事的结局。

在某次研讨会结束时，6名董事的妻子告诉霍克，她们多年来一直听到丈夫讲述董事会会议的故事，由于她们对向她们开放的年度研讨会很感兴趣，便问道："我们也可以参加董事会会议吗？"霍克感到很震惊，立即拒绝了。

"每次会议都有大量的工作要做，有公众在场的话，会影响会议的进行。"[2]

---

[1] "场"是野中郁次郎知识体系中的一个重要概念，指分享、创造及运用知识的动态的共有情境，可以是物理空间、虚拟空间或精神空间，也可以是这三类空间的组合。见野中、今野：《场的概念：为知识创造建立基础》，《加州管理评论》1998年春第40（3）期。——译者注

[2] 迪伊·霍克：《混序：维萨与组织的未来形态》，旧金山：贝瑞特-科勒出版社，2005，第237页。

"当然。但为什么你认为我们不会尊重这种需求并保持沉默呢?"一位妻子问。

"有一些机密的事情,只能在会议室讨论。"霍克继续说。

"但为什么你认为我们不像董事或其工作人员那样保守秘密呢?"另一位妻子回答道。

"这会让董事们觉得不自在。"首席执行官说。

"是的,但那不是习惯的结果吗?他们难道不能习惯向我们开放的会议吗?"

"在商界是不会这么做的。"

"好吧,为什么不呢?创新难道不是维萨的特色吗?"另一位妻子反问道。

霍克的每一个论点都受到了妻子们的驳斥,最后,他使出了杀手锏:"董事会永远不可能接受的。"

"也许吧。但我们总是听你说,可不可能不是由一个人的意见决定的,只有试一试才知道。你还没试怎么就得出这个结论了呢?"妻子们对他说。

尽管和他谈话的人固执己见,霍克最终还是拒绝了。你可能会认为,这个打破传统的提议就这样不了了之了。的确,董事会不是一个私人沙龙,它有法定的责任、义务以及规章制度。这不像是一场表演。然而,霍克仍在思考这个问题。他认为,尽管保密很重要,但对于未上市的维萨来说,保密并不像对上市公司那样重要,因为后者的股价可能会受到影响。最后,他还认为,董事们的妻子没有理由不像她们的丈夫那样保守机密。因此,霍克决定在一次董事会会议上提出这个问题。如果我们告诉你,霍克抛出提议后,引发了激烈的辩论,霍克本人甚至私下承认这场辩论里的有些话上不了台面,你一定不会感到惊讶。尽管如此,董事会最终还是同意试一试,我们不得不承认,这似乎相当令人吃惊。

接下来的董事会会议在年度管理人员研讨会上举行。迪伊·霍克在会议开始前,要求听众不要对即将发生的事情作出任何可以听到的反应——评论、掌声、欢呼或嘲笑。半个小时后,董事们沉浸在讨论之中,以至于忘记了听众的存在。霍克注意到,他们的热情或坦率与过去没有任何区别。然而,他确实注意到一个小变化,并在会议结束后很高兴地向所有与会者指出:"董事们从未如此专注,如此关心彼此,如此包容相反的观点。为此,我必须感谢各位听众。"随后在年度管理人员研讨会上举行的所有董事会会议都向董事们的妻子开放。

当然,维萨是一家非常特殊的企业,拥有为董事会成员服务的社会愿景,没有传统意义上的资本密集型股权。我们还认识到,董事会向妻子——或任何非董事——开放的想法在今天可能仍然令人震惊,就像在20世纪70年代一样。我们之所以讲述这个故事,不是要建议董事会应该对董事的配偶开放,而是要表明,为了发展和维持一种关心、尊重和真诚对话的文化,可以制定各种惯例,包括最具创新性的提议。

最后,为了在日常生活中保留文化,董事们制定了一些简单的原则,以首席执行官或者董事会公认的"文化领导"为首,他们将共同担任这些原则的守护者。以乐迪卡游戏为例,其愿景是开发和销售出色的产品,并坚信这会带来经济效益。董事会成员一致同意,不允许提及股价。这条规则有时会被打破。当一些董事开始谈论股价或市值时,汤森德会毫不犹豫地打断他们,说:"我们说好不谈论'股'开头的那个词的，对吗？"每个人都明白他指的是"股票价格"[1]。汤森德提出的另一个原则是，董事会只需要指出问题，而不要汇报好消息[2]。这是他确保董事会不会成为首席执行官"粉丝俱乐部"的方式。更重要的是，汤森德解释说，如果董事会只关注好消息而不关注问题，那就没有履行其义务。他告诉首席执行官："一切美好的事物都会顺利持续下去的。告诉我们你的问题，哪怕是最小的问题。我们的会面可能会很短，但我们是来帮你解决问题的。"

这样的要求对鲍勃·戴维兹来说并非易事，因为他和其他人一样，想要展示自己的成就。但两次被汤森德以"让我们来谈谈问题，而不是好消息"的原则打断后，他最终改变了自己的风格，总是用下面的句子开始他的演讲："有很多好消息，但我们更应该关注问题。第一个问题是……第二个问题是……第三个问题是……"戴维兹第一次以这种方式开始会议时，他看见汤森德朝他竖起了大拇指。对他来说，正是这些原则——关注愿景，而不是股价；关注问题，而不是好消息——让董事会履行了对股东的受托责任，即保护了股东的利益。换句话说，这类原则直接影响了包括首席执行官在内的所有董事的行为。这比任何行为准则都更能塑造董事会的文化，正如拉里·芬克所言，防止他们"屈从于群体思维或忽视现有商业模式面临的威胁"。

---

1 迪伊·霍克：《混序：维萨与组织的未来形态》，旧金山：贝瑞特-科勒出版社，2005，第144页。
2 出自2019年4月13日与鲍勃·戴维兹进行的个人访谈。

经验教训

对于诚挚希望为董事会服务的利他企业首席执行官而言，所有这些例子都为他们提供了一些经验教训。

企业金融化通常被视为一个不可避免的现实。在我们看来，一个以无条件创造社会价值为目标的首席执行官有责任，用迪伊·霍克的话来说，把企业建设成它应该有的样子，而不是现在或者将要变成的样子。这种建设还意味着，要为董事会服务，使其成为它应该成为的样子——以创造社会价值为导向——而不是它现在或者正在成为的样子，尤其是如果它只以金融逻辑为导向。

首先，这需要董事会建立一个与企业所追求的创造社会价值的愿景相一致的愿景。这本身就是对客户、供应商、当地社区，甚至对该地区的老人和年轻人的无条件服务之间的微妙平衡。首席执行官必须让董事会无条件地提供服务，以达到这一平衡。这是一项极其困难的任务，就像多臂的湿婆一样，必须在各手臂之间持续保持平衡。这样一个共同的愿景将使董事会能够就其职权范围内的众多问题制定企业治理政策。

其次，这需要董事会在其内部领导关于价值观和生活规则的工作。这种"共同生活"的知识将为包括首席执行官在内的董事之间就董事会必须采取的治理决策进行富有成效的对话创造条件。社会愿景和生活规则这两个要素将构成董事会的健康文化。当然，董事们可能不愿意花首席执行官所要求的时间来建设这种健康文化。在这种情况下，首席执行官可以合理地提出质疑，这样一个董事会是否真的能实现创造社会价值的愿景。他也可能得出结论并辞职——不是因为权力斗争，而是为了遵循董事会应该以创造社会价值为导向的构想。罗伯特·欧文就是这么做的，我们在本章开头讲述了他的故事。虽然他在企业的社会导向方面取得了巨大的成功，但起初两次，他无法说服合伙人接受这一导向。他尝试了第三次，最终组建了认同这一理念的董事会。

这一事实突出了一个要点：对于那些寻求为董事会服务，同时又为其他打交道的对象服务的首席执行官来说，我们刚才提出的几条经验教训并不能成为一种神奇配方。我们的目的是给出一些可能激发他灵感的途径，但只有他在自己的董事会的独特范围内具体实践这些途径，才能知道哪种是行之有效的。用马克·布伦纳的话来说，阅读这些经验教训就像阅读一本名为《傻瓜接吻法》的书：只有实践之后才能找到最适合自己的方法。

第 9 章

找个"坏小子"做老板

利他企业的秘密和影响

> 如果我们乐在其中，就能赚钱。它总是按照这个顺序。
>
> ——奥德·莱坦[1]

如果你不知道挪威的特隆赫姆（Trondheim），一座坐落在冰岛纬度上数千个峡湾之一的小镇，没人会责怪你。当然，除非你是挪威人。事实上，这个国家的每一个学童都知道，这个欧洲最北的王国，正是从一座俯瞰特隆赫姆峡湾的小山上开始的。9世纪到11世纪之间，拉德伯爵便生活在一个叫拉德·戈德（Lade Gaard）的地方——一个小城堡和一个大农场的混合体，在这段时间里，这里也是王室的住所。

想象一下，你想去参观现在修复得很漂亮的庄园遗址。有两个惊喜等待着你。首先，虽然你可以参观这些地方，但有些房间不对外开放——尤其是董事会会议室。其次，房屋所有者不是挪威王位继承人，他的名字叫奥德·莱坦。如果说他统治着某个领域的话，那就是廉价连锁超市业。

是的，以他的名字命名的集团——莱坦，于1979年起，在挪威和

---

[1] 博格内斯：《超越预算执行：释放绩效潜力》，纽约：威利出版社，2016，第86页。

其他北欧国家开设了廉价连锁超市瑞玛1000（REMA 1000），大获成功。瑞玛（REMA）一词来源于挪威语"Reitan Mat"，指莱坦食品；1000则象征着在该超市能够买到的种类繁多的商品。该集团于1992年买下了这个当时被遗弃的地方。这有点像你去参观苏瓦松（Soissons）修道院，却在这处皇家建筑遗址的大门上发现它现在是Leader Price（法国一家廉价连锁超市）的总部！

这一切都始于特隆赫姆的一家小店，店主是奥德·莱坦的父亲。当我们在拉德庄园见到奥德·莱坦时，他很快地向我们讲述了这个家族的发迹史。那里后来成了莱坦集团的总部。但这段对话是在我们后期的拜访中出现的。然而，我们对这家独特企业的首次访问也始于一座庄园，但这次是在奥斯陆（Oslo）。

奥斯陆庄园[1]

2017年3月，我们联系了克莉丝汀·根顿，了解参观她所在的莱坦集团的事宜。莱坦集团是挪威最大的零售集团之一，瑞玛1000便属于该集团旗下。她给了我们以下回复："到达后，诸位是否愿意在集团总部，与价值观培训负责人共进工作晚餐？"这一邀请激起了我们的好奇心，我们欣然接受了。这是第一次我们的实地调研不是从早上开始（通常是在总经理的办公室），而是在晚餐之际。惊喜才刚刚开始。

---

[1] 对莱坦集团的描述基于2017年5月2日和2019年2月27日进行的参观和对所有涉及人物的个人访谈，以及奥德·莱坦的著作《如果我是总统》（奥斯陆：阿舍霍克出版社，2012）。

两个月后,我们飞抵奥斯陆。在去莱坦总部的路上,出租车穿过位于市中心的皇家公园和宫殿,进入一条小街,在一个栅栏前停了下来。一幢庄园和它的乡村附属建筑展现在我们面前。这些建筑与我们穿过市中心时看到的城市建筑形成了鲜明对比。这里是挪威第五大集团的总部。接待我们的是两位女士:首席财务官克莉丝汀·根顿和自称为"价值观学校校长"的贝丽特·赫瓦里格(Berit Hvalryg)。我们被这一称谓所吸引,想要探个究竟。赫瓦里格解释说:"按照我们的定义,以价值观为基础的领导力应该成功地培养出强大而杰出的个人,并在信任的氛围中行事。"她的同事根顿立即补充道:"我们需要培训员工,让他们表现出信任,但同时也要接受信任。"赫瓦里格继续说道:"我们希望莱坦被公认为挪威最具价值导向的企业。"

我们在两位女士身上看到了强烈的信念,但这些话仍然有些抽象。于是,我们询问,莱坦是如何具体实现这个目标的。赫瓦里格解释说,她4年前加入集团时,奥德·莱坦这样描述了给她的任务:"我每晚睡觉的时候,想确保每个员工都明白我们愿景的意义。"这样的描述并不是真正的岗位描述。它表明了赫瓦里格工作的目标,而不是她将如何完成这份工作。换句话说,奥德·莱坦解释了"为什么工作"而不是"如何工作",而赫瓦里格的工作恰恰在于设计实现这一目标的最佳方式。我们开始渐渐明白她为什么要以"价值观学校校长"的身份出现了。但是,既然我们参观的是一个由3800家加盟店和38000名员工组成的集团,可能有人会认为,赫瓦里格必定掌管了一个庞大的部门。事实并非如此。

两位女士很快指出,她们所在的集团总部只有18名员工,其中一半从事财务工作。至于她自己伟大的文化使命,赫瓦里格手下只有一名部门内员工，这对莱坦总部来说已经算很多了，还有一名部门外员工——首席执行官本人。事实上，奥德·莱坦一直亲自参与他一手创建的集团的价值观培训，就像会议之家的首席执行官雅克·霍罗维茨一样。集团创建之初，奥德·莱坦就经常到5家分支和开设业务的7个北欧和波罗的海国家出差。即使在今天，他每年也会主持20到30次三小时的培训，主要是以讲故事的形式向加盟店介绍集团的基本理念。根顿解释说："他向所有人表达，'我看到你了。你对我很重要'。"然而，多年来，奥德·莱坦不得不面对这样一个事实：即使投入所有的精力，在一个不断壮大的团队中，他也很难独自完成这项任务。因此，"价值观学校校长"便被招募了进来。如今，赫瓦里格和同事负责培训新员工。为了保证工作的一致性，赫瓦里格为她的培训制定了一套标准，她在这次晚餐上便使用了这套标准演示，向我们阐释了莱坦集团的价值观。但这套标准说辞并不是每次都能奏效。

莱坦在与一家非政府组织的合作中，实施了一个名为"PØbel"（挪威语，意为"坏小子"）的项目。该项目旨在招募年轻的轻罪罪犯。这些年轻人大多数是男性，本着自愿的原则参加这个项目，它不属于任何司法机构推动的计划。一天，赫瓦里格被叫来培训他们学习莱坦的价值观。看到年轻人坐定后，她立刻意识到，平常的那套标准说辞不会对这些听众产生任何影响。对于这些毫无价值观概念的年轻人来说，谈论价值观是毫无意义的。

随后，赫瓦里格去拿了个球，和小伙子们聊起了他们中的许多人擅长的运动。然后，她很自然地问道："如果必须在身上文一个文身来象征自己，你会选什么？"在接下来的交流中，出现了以下词汇：尊严、自豪、诚实……小伙子们清楚地明白这些词的意义，遗憾的是，对他们来说,很难将这些词纹在自己身上,因为到目前为止,他们还没有经历过这些价值观。赫瓦里格还强调了文身的永久性:虽然他们自己会随着时间的推移而改变,但文身将保持不变。"对于价值观来说,也是一样的。"她总结道。在那之后,她将针对这些年轻人的培训名称由原先的"价值观培训课程"变成了"文身培训课程"。

坚持参加完"坏小子"计划的参与者将在瑞玛1000超市工作,他们中的一些人可能会经历一个具有象征意义的"高光时刻"。那就是,在某天晚上,他们所工作的加盟超市的老板会把店门钥匙留给他们,让他们在晚上11点关门。根顿和赫瓦里格毫不犹豫地说,这一刻可能是他们人生的转折点。在那一刻,他们将撕下"小偷"的标签,成为受人信任的人。"坏小子"计划使他们能够发展成为完全值得信赖的管理者,持有整个超市的钥匙。

每个人都是值得信赖的,除非有相反的证据,例如,曾有过犯罪行为。有些工作需要无犯罪记录证明,这并非巧合。因此,罪犯或已定罪的违法者很难找到需要承担责任的工作。莱坦集团决定打破这种逻辑。奥德·莱坦说:"我们必须相信,人们都是善良的,除非有证据证明他们是恶人。人性本善,我们坚信这一点。"这也包括轻罪罪犯。他说,他的灵感来自纳尔逊·曼德拉(Nelson Mandela),但也可能是卢梭。这种信念成为我们理解根顿和赫瓦里格之间的交流意义的关键,即每个人都是值得信任的,但需要通过培训和指导来教他们如何接受信任。

为了展示莱坦集团的价值观和文化,信任的主题多次出现在这次工作晚宴上。接待我们的另一位女主人,首席财务官,会在第二天傍晚为我们进行进一步介绍。她将向我们展示,信任是如何在这个领域发挥关键作用的。除了晚宴上贝丽特·赫瓦里格的介绍和第二天克莉丝汀·根顿的介绍，我们在参观期间没有与总部人员有其他任何接触。这样做的原因是，如前所述，文化维系和财务跟踪是总部进行的唯二活动。

一个拥有超过90亿欧元的营业额、在7个国家开设业务、拥有38000名员工的集团，仅仅通过两项活动、18个人来管理，你也许会对此持怀疑态度。但如果一切都建立在对每个人的信任之上，那就是可能的。这种信心是预先给予的，并通过价值观培训和不断的文化维系得到加强，以确保每个人——包括以前的"坏小子"——都能得到这种信任。我们也可以这样看待这些活动：两个负责价值观学校的员工，在他们的外部合作者——首席执行官的帮助下，帮莱坦省去了本需几百人甚至几千人来控制这个庞大集团的任务。此外，与瑞典商业银行一样，莱坦集团也没有传统的预算流程。现有的指标不是为了控制，而是为了培训管理层和团队。至于对未来的规划，只是作了预测，而没有在各层次结构中反复来回研讨。

莱坦也证明了信任是有效的。贝丽特·赫瓦里格解释说："如果（员工）得到信任，工作效率就会提高，成本就会下降。"从"价值观学校校长"那里听到这句话很令人惊讶，但她认为这不过是常识而已。有了信任，员工可以就地作出决定，而不用层级上报问题，从而加快了决策速度。这并不只是理论而已。在莱坦，如果某件商品缺货——这是零售行业最糟糕的情况——如果有必要，员工可以从收银机取钱，去竞争对手那里购买缺失的商品。接待我们的两位女主人或这些超市的经理甚至都没想到销售人员可以随意挪用资金：他们选择了信任，而不是怀疑和控制。

你可能会说，这种信任的态度是合乎逻辑的，因为莱坦主要是一家廉价连锁超市，因此需要想尽一切办法削减成本。顺便说一句，这种逻辑在大多数廉价连锁店或低成本企业中并不常见。但莱坦对于不设立管控部门给出了一个完全不同的理由："（这）是为了让员工就地做决定。"瑞典商业银行正是出于同样的理由，大幅削减了总部人员。

然而，信任虽然有助于提高效率、降低成本，但它并不是单独起作用的。我们见到这位首席执行官时，他说："你必须在任何时候都坚定地认为：他们（员工）才是负责任的人。这就是文化维系的意义所在。"首席财务官补充道："很多人说'我想承担更多的责任'，但当你把责任交给他们时，他们会来问你，自己到底需要做什么。我们希望他们有足够的自尊和自信，这样，就能真正采取行动。"

所以，信任不仅意味着不加控制，而且比加以控制成本更低、效果更好。然而，矛盾的是，它也可能导致更多的控制。

信任如何导致更多的控制

2006年，莱坦集团收购了挪威海德鲁公司（Norsk Hydro）和德士古公司（Texaco）在20世纪90年代合并后建立的一个名为YX的加油站网络。由于莱坦在北欧国家特许经营的7-11便利店与加油站联合开店，所以这种燃料分销活动与集团本身的业务是一致的。该集团不忘初心，还为YX增配了一项自动加油的低成本服务，名为Uno-X。2015年，提供该项技术的企业老板维加尔·库尔塞特（Vegar Kulset）希望找寻一名新的总经理来负责挪威的供应和分销活动。他试图将这项服务变成一个真正的企业，一个100%的子公司，有自己的盈亏账目。他最终决定聘用在该领域拥有近15年经验的亚历克斯·金多斯（Alex Guindos）。金多斯曾在三家能源巨头与Uno-X合作的一家合资企业工作，共同管理大型燃料存储设施。事实上，正是在这个项目中，金多斯第一次对莱坦集团的做法感到惊讶。他回忆起决定建立合资企业时发生的一段对话：

"好的，我去跟上级（大型石油跨国公司）商量下，看看怎么操作。"金多斯说。

"我必须跟休斯敦方面确认一下。"另一家大型石油公司的代表说。

"就我而言，我认为集团可以在3个月内作出决定。"第三家跨国企业的代表补充说。

接着，代表Uno-X的总经理索尔·克里斯蒂安·科斯沃尔德（Thor Kristian Korsvold）言简意赅地说："至于我，应该在哪里签名？"

金多斯至今仍记得这种情况对他产生的影响："我们都是有能力的领导者，我们都知道自己在做什么，但我想，'为什么他可以这样自己决断，而我不能？'我感到有些无能为力。就好像Uno-X的人有我所没有的权威。"

无能为力，但也隐藏着一种仰慕。因此，当库尔塞特和科斯沃尔德邀请金多斯共进午餐时，他欣然接受了。茶余饭后，Uno-X的老板邀请他加入自己的企业。金多斯决定好好考虑一番，一年后，他接受了提议。后来，他说，如果科斯沃尔德早点告诉他"在Uno-X工作这么有意思的话"，他就会大大缩短思考的时间了。事实上，他从入职第一天开始就玩得很尽兴，而他的上司则是"首席娱乐官"。

为了表示欢迎，亚历克斯·金多斯得到了一套Uno-X颜色的骑行服。Uno-X 是一支专业自行车队的赞助商,他认为,这是对企业品牌的一种认同。然后库尔塞特来了,穿着T恤,没有刮胡子——和他在午餐时的样子不太一样。他在一间会议室坐下,两人的对话有点奇怪。他们谈论自行车、孩子、文化、家庭、爱好,除了生意什么都谈——有点像瑞典商业银行的管理层在招聘理查德·温德时的做法。一个半小时后,库尔塞特站起来说:"嗯,我想我得走了,我得去商店买个东西。祝你好运,亚历克斯!"金多斯简直不敢相信自己的耳朵。他呆呆地愣在会议室里,心想:"这是我来这里的第一天,我就这样入职了?那我现在该做什么呢?"这里的一切都与他曾经就职过的大型集团相去甚远。好吧,他是经理,所以他不需要详细的工作描述,但到目前为止,没有人告诉他该做什么,没有人"关照"过他。他甚至还没被介绍给团队。这令他震惊不已。

作为读者的你应该能理解这种"被遗弃"的感觉。入职第一天,部门主管来到你的办公室,他身穿T恤,胡子拉碴,跟你聊东聊西了一个半小时,末了,没有提到他对你的任何期待便走了,这样的场景并不常见。库尔塞特被另一位首席执行官鲍勃·戴维兹称为"首席娱乐官"。他的意思是,首席执行官首先是一名能够不断维护企业文化的领导者。金多斯对此并不了解,但他记得一件事:他离开先前的大型石油企业是因为感到缺乏信任。然而在 Uno-X,上司从第一天起就信任他——给了他商店的钥匙。所以金多斯接受了这份工作——至少在理论上是这样。

是的,因为从理论上讲,我们都渴望在自己所负责的范围内获得信任和充分的责任。然而,在实践中,履行这一责任——接受这一责任——要复杂得多,因为我们的旧习根深蒂固,金多斯就是这样。入职不久,他就面临着一项从棕榈油衍生品中提取生物燃料的战略决策。他认为这对 Uno-X 和莱坦集团的形象构成了威胁,必须采取行动,但在那之前,很自然地,他想让集团的主要管理人员参与到这个决策中来。为此,他召集了一个会议。但事情并没有完全按照他的计划进行。

"我之所以邀请大家来,是为了谈谈我们必须做出的一个关于供应的重要决定。"金多斯就这样开始了会议。

"亚历克斯,我们都赞成这么做。"同事们打断了他的话。

"等等,我还没告诉你们是哪件事呢!"金多斯惊讶地说。

"好吧,但是决定已经做出了:赞成。现在,跟我们具体说说这个问题吧。"他们继续说。

"不不,我需要告诉你们一件重要的事情,一件能改变很多的事情,我希望大家都能明白是怎么一回事。"金多斯坚持说。

"亚历克斯,你没在听我们说话。我们的回答是肯定的。"同事们重复道。刚刚开始没多久的会议就这样结束了。

金多斯又一次愣在了办公室里。如今,他回忆起这段经历时,认为这是他"从一个有监控结构的僵化系统到完全自由和责任的心理适应"的又一步。以他过去的反应,他希望重要的战略决策能得到上司的批准——这样责任就能转移到他们身上。然而老板们却没有落入他无意识设下的陷阱。但在当时,他的最初想法完全不同。他经历了第一次心理调整,回忆道:"当你被赋予大量责任和信任时,首先想到的是,滥用制度是轻而易举的事。正因为此,大集团中才会有如此多的监控。"

亚历克斯·金多斯承担着赋予他的责任和自由,同时继续他的适应过程并寻求心中困惑的答案。某一天，他脑海里浮现出一个相当矛盾的想法："有了绝对的自由，（对企业发生的事情）实际上有了更多的控制。"我们必须承认，信任和自由是控制的对立面。当你选择信任，给予自由，就放弃了控制。金多斯认为，放弃控制并不意味着控制的消失。它只是简单地进行了易手，不是由上级对下级行使控制权，而是由下级自己行使——也就是"自控"。金多斯的悖论还说明了另一点：自控比他控更严格，甚至更严厉。例如，在安全问题上，如果责任由所有人共同承担而不是某个安全经理独自承担，事故就会大大减少。例如，在法国FAVI铸造厂，所有员工都要承担安全责任，其事故发生率比法国冶金行业平均水平低4倍。

我们花了点时间解释了金多斯为解答心中困惑所找到的自相矛盾的答案。他自己也觉得很难做到这一点："当我试图向不在Uno-X工作的人，尤其是供应商或客户解释这一点时，很难说清楚……必须亲身经历才能理解。"

在许多企业里，"信任"一词被视为一种价值观。然而，问题是，当员工面临重大问题时，他们具体是如何体验这种信任的。例如，涉及整个企业形象或大量资金的事件。这正是金多斯面临的问题，为此，他迅速召开了我们刚才提到的会议。他事先得到的"赞成"票实际上来源于一种战略转变，极大地改变了Uno-X的政策。

从即刻的"赞成"到永恒的繁荣

作为一家燃料分销商，Uno-X从一家大型能源集团采购生物燃料，而这家集团已多次表明对碳氢化合物[1]的替代能源缺乏兴趣。它的燃料油是由棕榈油工业的废料制成的。然而，莱坦集团已经宣布，旗下瑞玛1000连锁超市新增售卖的食品中不含有任何棕榈油成分。诚然，食品和燃料是两码事，棕榈油及其衍生物也不是同一类事物——衍生物不是非政府组织抨击的对象。然而，金多斯认为这是个难题。在他看来，Uno-X必须超越非政府组织的期望，百分百遵守瑞玛1000对棕榈油行业"零容忍"的原则。为了寻找完全不使用棕榈油的生物燃料供应商，他来到了邻国瑞典。这个国家是全球生物燃料最先进的国家之一。金多斯很快便联系上了当地一家行业领导者和供应商Preem。不可否认的是，他们的燃料比Uno-X现有的供应商贵了3%—5%。这意味着利润率将下降约1/3。对于像Uno-X这样的低成本分销商来说，这笔损失无疑是巨大的。尽管如此，金多斯还是与前供应商终止了合作，并与这家瑞典生产商签署了长期合作协议。

你可能会说，金多斯只是把莱坦集团关于棕榈油的政策应用到了Uno-X。然而，许多企业都有类似的环境政策，但当这些政策会带来经济损失时，比如将利润率降低1/3，就无法转变为具体的实施方案。莱坦的情况并非如此，金多斯很清楚这一点。他解释说："我们在这里像世界公民一样工作。要是在以前，如果有人跟我说，必须在下个季度使利润最大化，那么我一定会去采购棕榈油衍生品。但是，正如奥德·莱坦所说，我们必须着眼未来。"

换言之，即使从经济角度来看，该集团也不局限于短期业绩，

---

[1] 碳氢化合物是石油的主要成分。——译者注

而是着眼于"下一个世纪"的可持续发展，正如其创始人反复强调的那样——这与扬·瓦兰德关于瑞典商业银行在一百年后仍将存在的说法相呼应。此外，从长远来看，越来越广泛地使用非棕榈油衍生的生物燃料将降低其价格。然而，金多斯还获得了一项即刻的经济收益：他打破了Uno-X与其前供应商之间的历史依赖关系。任何买家都知道，这种依赖很少能转化为更优惠的采购价，金多斯在谈到之前的情况时毫不掩饰地说："我们就像受害者。"他总结道。

这个更换供应商的故事似乎无足轻重，但却提供了丰富的经验教训。首先，许多企业真诚地希望保护其经营区域的环境，但具体解决方案的实施往往与经济考虑相冲突。的确，同时追求社会价值和经济价值，由于前者受到后者的制约，大大减少了以社会和环境价值为目标的解决方案的数量。这种情况不会发生在莱坦集团或其他利他企业：它们不会将社会或环境价值的追求置于经济价值最大化之上，也不会同时追求两者。

其次，这个故事告诉我们，如果不彻底改变企业的经营方式，就不可能无条件地追求社会价值。因此，信任很重要。金多斯明确地解释说："在我以前的企业，我这辈子都不可能做这样的事！"换句话说，假设这家石油巨头也试图销售不含棕榈油衍生品的生物燃料，但采购员永远无法获得上级的信任，以实施一个在短期或中期对企业经济不利的解决方案。你也许会认为，金多斯对这个故事进行了"包装"，因为决策者就是他自己。Uno-X挪威公司首席财务官延斯·豪格兰（Jens Haugland）表示："真正的信任是我们的支柱。当然，赋予信任的过程因人而异，因为它与责任紧密相连。如果你拥有这种信任，它会变得非常强大。有了它，你不再需要为自己辩解，不再需要说服别人。他们都会信任你。如果你有这样或那样的观点，你完全有理由去执行。大家信任你，而你，放手去做就行。"

首席财务官豪格兰没有谈钱。然而，他确信信任会带来经济效益："在我们这个行业，我们的增长速度比任何人都快。"从2006年到今天，Uno-X在大幅增长的同时缩小了总部规模，这一发展之所以成为可能，是因为没有招聘新员工接替退休的婴儿潮一代。你可能已经注意到，豪格兰认为，信任因人而异。确切来说，它取决于分配给每个人的责任范围：就小范围而言，信任意味着作出局部决定；就大范围而言，信任意味着作出战略决策。

这一切似乎都是常识。但豪格兰的言论提出了另一个挑战：我们如何让每个人都能接受我们给予他的信任？我们已经看到，对于金多斯来说，要克服他从前任雇主的企业文化那里形成的服从本能是多么困难。但他更难以摆脱控制自己下属的习惯。在这场"磨难"中，他得到了"帮助"。不是真正意义上的"政府援助"，但差不多。事实上，在转型过程中，对他帮助最大的人是"文化部长"。

为领导者服务的"文化部长"

如果你参观了某大集团的总部，发现其中一个领导者有一个奇怪的头衔——"文化部长"，就像托里德·布拉森（Torild Brathen）自我介绍的那样，你会有怎样的反应？我们或多或少都有意识地担心，有一天，我们身处奥威尔式[1]的世界，在那里，企业不仅控制我们的一举一动，还试图控制我们的思想。然而，谷歌和几十家更传统的企业都有一个"首席文化官"（Chief Culture Officer，简称CCO）。[2]从"首席文化官"到"文化部长"，只是一步之遥。然而，你可能会注意到，"部长"一词的选择显示了对Uno-X高层的一丝不逊。此外，这并不是历史上第一家员工自己发明头衔的企业。

据我们所知，第一个是戈尔公司。这家企业是戈尔特斯（GORE-TEX）面料和各色各样的其他特氟龙产品的制造商。比尔·戈尔（Bill Gore）是戈尔公司的创始人兼首席执行官。他的一位助手因为拥有一张印有"最高指挥官"头衔的名片而被当作传奇人物。戈尔很高兴，因为无论走到哪里，他都乐于讲述这个故事[3]。另一位领导者，维萨首席执行官迪伊·霍克有一长串称呼供那些想要头衔的员工使用：大公、勋爵、王子、女王或阁下……他在这个问题上的"调皮"有一个"教育"目的：如果员工想要一个额外的称谓，没有任何问题。他们可以叫广告部的阿亚图拉（Ayatollah）[4]或会计大公爵。唯一要求是，在任何情况下，他们都要戴上这个头衔。没有人接受这一点。同理，我们没有职位描述。经常有人问我："但是大家怎么知道我在做什

---

1 奥威尔式是指乔治·奥威尔在其著名的长篇政治小说《一九八四》中刻画的极端集权世界。——译者注
2 例如，北泽西社区银行；或参见《首席文化官的崛起》，《财富》，2012年12月30日。见 https://web.archive.org/web/20140223085203/; http://management.fortune.cnn.com/2012/07/30/chief-culture-officers。
3 韦伯：《"没有老板，甚至"领导"也不能发号施令》，《商业周刊》，1990年12月10日，第196页。
4 阿亚图拉是伊斯兰什叶派十二伊玛目支派高级教职人员的职衔和荣誉称号。——译者注

么呢?"我回答说:"如果你做的事情不对每个人都一目了然,那么这个问题就颇有意思,值得深思。"[1]奥德·莱坦对头衔的看法非常相似:"莱坦集团希望员工有足够的主见,不需要头衔。你用能力证明,你是最好的。这就是我们招聘你的原因。"[2]这样一来,莱坦团队没有名片也是可以理解的。

奥德·莱坦也不例外。虽然是首席执行官,但他在公司的头衔是完全不同的。员工管他叫"杂货店指挥官"。不,这不是开玩笑,因为这个头衔是官方认可的,即使是在皇家招待会上也这么叫。对"指挥官"一词的解释很简单:奥德·莱坦曾任皇家军队中的打击乐手,对乐队指挥官非常钦佩。至于"杂货店",奥德·莱坦是从经营父亲在特隆赫姆镇的家族商店起家的。然而,这两个"不寻常"的词的结合是奥德·莱坦突发奇想的结果。在一次采访中,记者非常想知道他的绰号。当时的奥德·莱坦并没有绰号,他也不喜欢正式的头衔,于是开玩笑地回避了这个问题:"我是杂货店指挥官。"当然,这个名字很快就登上了报纸的头版。奥德·莱坦非常喜欢这个名字,走到哪儿都喜欢使用它,包括在皇家招待会上。

让我们重新回到托里德·布拉森身上。她已经在莱坦集团工作了20年,并自称"文化部长"。她是这样解释自己的角色的:"我的职责是与亚历克斯·金多斯和其他人合作——无论是领导还是员工——帮助他们建立基于我们理念的个人文化。"因此,她在Uno-X的角色与上文提到的贝丽特·赫瓦里格在莱坦总部的角色既相似又不同。赫瓦

---

[1] 迪伊·霍克,《混序:维萨与组织的未来形态》,旧金山:贝瑞特-科勒出版社,2005,第245页。
[2] 奥德·莱坦,《如果我是总统》,奥斯陆:阿舍霍克出版社,2012,第155页。

里格在集团层面工作，帮助管理层理解并传播集团的价值观，但她并不是"文化部长"。更重要的是，她钦佩托里德·布拉森对金多斯和该部门所有员工所做的工作，并把她描述为掌握莱坦理念的真正权威人物。布拉森的大学毕业论文甚至就是围绕这一理念进行的讨论，其灵感来自该创始人奥德·莱坦的自传《如果我是总统》，该书已在挪威出版，还有一本他的原则汇编，在集团内部出版，名为《我们的哲学》。

读到这里，你可能会觉得，莱坦集团有点像一个教派，有导师和追随者，他们花时间对所有员工进行彻底洗脑，简言之，这是一个奥威尔式的世界。但你只需要在这里待上几个小时，就会意识到，氛围是完全不同的。第一个表明你身处一个自由空间而不是屈服之地的迹象是笑声。我们在这里遇到的每一个人——包括奥德·莱坦——都有强烈的自嘲感，一有机会就会爆发出笑声。考虑到挪威人是一个相对内敛的民族，这点就更加引人注目了。然而，无论是在教派里，还是在奥威尔式的世界，又或者在许多大大小小的企业里，都没有笑声——笑声被认为具有破坏性和危险性。更重要的是，奥威尔式的世界是建立在服从绝对权威的基础上的，而莱坦式的环境则完全不同，以信任、责任和自由为基础。

托里德·布拉森可以帮助管理层，指导他们如何将这些价值观最好地转化为日常行动，但这取决于他们是否愿意。他们正是通过这样的方法成为莱坦和Uno-X的合法领袖。领导者不是上级给予你的职位，而是追随者赋予你的角色。金多斯这样说："当有人来向我征询可以做某事的许可时，我学会了说'做你认为最适合的事'。很管用！如果你以前没有这样做过，那就尝试一下，你会发现，这么做是有效的。太棒了！现在，两年过去了，他们再也不来找我了。"很明显，自从金多斯召开会议以获得上级对棕榈油战略决策的认可后，他已经取得了很大的进步。这就是克莉丝汀·根顿那句话的第二部分的意思：一个人必须先学会接受信任，才能给予信任。

当领导在日常工作中变得多余时，领导力便成功了。在"文化部长"托里德·布拉森的帮助下，金多斯成功地变成了多余的人。我们在引用金多斯的话时强调了"最适合"一词，因为它代表了领导者在文化建设方面的另一个挑战。有时候，对于一个建立在信任、责任和自由基础上的企业文化，新员工的第一反应是："太棒了！我终于能够做对我最有利的事了。"还记得金多斯吧，他的第一反应是：这样的文化可以被滥用。他总结说：一旦亲身体验了这种文化，它便会产生一种更高层次的控制——自我控制——而不是缺乏控制。

19世纪的英国历史学家约翰·阿克顿勋爵（Lord John Acton）写道："自由不是做自己想做之事的权力，而是做正确之事的权利。"责任决定了员工必须做的事情：尽最大努力实现企业的梦想-愿景。因此，如果员工不了解这一愿景，不将其转化为自己负责范围内的奋斗目标，他们就无法充分利用给予他们的信任和行动自由。因此，实现小范围的目标和企业整体愿景之间的衔接取决于每一位团队领导者。托里德·布拉森通过组织或主持研讨会来帮助他们。在研讨会上，她会解释整个企业的活动和愿景。但这可能还不够。有些员工可能没有梦想，或难以共享个人或集体的梦想。

任何人都可以很容易地甘心接受这个事实，但布拉森不准备那么轻易地抛弃这些同事。她从奥德·莱坦花大量笔墨阐述企业价值观的《我们的哲学》中获得了很多灵感，书中写道，一切都始于梦想。布拉森解释道："如果你把梦想告诉某人，那么你就会有一种强迫感，迫使你去实现它！"这个简单的想法成了对那些愿意与他人分享自己梦想的员工的邀请："这就是我们要分享梦想的原因，我们希望能够激励人们实现梦想。这样一来，也会更容易，因为帮助别人实现梦想很有趣。"

从梦想到愿景

财务部的员工埃琳·布拉特纳（Elin Bratner）自愿说出她的梦想。每当爬上两阶梯子，她就会感到可怕的眩晕。她表达了自己的梦想——在她的一生中至少有一次，超越这个极限。在一家攀岩馆里，她在教练和同事的陪伴下，尽管害怕得又哭又叫，最终还是成功地爬到了几米高的地方。回到地面后，同事们纷纷拥抱布拉特纳表示祝贺。我们之所以能够在这里描述这个场景，因为整个过程被摄像机记录了下来。当然，拍摄过程也征得了布拉特纳的同意，这样她就可以向家人和同事展示她是如何实现克服恐高症的梦想的。随后，在一年一度的 Uno-X 团队活动中，埃琳·布拉特纳从 Uno-X 首席执行官库尔塞特手中获得了一双耐克鞋。库尔塞特经常把这些奖励颁发给那些在一年中展示出自己梦想并且超越自我的员工，呼应耐克的著名口号"Just do it！"。诚然，布拉森和她的培训项目可以帮助员工在个人生活中逐渐确立自身价值。同时，它也能够帮助员工制定他们的职业梦想。这里有一个例子。

从第一次动土到为第一个客户服务，建造一个新的 Uno-X 自动加油站大约需要30天。这项工作显然给邻近地区带来了问题（噪音、灰尘以及交通阻塞）。Uno-X服务当地社区的社会愿景能否实现，便取决于这一建造阶段。此外，该品牌的定位是提供低价格的燃料，以及快速且易于使用的油泵服务。与之形成鲜明对比的是加油站建设的缓慢、复杂和环境危害。在这种情况下，工程负责人罗格·赫岑贝里（Roger Hertzenberg）了解到，建造加油站速度的世界纪录由另一个经销商保持，耗时大约10天。赫岑贝里梦想更进一步。他打算在5天内建一个新的加油站。我们得承认，工期从30天缩短到5天，就好比在做梦，更何况，竞争对手建造的平均时长是90天。但赫岑贝里坚信能做到。为了实现这一壮举，他设法使芬兰供应商认同了这一目标。随后，后者派出了"梦之队"——这个词在此处再恰当不过，他们像顶级运动员一样一起备战。施工过程被彻底重新设计。星期一一大早开工，周五下午4点，迎来了第一位顾客。新的世界纪录诞生了：4天14小时21分。

虽然减少了83%的施工时间，但这样一个项目的价值是值得怀疑的。我们都知道斯达汉诺夫（Stakhanov），这位斯大林主义的矿工打破了个人业绩纪录，苏联也利用他的例子为提高其他所有矿工的生产率规范作宣传。然而，这些宣传并没有提到斯达汉诺夫上游和下游的数十名助手。赫岑贝里欣然承认，为了打破纪录，现场工作人员付出了所有特殊的努力，也付出了成本。然而，我们应该记住，赫岑贝里的梦想不是大幅降低成本，而是缩短施工时间，即建筑工地对周边地区造成的影响。由此可见，在这个项目中，赫岑贝里把经济价值放在了一边，无条件地寻找一种符合莱坦集团愿景的社会价值。首席执行官奥德·莱坦通过观看当时拍摄的视频了解了赫岑贝里的成就。他向这位项目负责人表示祝贺,但忍不住问道,这样的操作是否比普通建设成本更高。赫岑贝里回答说:"的确会高。但7天是控制成本的最佳时长。"这个例子再一次说明,当追求社会价值的梦想受制于经济价值的创造时,仍然可以通过"迂回"策略创造经济价值。

"文化部长"托里德·布拉森在Uno-X帮助建立的正是这种追求社会价值的文化:"当人们有梦想、我们帮他们实现梦想时,就好比一个不断翻滚的雪球。越来越多的人受到这些故事的启发。"罗格·赫岑贝里自己也受到激励,去追求新的梦想。事实上,他想要建设20个自动加氢站(在我们参观之时,Uno-X只有一个加氢站),且很可能每个加氢站的建造时间为7天。

与他之前的梦想一样,赫岑贝里没有将其置于经济预期之下。的确,挪威对氢能的需求还不大,但Uno-X认为,自己有责任建设必要的基础设施来刺激对氢能的需求,从而减少挪威汽车业中碳氢化合物燃料的份额。赫岑贝里再一次追求社会价值,并且是无条件的。然而,这并不排除获得经济价值的可能性,例如可能产生附带效应:如果需求量增加,这些加油站可以在开业三到五年后盈利。

如果你认为,这些只是本书作者的哲学思索,或者是一些特定员工的梦想,那么,让我们听听一个职位与哲学或乌托邦无关的人是怎么说的。Uno-X首席财务官延斯·豪格兰评论道:"在我们的工作会议上,我们很少谈论EBITDA或KPI。在管理团队中,我们对领导力的问题更感兴趣。我们经常一起讨论这个问题。"豪格兰认为,领导力意味着创建信任和责任文化,在这种文化中,每位员工都可以自由行动以无条件地为社会创造价值。通过这种方式,每个人都将实现莱坦集团的社会愿景。豪格兰也不例外,他的头衔证明了这一点:继"首席财务官"之后，他又加上了"自行车总监"。他没有用"自行车部长"，以免夸大其词。在这家销售汽车燃料的企业，自行车已经足够吸睛了。

事实上，豪格兰非常热爱骑自行车，每天骑车去上班。自行车也激发了他的职业梦想。他说："我们在这个行业已经有好几年了，但有一天，我们意识到，做得还不够。我们必须告诉世界我们是谁，并对全球局势承担起责任。挪威的目标是成为一个零废弃的社会，从而减少二氧化碳排放量。仔细思考如何履行我们的承诺后，我们认为，骑自行车真的可以成为一种解决方案。"因此，为了象征这一方针，豪格兰决定组建一支专业的自行车队。

不久后，一支由17名选手组成的队伍成立了。在UCI（国际自行车联盟）的欧洲赛事中，这支队伍自豪地展示了Uno-X致力于推广氢能的子公司的标志。尽管Uno-X的口号是"廉价优质的燃料——当你不骑自行车时"，但在销售燃料和支持自行车这类几乎不使用燃料的运动之间，仍然存在一个小小的矛盾。例如，没有其他的自行车赞助商是碳氢化合物燃料的经销商。而作为燃料经销商的你赞助自行车队，就像是在做一个公开的声明。你在告诉全世界，虽然你现在正在销售碳氢化合物燃料，但这不是你的梦想。你的梦想，是减少自己国家对碳氢化合物燃料的依赖。这就是为什么你要建造20个氢气站，即使它们在短期内没有利润。这也是为什么你提倡不包含任何棕榈油衍生物的生物燃料。这样，你就超越了简单地公开表达一个"没有碳氢化合物的挪威"的梦想。你让员工在他们负责的领域内把这个普遍的梦想转化为具体的职业梦想，并重新思考他们开展业务的方式。卫材也是这样做的。

当我们在2017年5月拜访金多斯时，他刚刚在挪威议会就生物燃料参加了听证会。他在议员面前反复强调骑自行车是对环境最好的选择，这引起了媒体的广泛关注。他和Uno-X的立场促使挪威政府做出了一项重大决定，这项决定还得到了其他行动者的支持。2017年6月13日，挪威议会投票决定，在公共采购中禁止购买以棕榈油为基础的生物燃料。[1]

在莱坦这家销售燃料的子公司，信任和自由已经转化为一种新的采购和分销方式——这是他们的两项核心业务。但莱坦首先是一个食品零售商。因此，超市的核心活动也被重新设计，以无条件地创造社会价值。

节俭，杜绝不必要的开支

2004年12月，29岁的前普华永道（PwC）审计师克莉丝汀·根顿加入了莱坦集团。当时正值年底，集团组织了一场员工聚会。回家的路上，丈夫问她是如何找到这份新工作的。根顿回答说，她遇到了很多有趣的人，他们有点疯狂，但很真实，展示了自己的各个方面。然后，她补充道："我注意到一件事：在这家企业，任何浪费、任何不必要的支出都是不可饶恕的罪过。"事实上，根顿刚刚发现了莱坦的一项准则，这个新术语叫作"kuttism"（挪威语，来自英语"cut"）。对

---

[1] 见 https://www.eco-business.com/news/norway-bans-publicprocurement-of-palm-oil-biofuel/。

这一价值观最接近的翻译是"节俭",它要求不要花费超出你严格需要的钱。这个概念在莱坦文化中根深蒂固,并超越企业,在整个挪威广泛传播,挪威语言学院甚至将其列入了词典。

"节俭"原则不仅适用于采购,也适用于任何有形或无形资源的支出或使用。例如,奥德·莱坦要求在集团总部或子公司工作的人员不要超过严格必要的人数;如果只言片语就能解释清楚,就不要写长篇大论;永远不要为了给别人留下深刻印象而提出复杂的解决方案。他甚至要求不要预留存储空间来存放那些已经读过并且可能永远不会再读的文件。他称这是"活在未来而非过去"。奥德·莱坦是一个非常开朗和外向的人,年轻时,他曾考虑是否要成为一名职业的摇滚歌手。除此之外,他还喜欢在短信中使用表情。然而,本着"节俭"原则,有一天,他还是打电话给员工,询问表情的使用是否会给企业带来额外的成本。[1]我们不知道,这是一种幽默还是象征。因为奥德·莱坦并不回避象征。

某次重大收购之后,莱坦集团不得不负债经营。大理石上原本刻着的"零负债"的集团价值观,突然被"在建"的字样覆盖,因为莱坦花了3年时间来偿还贷款。[2]这是一个明显的例外,因为据首席执行官的说法,"不考虑成本就不可能实现目标。许多企业相信,它们可以通过金钱来解决问题。"事实上,莱坦集团的"节俭"也意味着"零负债":永远不要花你没有的钱。

乍一看,"节俭"似乎接近于削减成本——许多企业实行的降低

---

1 博格内斯:《超越预算实施:释放绩效潜力》,纽约:威利出版社,2016,第87页。
2 同上书,第86页。

成本的做法。然而，一些细节表明，这种表象具有误导性。在企业中，削减成本很少是一种价值观，一种理念，而是在业绩疲软时采取的一次性措施。例如，宣布需要削减15%的成本，冻结对项目至关重要的招聘，取消关键的采购，或推迟销售周期关键阶段的出差。"苦日子"结束后，企业又开始大手大脚地花钱。然而，"节俭"是一种基本态度，是所有员工的永久导向。它的延续不取决于经济收益的水平，也无法量化，每个人每天都在竭尽全力让它在日常生活中发挥作用。

正是这一原则使莱坦集团旗下的廉价连锁超市瑞玛1000在创立初期得以成长并在竞争中脱颖而出。瑞玛1000在提供大量高质量产品的同时保持低价的诀窍在于，企业的成本低于所有的竞争对手。2004年，当世界领先的廉价连锁超市Lidl试图在挪威开展业务时，瑞玛1000的未来令人担忧。然而，2008年，Lidl认输了。在一篇关于Lidl和Aldi[1]的文章中，英国杂志《经济学人》(*The Economist*)报道了这样一个事实："过去几年里，德国廉价超市席卷全球，却唯独在挪威遭遇了滑铁卢。"[2] 瑞玛1000收购了Lidl出售的50家店铺。主要原因是Lidl的自有品牌产品比所有竞争对手都便宜——除了瑞玛1000。瑞玛1000被称为"低价劳斯莱斯"并非偶然。换句话说，这家连锁超市在不放弃广泛的产品范围（目前包括2500种产品）的情况下，将"节俭"艺术发挥到了极致。如今，瑞玛1000拥有2万名员工，是挪威最大的零售商，拥有25%的市场份额。它在丹麦也有1万多名员工，在两国共有近950家超市。

1　Aldi是另一家著名的廉价连锁超市，源于德国。——译者注
2　《欧洲食品零售业：德国人来了》，《经济学人》2008年8月16日第950期。

虽然瑞玛1000对于质量的把控涉及产品质量、门店所有权、员工专业水平以及最重要的价格低廉，但其他部分都有各自的标准。例如，对于加油站的7-11连锁便利店来说，标准是少量质优、易得的产品以及极其迅速的服务，而不是价格。其他质量标准适用于燃料销售或房地产管理，但"节俭"原则适用于任何地方，包括该集团收购的五星级酒店不列颠尼亚（Le Britannia）。该酒店于2019年4月在特隆赫姆重新开业。

人们可能会认为，在奢侈的世界里，节俭是没有意义的。然而，贝丽特·赫瓦里格对200名酒店员工进行了"零负债"和"节俭"等价值观的培训。但这并不妨碍这座世界最北端的奢华酒店拥有高质量的标准。这一理念作为员工的一种特殊态度，体现在对每位客人的细微关注和普遍的服务意愿中。正如奥德·莱坦所说，"在不列颠尼亚，每位客人都感觉自己像个国王或女王。"收购这家酒店并不是大老板一时的心血来潮，而是奥德·莱坦15岁时的一个梦想。当时，这位当地杂货商的儿子出于一些特殊原因来到这家酒店。2004年，克莉丝汀·根顿入职第一天就听说了奥德·莱坦的梦想，如今这个梦想也已成为整个莱坦集团的梦想：如果这家酒店要出售，在账户里有充足流动资金的情况下，便将它买下来。又多了一个实践"零负债"的理由。

然而，"节俭"原则与传统的成本削减措施的最大区别在于前者创造了社会价值。这看似自相矛盾，但如果你不花费、不使用那些非必要的资源，你自然能够减少不必要的消耗、浪费和污染。例如，通过尽可能地消除不必要的运输包装或尽可能经济地装载运输卡车，又或者通过在7天内而不是30天内建成加油站，莱坦减少了环境污染、对邻里的滋扰和碳足迹（温室气体的排放）。事实上，当莱坦第一次测量其碳足迹时，该集团被证明是挪威表现最好的企业之一。因此，"节俭"原则为该集团开展业务的所有地区创造了社会价值。然而，莱坦在创造社会价值的方式上仍然存在一个小小的矛盾。

  利他企业通常从创造社会价值开始，进而间接创造经济价值。莱坦的做法似乎正好相反：它降低了成本，从而为当地社区创造了社会价值。但我们可以换个角度来理解："节俭"是一种社会价值观。哲学家兼企业前瞻学家马克·阿莱维认为，节俭是改变我们社会的关键之一[1]。通过采用"节俭"原则，莱坦不仅服务于其经营所在地，还服务于客户，不会向其转嫁不必要的成本。它还服务于供应商，不会仅仅为了抵消运营成本而要求供应商冒着经济存亡的危险降价。因此，就像利他企业一样，莱坦正是凭借"节俭"原则创造了经济价值。换言之，"节俭"带来了经济效益。然而，莱坦追求社会价值的方式并不只有通过"节俭"原则，例如，还有通过停止使用棕榈油及其衍生物或消除动物痛苦等方法，我们将在后面看到。

找个"坏小子"做老板

  特拉维斯·莱昂斯（Travis Lyons）今年27岁，在瑞玛1000工作4年了。高中毕业的时候，他的生活还没有真正走上正轨。由于成绩不佳，无法进入大学，他不得不重修某些科目以提高平均成绩。在挪威，所有年轻人都能获得助学金和住房补助。但是特拉维斯决定用这

---

[1] 马克·阿莱维：《节俭原则：全新增长带来全新的生活》，丹格尔斯出版社，2010。

笔钱去美国旅行。他游览了休斯敦、旧金山、拉斯维加斯等地。在赌城拉斯维加斯，特拉维斯和几个朋友输得精光。他们被迫缩短旅程，返回奥斯陆，但一时间还没有从一个月的放浪形骸中恢复过来，尤其是没有戒掉日日醉酒的习惯。一天晚上11点，他们乘坐的飞机降落在奥斯陆。这伙人决定进城买些烈性酒。特拉维斯因酒后偷盗，被警察罚款3000多欧元，必须在一个月后开始缴纳。由于银行账户欠款，他的电话服务被切断了，状况很糟糕。父母拒绝照顾他，因为他们认为，特拉维斯已经20岁了，必须自己承担责任。同时，他们不但没有批判他，反而鼓励他从自己的经验中吸取教训。他们还知道，他们的儿子生活在一个他自己形容为"社会主义"的国家。

事实上，挪威有一个国家机构，叫作NAV（Nye arbeids-og velferdsetaten，意为"就业和福利部"），特拉维斯在这种情况下可以联系这个机构。一位女士非常友好地接待了特拉维斯，她说："年轻的时候，我们都会犯错误。"从某种程度上来说，这位女士成了特拉维斯的导师，帮助他处理与警察、电信公司的关系，还帮助他找工作。有一天，她打电话给他，问他是否愿意参与一个名为"坏小子"的非政府组织的项目。特拉维斯认为这是一个学习如何找工作的培训项目，便同意了。然而，这个项目远不止这些。

前三周的课程非常密集，非常像学习如何找工作的培训：早上准时到岗，在公共场合演讲，准备面试……其中一天，培训的主题是如何在别人面前表达三个梦想。特拉维斯说出了自己的想法：创业、成为别人的导师、重返校园。创建"坏小子"项目的非政府组织负责人也在现场。他跟瑞玛1000有合作，并问特拉维斯是否愿意在瑞玛1000工作，将来有一天可能拥有自己的店铺——因为这些店铺只由加盟商经营。这听起来像做梦一样,但特拉维斯决定相信它。他接受了这个提议。就像 Uno-X 的金多斯一样,特拉维斯入职第一天的经历将永远铭刻在他的记忆中。

那天早上,区域经理向他打招呼说:"早上好,特拉维斯。很高兴见到你。"特拉维斯回忆说:"他说话的时候很用心,充满爱。一个我不认识的人花时间来认识我,给我这个机会,我很是感动。"然后区域经理说:"如果你的梦想是开一家自己的店,我们可以帮你实现。"加盟商梅米特·特诺兹(Mehmet Teknoz)对特拉维斯进行了为期三年的指导,帮助他提高技能,向他展示了这一行的所有技巧。梅米特·特诺兹对他完全信任。有一天晚上,超市经理把钥匙交给了特拉维斯,让他在晚上 11 点关门。那天,他才意识到,从他犯下酗酒盗窃罪的那天晚上到今天,他已经走过了很长的一段路。

有一天,特拉维斯被邀请参加一年一度的加盟商庆祝活动,向大家讲述他的故事。在随后的聚会上,他邂逅了一位年轻女子。她是一位加盟商。如今,两人生活在一起,特拉维斯与她一起工作,就像副店长一样。你也许会说,特拉维斯起步于追求他的三个初始梦想——创业、成为别人的导师、重返校园。但他最终实现了另一个梦想——组建家庭,同时成了超市里的二号人物。对一个有前科的年轻人来说,这是个不错的成绩。但故事并没有就此结束。

我们见到特拉维斯的时候,他正在等待瑞玛 1000 "英才项目"的申请结果。这是一个培养未来加盟商的预备学校,培训费约为 2 万欧元。加盟店开业后,经营良好的话,便能逐渐偿还这笔费用。几个月后,特拉维斯得到了肯定的回复。然而,出于个人原因,他决定那年不去培训。如果第二年参加培训的话,他便能同时实现重返校园和创业的梦想。到那时，就会实现三个梦想中的两个。然而，特拉维斯已经开始追求他的第三个梦想——帮助他人。

每天，特拉维斯都注意到，自己看待客户或同事的方式会产生滚雪球效应。他解释说："如果你真诚地问候别人，给他们很多爱，那么爱就会传播开来。因为如果你给予别人快乐，那个人就会把这份快乐传递给他遇到的第一个人。"基于个人经验，特拉维斯表达了积极心理学研究的观点，即热情的人可以传递快乐。事实上，有些顾客每天都来店里，有时根本不买东西，只是为了和特拉维斯或他的同事聊天。比如一位患有癌症的女士，每天她都跟特拉维斯谈论她的治疗以及她在生活中是如何应对疾病的。

自己创业，重返校园，成为导师：特拉维斯的梦想似乎即将实现。这多亏了"坏小子"项目，还有多年来一直支持该项目的瑞玛1000，但最重要的是，因为他敢于梦想，敢于公开谈论他的梦想，并把所有的精力投入到实现梦想上。

尽管这种方法在莱坦行之有效，但在其他地方可能看起来就像乌托邦一样，不切实际。如果我们告诉你，一家企业决定不仅对一些有轻罪前科的员工实施这一制度，而且对占员工大多数的前重罪犯也实施这一制度，你会作何反应呢？然而，这个乌托邦是真实存在的。这个故事值得我们细细道来。

德兰西街：一个本不该存在的机构

如果某天，你去游览旧金山东北部的南海滩（South Beach）社区，也就是横跨海湾到奥克兰的海湾大桥（Bay Bridge）的起点，可能会想去德兰西街餐厅吃午餐。在这家餐厅，30到40岁的服务员穿着制服，服务质量无懈可击，饭菜也很美味。乍一看，它与大城市旅游区的法式餐厅没有什么不同，但外表可能会有欺骗性。这家餐厅位于一个对罪犯进行再教育的私人机构的场地内，所有员工都是罪犯。他们既不在假释期间，也没有参与某项特殊的重新融入社会的计划，而是正在服刑。其中一些人是因为杀人和持械抢劫，很多人是因为毒品犯罪，大部分人都是帮派成员的后代[1]。这家餐厅并不是该机构唯一经营的企业，所有的生意都由罪犯打理。套用一句美国谚语，这里看起来就像"动物们自己经营的动物园"。

德兰西街基金会——这是它的名字——既是一家机构，也是一个企业网络。它将自己定义为一个"家"，但我们可以将其描述为被判长期徒刑的人的"正常"生活和工作社区。事实上，这个基金会是监狱的替代品，得到了美国司法系统的认可。这个社区有"很多面"。从建筑上讲，大约有十几所带花园甚至游泳池的楼房。从"曾经的居民"来讲，这是一个由18000多人组成的网络，他们在德兰西完全重建了自己的生活，再次成为普通公民，值得信赖，对自己的未来负责。最后，德兰西街还是一家控股公司，除了一家顶级餐厅外，其业务范围还包括搬家、建筑、汽车维修、工艺品生产和销售、一家咖啡屋图书馆以及一处举办研讨会和活动的场所。

对基金会来说，创业方面并非无足轻重。这里的经济活动具有道

---

[1] 关于德兰西街的描述出自2016年1月20日进行的个人访谈，见http://delanceystreetfoundation.org/；以及大卫·斯特：《从前囚犯身上学到的5条领导经验》，《成功》，2016年5月5日，见https://www.success.com/5-leadership-lessons-from-ex-cons/。

德层面的意义：基金会的运作不靠任何公共补贴，而是凭借自身的活动。毕竟，曾经有抢劫、偷盗或其他犯罪行为的人不再给社会造成任何损失是很正常的。是的，尽管基金会委婉地将这些人描述为"跌到谷底"的人，但他们确实曾是犯罪组织成员、毒贩、瘾君子，犯下了严重的罪行。这里的典型居民从未结识过除了帮派成员以外的人，一些居民在监狱里度过的时间比在监狱外还要多。

2016年1月某个晴朗的早晨，两位"曾经的居民"，丽贝卡（Rebecca）和拉米罗（Ramiro）正在参观基金会的主要中心——旧金山中心。我们看到一栋栋赭色的砖砌建筑，与太平洋海岸上的华丽公寓相比，毫不起眼。当我们沿着著名的游泳池散步时，突然，迎面走来一大群人，大约20个，他们个个目光炯炯有神，肌肉发达的手臂上刻有许多文身。他们是那天早上新来的。没多久，他们便被分配了一份工作——在这个400人的住所里洗碗或打扫厨房。当然，我们想知道，德兰西如何确保他们不会延续过去的陋习。正如丽贝卡所解释的，这绝非易事："事实上，我们这群人不知道如何让自己的生活运转起来，因为我们处于一种自我毁灭的模式中，没有让生活运转起来的工具。而这正是德兰西教授的内容：具备职业道德，学会如何与他人相处，学习一门技能，接受教育……"

在传统的治疗方法中，患者可能会通过意识到暴力或自我毁灭行为的根源而最终改变，而德兰西的方法则完全不同，不会提及人们的过去。每个人自一开始就被邀请来德兰西生活，就"好像"他是值得信赖的、负责任的。具体地说，首先需要围绕三个基本规则养成新的习惯：不采取暴力、不威胁使用暴力、不喝酒或吸毒。当然，要尊重这些规则，自律是至关重要的，此外，还有一个非常强大的相互督促体系。

　　餐厅在其中起到了重要的作用。当然，这是一个可以与他人交流的地方，一个可以在一天的工作之后休息的地方。德兰西餐厅还会举行某些重要的仪式，以帮助居民们建立集体身份。例如，午饭前，一位居民通过介绍一本她喜欢的书，鼓励其他人阅读。又如，一位曾经的居民主持了一个研讨会，讨论一些重要的主题，如卫生健康或遵守诺言。德兰西的成员在其居住期间有机会学习一门手艺，可以首先在基金会旗下的企业工作，也可以获得一个文凭，以便在离开这里后重新就业。事实上，居民们在德兰西至少生活两年，平均4年，他们离开时，基金会希望他们至少有三种不同的技能：手工技能、行政或电脑技能，以及商业技能，如果必要的话，还要获得相应的文凭。

　　居民身边没有心理学家或社会工作者。然而，在社区成功生活了一年之后，居民也许会在一位更"资深"同伴的陪伴下质疑自己过去的行为。"成功的生活"意味着尊重一切规则，履行自己的承诺完成工作，融入社区。当然，并非所有人都能做到。如果你威胁某人，将立即被驱逐，法官将做出新的拘留裁定。也有一些人选择自行离开。有一点我们没有提到：虽然德兰西的入口有人监视，但是出口没有。任何决定离开的囚犯都可以"消失在人间"。但是，如果他改变了主意，却无法回来，除非有特殊的理由。出口的门无法从外面打开。

　　如今，该基金会在美国各地运营着大约10个像旧金山这样的中心，并在全世界闻名。一开始，德兰西街仅仅是一个瘾君子和无家可归的人约翰·马厄的想法。1971年，这名12岁就已经对海洛因上瘾的男子在加州接受戒毒治疗后，决定和其他3个人一起搬到旧金山太平洋高地的一套公寓里。一年后，在加州监狱系统工作的年轻有为的犯罪学家米米·西尔伯特（Mimi Silbert）加入了他们。约翰·马厄和米米·西尔伯特之间的职业关系将演变成一个爱情故事。西尔伯特说，他们的共同信念很简单："这是你的生活。你的所作所为将会产生影响，而且你必须对发生的一切负责。"因此，他们采取了教育方式，而不是进行改造或社会救助："那些造成问题的人可以通过照顾别人而成为解决问题的方法。"德兰西街基金会就是这样一个机构，它使罪犯们能够互相教育，学习价值观和技能，以便重新融入自己曾失足的社会。

20世纪30年代，米米·西尔伯特和家人为了躲避对欧洲犹太人的迫害，移民到了纽约。该基金会以德兰西街命名，这是一条位于移民社区中心的街道，她的父母就住在那里，米米对此记忆深刻，这个名字寓意德兰西居民为了到达此处所要经历的旅程。

他们的家园是大街、监狱，因此，德兰西需要让他们进入另一个世界，一个他们还没掌握社交礼仪或说话方式的世界。为了帮助他们摆脱帮派文化，米米·西尔伯特通过研究发现，试图传授价值观或原则是没有用的，应该关注行为。但她提醒说："如果你试图同时改变20件事，是不会成功的！"她对行为的分析，再加上她的犯罪学和心理学博士学位，使她专注于直接来自街头法律的两大原则："只管好自己，不告发任何人！"从到达德兰西的第一天起，这两种态度就发生了逆转。首先，到达后不久，你就会成为另一位居民的负责人。你曾经也是这样被欢迎的：一位"老大哥"被派来教你如何摆桌子或打扫宿舍。一周后，你也将这样欢迎新居民。从那以后，大家不再问你过得怎么样，而是问你的"门生"过得怎么样。其次，德兰西鼓励举报任何违规行为，无论是咒骂另一个居民，还是更严重的违反社区规则的行为[1]。

合规的行为可以提升居民在德兰西的"等级"。这一地位将通过物质方式体现,其中包括有权入住的房间类型。为新来的人准备的是8人宿舍,为最资深居民准备的则是单人海景房。然而,这个等级制度主要衡量的是对正常生活规则的同化程度。换句话说,等级的提升反映了这样一个事实:你离能够重返社会过正常生活的那一天越来越近了。

德兰西既是一家机构,也是一个企业网络。因此,成员一天的生活与普通雇员一天的生活非常相似是很正常的。他们努力工作,在工作中进步,为城市里的顾客服务:餐馆、书店和咖啡厅坐落在附近的街道上,搬运工开着卡车在城市里穿行。然而,与普通雇员不同的是,如果他们提前离开德兰西,并不意味着会失业或跳槽,而是回到监狱。在那里,他们可能也会去工作,但这一次,是出于义务。必须说明的是,德兰西不只是另一个通过劳动对罪犯进行再教育的项目。让我们记住,没有人必须到那里去或待在那里,这就是这种方法成功的第一个关键所在:改变生活的选择权掌握在他们自己手上,因此这也成为他们的责任。在这种情况下,虽然看似矛盾,但他们在被判重刑的同时却行使了自己的自由意志。

第二个关键,与其说是基金会提供了什么,不如说是它没有提供什么:心理学家、社会工作者,或者任何其他能够帮助人们摆脱困境的人。这又是一个悖论,因为我们社会的自然倾向是帮助那些脆弱或自我削弱的群体。德兰西认为,如果这样做,就会剥夺他们自己走出

---

[1] 见http://delanceystreetfoundation.org/pdf/update2010/Influencer.pdf。

困境的责任,把他们变成被帮助的对象。在努力摆脱困境的过程中,唯一能陪伴你的人是那些像你一样的罪犯,但他们在德兰西的时间比你长一些。他们也是你的老师,因为德兰西的一个基本原则是"互为师学":每一位居民,只要他在某方面有所进步,就会把它传授给另一个人。这通常从阅读和写作等基本技能开始,因为德兰西95%的居民都是文盲。有些教育者,如丽贝卡和拉米罗,在服刑期满后仍继续工作。她们再次成为自由公民,但决定留在德兰西,让这个地方延续下去,让具有破坏性和自我毁灭的人找到自我,重新融入社会。他们这样做的原因不仅是出于帮助别人的愿望,也是为了帮助自己。丽贝卡解释道:"当我教别人、照顾别人时,是因为我不想着我自己。如果A帮助了B,A也会成为一个更好的人,因为她学会了给予。"事实上,她本可以离开这个机构,继续以德兰西式的方式帮助他人,因为许多曾经的居民已经把这种哲学融入他们的新生活中,帮助老人、残疾人、失足青年,或者单纯地应用到他们的新工作中。

可能有人会有疑问,除了拥有一个独特组织的友好氛围外,这个基金会是否比监狱或罪犯改造机构更有成效。但情况并没有那么简单,因为德兰西的再犯率在30%—35%。但一些事实会打破这种第一印象。在美国,刑满释放5年后,超过76%的罪犯再次被捕[1],是德兰西再犯率的两倍多。当他们找到工作时,同样的工作,他们挣的钱比那些从未进过监狱的人要少。根据研究人员的说法,前囚犯"由于被监禁,在某些工作上受到限制,在招聘时受到歧视,职场圈子较窄,

---

[1] 在法国,再犯率为72%。见马蒂奥特:《不,羁押替代性措施的有效性不是监禁的两倍》,《解放报》,2017年11月1日,https://www.nij.gov/topics/corrections/recidivism/pages/welcome.aspx。

技能也较低"。

尽管德兰西的前居民不能获得需要无犯罪记录的工作,但在德兰西的经历使他们受到的歧视更少,有时甚至受到积极的歧视。对他们有利的是,该机构拥有一个包括18000名成员的网络,其中包括律师、许多企业家,甚至还有一名消防队指挥官。他们还发展了至少3项专业技能。所有这些都没有花纳税人的钱,而美国每年仅在监狱系统上就需花费810亿美元,再加上其他相关成本,则要花费1820亿美元[1]。该基金会的资金一部分来自其企业营业额和利润,约占55%—65%,剩余部分来自企业的实物捐赠(如培训中心的设备)或善款。

在面对着旧金山湾区的第一家中心的大厅墙上,挂着基金会著名捐助者的照片。只有1%的预算用于管理,其余的均用于居民服务项目。基金会与监狱和改造中心的另一个不同之处在于,在基金会成立的46年里,没有发生过任何暴力行为。所有这些都得到了美国和世界各地的广泛认可。在同一面墙上,克林特·伊斯特伍德(Clint Eastwood)和简·方达(Jane Fonda)的照片与美国前总统的照片并排摆放,该基金会在世界各地获得的许多奖项也被自豪地展示出来。

然而,尽管取得了这些成就,但基金会认识到,仅依靠"有社会问题的人来解决他们的问题"对其可持续性构成了不小的挑战。换句话说,它依靠那些在学校里不及格的人成为教师,依靠那些没有工作经验的人在它的企业里赚钱,依靠那些认为"人对人像狼一样"、过于自私的人关心他人。因为他们最终会在获得所有的这些技能后离开

---

1 洛佩兹:《大规模监禁对打击犯罪没有太大作用,但它每年的花费高达荒谬的1820亿美元》,沃克斯,2017年1月27日,见http://www.vox.com/policy-and-politics/2017/1/27/14388024/mass-incarceration-cost。

基金会，基金会不得不依靠新人来维持其组织。

你可能会问，这一切和莱坦集团有什么关系？大有关系。

承担责任

自从莱坦买下拉德·戈德伯爵的皇家庄园以来，每年年末，奥德·莱坦都会邀请来自特隆赫姆的150名轻罪犯和无家可归者在庄园庆祝圣诞节。他经常询问这些人，他们是如何落到今天的田地的。他们的典型回答让人想起了德兰西居民的回答："我对自己太苛刻了。"奥德·莱坦评论说，他们本可以让社会、议会、市政当局或各种机构负责，但他们没有这样做。在其中一次招待会结束时，一名男子站了起来，代表所有的客人感谢莱坦的邀请。然后，他转向观众说："我们必须停止在奥德的店里偷东西。"你可能会说，如果这些人开始把他们的盗窃行为转移到莱坦集团竞争对手的商店里，这未必是一个伟大的社会进步。然而，我们可以从另一个角度来看待这个问题。

被邀请去一个像拉德·戈德一样充满历史的庄园里，并不能解决这些轻罪犯和无家可归者的问题。他们找不到日常生活所需的食物、住所或工作。然而，他们在那里确实找到了一点尊严，许多人穿着最好的衣服来参加这个招待会。就像在德兰西一样，他们突然被认为是"正常"的人。奥德·莱坦希望他们能借此机会获得一个触发点，让他们意识到"拥有更好生活的关键在于自己"。

当然，除了这种触发点带来的简单希望外，莱坦还为那些在商店里经受住考验的实习生提供了参加"坏小子"计划的机会，也许有一天，他们会成为加盟商。在撰写本章时，有两名曾经的轻罪犯成了加盟商，拥有自己的店铺，其他人也在学习的路上。然而，如果没有找回尊严的意识和采取行动改变自己生活的责任感，这种转变是不可能发生的。德兰西帮助重罪犯重新融入社会，而莱坦则在较小的范围内，试图帮助不良少年。

你可能会认为，拉德·戈德庄园的邀请或"坏小子"项目对于贫困和轻微犯罪问题来说只是沧海一粟——这样创造的社会价值微不足道。奥德·莱坦不这么认为。和许多人一样，他也深受2001年9月11日恐怖袭击的影响——尤其是因为9月11日是他的生日——他一直想弄明白这种事情是怎么发生的。他说："许多人认为自己的生活是无望的，无法改变。在没有任何有意义的行动的情况下，他们依附于超自然的力量，一旦着魔后，他们便愿意牺牲自己的生命。"[1]因此，这不仅仅是一个激励人们改变生活、摆脱犯罪的行为，而且也许是将未来的恐怖主义分子扼杀在萌芽状态的行为。在这一点上，莱坦并不是简单地把自己放在为弱势群体服务的位置上，而是放在为大众利益服务的位置上。

在解决遇到的问题时，不仅只有罪犯会在承担责任方面遇到困难。有时，莱坦的加盟商也很难承担这个责任。因此，集团试图无条件地为他们服务。

---

[1] 奥德·莱坦：《如果我是总统》，奥斯陆：阿舍霍克出版社，2012，第172页。

无条件地为加盟商服务

根据合同，瑞玛1000加盟商必须遵守有关商品陈列、采购、所有权、质量的特许经营章程，并支付一定比例的营业额。但除此之外，超市老板可以按照自己的意愿经营管理，并成为莱坦集团的合作伙伴。因此，人们可能会问，有着非常强大的愿景和价值观，尤其是无条件服务的价值观的莱坦集团，如何看待自己与加盟商的关系。

该集团首席财务官克莉丝汀·根顿给出了第一个答案："单靠自己是永远无法成功的。你可能会取得一些成功，但永远无法成就伟大的事业。你需要在你的梦想或愿景中包括其他人。你需要有自己梦想和愿景的人。加盟商都有自己的梦想，集团必须和他们同舟共济。"很好，但莱坦致力于服务他人。因此，这条船的船长和船员应该关心乘客，甚至尽一切可能"取悦"他们。然而，"取悦"这个词并不完全符合现实。

与加盟商签订的5年合同（包括经济和道德上的）里所包含的关键原则确认了加盟商对店铺的全部责任。克莉丝汀·根顿解释说："在商界，进行合并和收购时，我们认为，会产生协同效应，并将创造价值。而且从某种意义上说，的确如此：你能够以更优惠的条件进行收购，实现规模经济……但我们也认为，与此同时，你失去了一个小企业的经济特征。"根顿用一个非常简单的例子说明了在小企业中与大企业完全不同的经济影响。她说："当你刚开始创业时，会有一种完全不同的心态。一个领薪水的货架主管是不会弯腰捡地上的一角硬币的。但如果这是你自己的店，这是你自己的硬币，你会去捡的。"换句话说，通过特许经营，莱坦试图实现规模经济，但不侵犯个人责任。莱坦甚至尽其所能帮助加盟超市的老板履行他们的职责。这并不容易。

每一个有过创业经历的人都知道创业的困难是什么，以及创业之前和之后生活的不同。事实上，我们给企业家的最重要的建议之一就是拥有良好的人际关系。在这一点上，莱坦扮演起了为加盟商服务的领导者角色——用奥德·莱坦的话来说，就是"爵士乐队的队长"。我们已经透过特拉维斯的例子看到，莱坦集团会借钱给未来的加盟商让他们参加培训。还有一个重要的细微差别是，加盟商的偿还日不是一个固定的日期，而是从超市开始盈利的那天算起——这对一个创业者来说是巨大的差异，可以不用如头悬达摩克利斯之剑[1]般应对每个月最后的还款期限，而是以不急不躁的心态发展生意。此外，正如瑞典商业银行所表明的，贷款者和借款人之间的这种关系（同样是通过"迂回"原则）不但不会导致违约率上升，反而会使其下降。瑞玛1000还提供了大量的帮助，协助加盟商尽快盈利。例如，该连锁店为加盟商提供了食品方面的全面培训课程，并将其称为"蔬菜学校""鱼类学校"或"肉类学校"。

莱坦还对加盟商进行财务指导，这是一项真正的服务，而不是控制他们的手段。克莉丝汀·根顿解释说："掌控情况意味着拥有可靠和最新的财务信息。在莱坦，这绝对不是一种监视。"为了强调这一点，并指出她试图向部门所有同事传达的立场，她说："我们是去帮助他们的。"具体来说，财务部门的作用是帮助加盟商——以及业务部门经理和首席执行官——确切地了解他们在各自领域内的经济状况，以便更好地控制局面。对于莱坦来说，根据掌握程度和业务的成功程度，

---

[1] 达摩克利斯之剑源自古希腊传说，用来表示时刻存在的危险。——译者注

有几种可能的情况。比如，你有着不错的经济效益，并知道成功的原因，这显然是最理想的。另一种情况是，企业经营状况不佳，但你对实际情况有很好的把控，那么你就能找到解决方案，恢复业绩。但根据克莉丝汀·根顿的说法，最糟糕的情况是在不明所以的情况下就得到了良好的经济效益，因为这样，你就无法应对各种突如其来的变化。正如她喜欢说的："如果你不明白为什么自己业绩不错，又怎么能知道它真的是好的呢？"

这就是为什么莱坦将这项服务称为财务指导而不是财务控制。这是一种双向关系：制作财务报告的人必须将自己视为导师，而阅读者必须明白这是一种指导，而不是毫无意义的财务信息。"如果他们没有意识到，我们在帮助他们，他们就会被无用的数字和考量压垮。另外，如果他们收到一份不需要的报告或电子邮件，那么他们必须告知发件人。"因此，克莉丝汀·根顿总结道，"我们财务部门不能让员工花时间做无用功。这种效率低下的事情是不可接受的。"

然而，加盟商绝不是受助对象。当然，他有遵循瑞玛1000超市总体方针的合同义务。然而，超市的具体措施是本着双方自愿合作的原则制定的，而不是由总部强加给加盟商的严格框架。其次，除了一些强制性的食品培训外，加盟商有很大的自由，可以做一些根顿口中的"相当疯狂的事情"。在瑞玛1000，这被称为"体系内的自由"，这让人想起了阿克顿勋爵对自由的定义。最后，加盟商在此项目中投入了大约5万欧元的资金。事实上，莱坦和加盟商之间的关系基于后者对自身幸福快乐的责任。与本章题词中引述的首席执行官的信念相呼应，克莉丝汀·根顿这样解释道："我们与他们达成的协议是：他们将会快乐而富有。按照以下顺序：快乐第一，富裕第二。"

克莉丝汀·根顿之所以坚持这一顺序，是因为集团的各种利益相关者仍对此惊讶不已，特别是在挪威这样一个有着新教文化、不愿意公开展示经济成就的国家。克莉丝汀·根顿并不反对服务对象取得物质方面的成功，只要这是他们幸福快乐的结果。教导人们接受这种源于亚里士多德的理念甚至是首席财务官克莉丝汀·根顿的主要任务之一。

然而，这并不意味着没有任何加盟商会陷入糟糕的经济状况。没有任何帮助和指导可以防止宏观经济危机，或者在通往超市的公共道路上没有任何施工。如果遇上后一种情况，由于加盟商完全无能为力，莱坦集团曾多次自掏腰包，使其按时完工。通过无条件地为加盟商服务，莱坦集团帮助它在困难时期减轻痛苦（也就是增加幸福），从而能够作出更好的决定来渡过难关。奥德·莱坦讲述了这样一个故事：

某天，一位加盟商打电话给他说：

"我们最大的竞争对手刚刚在附近开了一家店，让我们损失了很大一部分营业额。"

"好的，有什么问题吗？"奥德·莱坦回答。

"我想知道你们总部对此会怎么做。"加盟商说。

"我们什么都不会做。这是你的商店，你必须自己解决问题。祝你好运。"奥德·莱坦总结道，挂断了电话。

几个小时后，奥德·莱坦觉得自己可能对加盟商有点苛刻，于是给他回了电话。他感觉这个人有些束手无策。于是，奥德·莱坦建议，一周后召集店内所有员工开会，他自己也会参加，以听取他们对解决问题的建议。6个月后，这个构成威胁的竞争对手超市倒闭了。

莱坦对待加盟商的方法可以总结如下：不将他们作为帮扶对象，而是鼓励他们自己承担责任、自由选择；为他们提供培训和支持，帮助他们实现梦想，从而在经济上取得成功。

奥德·莱坦说："总部和我的职责是创造世界上最好的加盟商。"这句话让人想起了另一位首席执行官让-弗朗索瓦·佐布里斯特，他讲述了一位操作员是如何向他解释首席执行官的角色的："工人的工作是制造好产品。首席执行官的工作是培养优秀的工人。"在莱坦，首席执行官、首席财务官、价值观学校校长和其他人通过培养一种"使其能够自主做决定"的文化来创造最好的加盟商，而不是像奥德·莱坦所说的，让他们觉得"做决定的人不是我，而是一个由12个无能之人组成的委员会"。避免代替基层人员做决定是维持这种文化的可持续性的关键行为。这种文化以以下信念为基础："我们相信，人们能够根据现场情况和知识，创造解决方案，取得效益。"[1]这与瑞典商业银行对其支行行长的意愿和能力的信心非常相似。这种持续的担忧也使得莱坦集团总部砍掉了所有不必要职位，以及进行实地考察的决心。换言之，如果由总部代替这些基层人员做决定，将削弱他们对自己的信心，减少他们独自承担解决问题的责任的可能性。因此，总部也将妨碍加盟商的进步。

相反，奥德·莱坦和他总部的同事总是鼓励陷入困境的加盟商，不仅要和员工讨论这个问题——最好是邀请他们到家里讨论——还要拜访那些经营得不错的加盟商。奥德·莱坦表示，他喜欢积极热情的人，而不是嫉妒别人成功的消极的人。他说："向成功的人学习，远比

---

[1] 博格内斯：《超越预算实施：释放绩效潜力》，纽约：威利出版社，2016，第89页。

在和你一样的人身边哭泣有用得多。"但是，除了向别人学习"秘诀和技巧"之外，欣赏那些自信满满的人也能使自己增强自信。

不断培养一种文化，教育人们接受被给予的信任和责任，这就是奥德·莱坦和总部的员工所扮演的角色。信任和责任是企业里每个人创造社会价值进而创造经济价值的先决条件，即使他的行为看起来很疯狂。

如何变得更疯狂

奥德·莱坦有一个习惯，那就是邀请员工去做更疯狂的事情。这位首席执行官承认，他们已经够疯狂了。用莱坦集团内部语言来说，疯狂意味着与竞争对手截然不同。事实上，当你说"某人疯了"时，至少可以肯定，那人与众不同。这里有一个莱坦集团做疯狂的事的例子。

几年前，梅雷特·福塞特（Merete Forseth）还是挪威诺斯克·基林（Norsk Kylling）家禽厂的一名年轻兽医。这家家禽厂隶属于瑞玛1000连锁企业，既是养殖场，又是肉类加工厂。有件事一直萦绕在福塞特心头：她觉得鸡看起来病恹恹的，不好看。有一天，她决定采取行动，让集团所有8家工厂的母鸡看起来精神饱满。不得不说，这是一个相当疯狂的项目。瑞玛1000当时的大老板奥勒·罗伯特·莱坦（Ole Robert Reitan）也这么认为，并鼓励福塞特冒险一试。随后，这位兽医去了世界各地的农场，寻找比瑞玛1000养殖的更健壮的品种，最后在荷兰找到了哈伯德种鸡（Hubbard）。这种母鸡有时也被称为伊莎褐蛋鸡（ISA Brown），由法国动物选种协会培育而成。这种母鸡在农场里精神饱满，外表也好看得多。随后，福塞特决定逐步将8家瑞玛1000工厂的所有母鸡都换成哈伯德种鸡。

目前为止，我们希望你能和我们一样认为，这位年轻兽医的计划毫不理智，但这还不是全部。这不仅是更换母鸡的问题，而且在很大程度上还需要重新思考饲养过程。事实上，哈伯德种鸡比旧品种成熟得晚。此外，哈伯德种鸡需要更多的空间和物体，如树枝、围栏来锻炼和跳跃。最后，由于哈伯德种鸡体型不同，加工车间使用的切割方式也必须重新设计。如果我们还告诉你，1公斤哈伯德种鸡的成本价格高于旧品种，并且瑞玛1000超市并没有调整鸡肉的售价，你一定会认为，这样的行动无法通过合理投资回报的测试。因此，对于廉价连锁超市来说，这是个疯狂的项目。证据就是，没有竞争对手在挪威实施这样的举措。但这正是奥德·莱坦所要求的：在追求集团价值观的过程中疯狂地与众不同。无论成本如何，福塞特希望通过这个项目改善动物的健康。这并没有妨碍工厂通过"节俭"原则——这一次，是这个词的字面意思，"切割"——优化新品种鸡肉的切割方式，并减少影响美观的筋、皮、脂肪等。尽管每公斤哈伯德种鸡的成本更高，但更换鸡种相关的运营成本几乎没变。

2018年，瑞玛1000授予梅雷特·福塞特年度社会贡献奖。评审团表示，这位年轻的兽医"参与了一项历史性转变，为挪威动物健康的改善作出了贡献"。此外，通过这个项目创造的社会价值并不仅限于动物。瑞玛1000认为，生活得更好的母鸡味道更好。所以，当顾客在餐桌上品尝瑞玛1000的鸡肉时，会感受到更大的快乐。

福塞特的倡议是莱坦突破其对社会价值贡献的极限的一个例子。奇怪的是，这一举措在许多方面与卫材制药公司发生的另外两个故事相似。[1]

为了更好地了解患者,许多卫材的员工都在养老院体验过生活。2005年,一名生产人员震惊地看到,一名护士用研钵将卫材的王牌阿尔茨海默症药片安理申碾碎,然后将粉末撒在患者的饭上。他很快意识到,对一些人来说,这是服用药物的唯一方法。他还意识到,由于只生产片剂,卫材并没有考虑到患者的需求,这与HHC理念相悖。这名员工主动发起并完成了一个项目,研发出了一种30秒就能溶于水的药片。这种新药片的生产成本是传统药片的3倍,还降低了10%的利润,因为销售价格必须保持不变。尽管如此,卫材还是决定改用水溶性药片,因为它对患者更好——这正是HHC理念的意义所在。由于生产工艺的改进,这一额外成本在2012年降到了非可溶性药片原始成本的20%。

在卫材的另一个部门,研究员原田武部(Tsutomu Harada)一段时间以来一直专注于研究易于服用的药物,其中就包括了安理申。他意识到,对于一些患者来说,唯一可以接受的形式就是果冻。他本着HHC理念实施的项目遇到了很多技术问题,并4次被延期,创造了卫材的纪录。据原田说,如果没有HHC理念,这样的项目早就被叫停了。但果冻型药物研制成功后,和可溶性片剂一样,其生产成本被证明比传统片剂高5倍。尽管如此,果冻型药物还是投入了生产,因为这对患者来说是最好的。

致力推广HHC并大力支持这两个项目的高山千寻(Chihiro

---

1 这些案例基于作者于2014年4月21日和2016年4月22日在卫材与高山千寻等人的访谈,以及卫材知识创新部2010年的内部文件《HHC之书:蓝皮书》。

Takayama）评论道："当我们有两种选择时，无论成本如何，总是应该选择最适合患者的那个。"2007年，原田因该项目获得卫材HHC奖。

卫材员工与莱坦员工一样，能够——实际上是必须——审视如何开展核心业务活动，以创造社会价值。他们这样做不受成本的限制。这并不意味着他们以后不会寻求减少成本，就像任何按照持续改进的逻辑运作的企业一样。然而，从一开始，重要的是无条件地追求社会价值，并通过核心业务活动来实现。正如原田所说："HHC不仅仅是对社会的一件'好事'，就像在街上捡垃圾一样。捡垃圾对环境有好处，但却与患者无关……我们是一家制药公司的员工，如果不能满足患者的需求，那就不是HHC。"

这些例子很好地说明了利他企业能够在多大程度上无条件地为他人服务。然而，这种利他主义取向不应该被误解：它是为了使他人更自由，而不是让他人依赖于我们的行为。

无条件地为他人服务，就是为他人的自主权而行动

我们中许多人渴望为弱势群体提供服务、帮助和援助。这条路似乎已经规划好了。当我们有更多的资源、经验和金钱，而对方没有时，最自然的行为是分享——不求回报地给予。这种行为通常被称为利他主义。多亏了它，我们帮助过的对象可能会过得更好。对我们来说，完成了一件所谓的善行时，也会心情愉悦。这些不仅仅是个人行为。国家和企业通过基金会或直接资助了众多机构和非政府组织，去帮助最脆弱的群体。

然而，尽管利他主义缓解了数百万人的困难，但大多数慈善行动并没有从根本上改变他们所处的困境。坦率地说，许多针对弱势群体的行动看起来像是"授人以鱼"，而非"授人以渔"。诺贝尔奖得主穆罕默德·尤努斯（Muhammad Yunus）的小额信贷方法的目的则正好相反：让穷人成为企业家，养活自己，有朝一日成为中产阶级。我们中的一个人在尤努斯的支持下在智利创建了一个类似的项目，目睹了这种方法的好处。同样，世界反贫困权威经济学家赫尔南多·德·索托（Hernando de Soto）也解决了另一个阻碍穷人摆脱贫困的问题：经济权利的缺乏。德·索托在祖国秘鲁工作时，注意到许多穷人从事经济活动。但由于官僚主义和某些现行的法律，他们无法使自己的活动合法化，只能在黑市上从事经济活动，生活贫困潦倒。因此，他们无法获得土地所有权、使用银行系统或得到融资，也无法让自己的资本发挥作用，无论资本多么小。

德·索托的研究激发了秘鲁的改革，使100多万秘鲁家庭和数十万企业加入了正规经济，极大地改善了他们的处境。他还在其他一些中美洲和非洲国家激发了类似的改革。这两种方法都与密歇根大学研究人员普拉哈拉德（Prahalad）和哈特（Hart）在其著作《金字塔底端的财富》（*The Fortune at the Bottom of the Pyramid*）[1]中提出的理论相一致。他们建议，企业、政府和非政府组织应该停止将穷人视为受害者，而应开始将其视为有韧性和创造性的企业家，以及要求获取价值的消费者。对于企业来说，弱势群体可以是客户、供应商、合作伙伴，他们所在社区的邻居、老人和年轻人。

---

[1] 普拉哈拉德、哈特：《金字塔底端的财富》，纽约：培生出版社，2004。

我们所描述的利他企业正是致力于实现这一目标——让弱势群体成为合法的经济对话者。大家也更容易理解,为什么这比单纯给予要花更多的时间。教会一个人捕鱼的方法,然后创建一个系统,使他能够为购买渔具筹得资金,并在以后偿还借款,这是需要时间的。送人一条鱼或开张支票让他去买鱼,这是一个会即刻产生影响的行为。但一旦鱼被吃完,这个人又会回到先前的处境——甚至更糟,因为他现在在等着别人再送给他一条鱼。

德兰西街基金会不做慈善。每一位居民从到达那里的那一刻起就得工作,以赚钱支付住宿和培训费用。培训的目的是让他们获得技能,能在重返社会时以工作为生,而不是依靠社会援助,或者像许多前科犯那样,继续小偷小摸的生活。莱坦的情况也是如此,它提供培训和贷款,帮助任何想要成为加盟商的失足青年。同样,古久根株式会社也为来自日本贫困地区或地震灾区的年轻人提供了包含创新和内部创业机会的培训和工作。阿尔代羊毛也在这样做。它在一个敏感区域建立了自己的工作室,那里的居民遭受着小帮派的不文明行为和恶行。由于工作室也受到影响,负责人带领居民一起改变社区,让每个人生活得更好,工作室也发展良好。又或者传统医药,它与35个国家的供应商合作,其中大多数是发展中国家。通过帮助他们改进生产方法,该企业让他们从每一次收获的药用植物中获得更多的收入,同时也避免了雇佣最便宜的儿童劳动力。这也是卫材实验室正在做的事情:它向贫穷国家免费提供了22亿片防治淋巴丝虫病的药片,这是一种影响1.2亿人的热带疾病。对这家制药企业来说,这不是一种慈善行为,而是一种使数百万人摆脱残疾,从而找到工作、重新获得经济独立的方式。

所有这些企业既不对其交流对象做慈善，也不在这些关系中寻求利润。然而，就像所有利他企业一样，通过无条件地为经济对话者服务，它们往往能够创造经济价值。与穷人和弱势群体的唯一区别在于，这一过程开始得更早，因为后者恰恰因为贫困和边缘化，不是经济对话者。根据定义，他们生活在依赖中或处于社会边缘。因此，第一步是通过工作和经济关系使他们融入正常生活——包括物质生活——并使他们在经济上独立，这本身就是一种社会价值。在市场经济社会中，有太多的穷人生活在物质依赖中，但我们绝不能忘记，在封建社会中，除了贵族以外，所有的人都生活在这种依赖中。这一情况离我们今天的生活并没有那么遥远。例如，俄罗斯1861年废除了农奴制，直到1906年，农民才有机会购买自己的土地——也就是说，靠自己的劳动谋生。

此外，企业行动所带来的好处，使弱势群体能够在财务上独立，其影响已经超越了经济层面。我们已经看到奥德·莱坦对恐怖主义起因的思考是如何引导他采取行动对抗贫困和轻微犯罪的。这与赫尔南多·德·索托在其反恐建议中所说的话非常接近："在贫困和沮丧的氛围中，那些做出虚假承诺的人很容易吸引追随者。"[1] 从20世纪80年代末开始，德·索托在祖国秘鲁提出的建议帮助某些个人和小企业摆脱了贫困，取得了合法的经济地位。这些改革的结果之一是摧毁了"光辉道路"。这是一个革命组织，被欧盟和许多其他国家认为是恐怖主义组织，在20世纪80年代血洗了秘鲁。该组织参与恐怖袭击和贩毒，

---

[1] 《如何赢得反恐战争》，辛迪加项目，2016年1月14日，见https://www.project-syndicate.org/onpoint/how-to-win-thewar-on-terror-by-hernando-de-soto-2016-01。

主要从贫穷和无地的农民中招募成员。这些农民恢复了独立的生活来源后，"光辉道路"的征召工作就变得越来越困难。此外，该恐怖组织还攻击了赫尔南多·德·索托的研究所，明确指出他对组织遇到的困境负有责任。虽然这些建议主要用于发展中国家，但"光辉道路"的情况与在法国和比利时招募恐怖分子有相似之处。事实上，在2015年巴黎恐怖袭击之后，研究人员指出，典型的法国和比利时恐怖分子的特征是在监狱里变得激进的轻罪犯[1]。印度有句谚语，叫作"不给予就会失去"。诚然，这句谚语是对的，当你错过一个帮助别人的机会，这个机会就失去了，而且永远不会再回来。然而，如果我们给予的方式使他人产生了依赖，那么就会对其造成伤害。所以，给予他人时要采用正确的方式，让他以后不再需要我们的帮助。

给每个人最好的机会去展现自己

所有这些例子都清楚地表明，使弱势群体摆脱依赖和边缘化生活的方式是非常重要的。然而，我们的利他企业无条件地为所有打交道的对象服务，不管他们有多贫困。它们以同样的基本方式做到了这一点：通过改造自己的企业，改变核心业务活动，无条件地为他人服务。这就是莱坦集团对其加盟商所做的。打造世界上最好的加盟商，使其"乐在其中，从而盈利"并不是简单地通过建立一个特许经营网络的有形结构来

---

[1] 见智库Globsec发布的报告《谁是欧洲圣战分子》，https://www.globsec.org/wpcontent/uploads/2018/09/GLOBSEC_WhoAreTheEuropeanJihadis.pdf。

完成的。在成为商人之前，加盟商首先是有人类需求的人。心理学研究已经确定了这些普遍需求：信任、对自己活动的控制和自主权。[1]

例如，为了建立信任，在21世纪第一个10年，莱坦集团改变了其财务流程，因为预算和报告是控制工具，而不是建立信任的工具。财务部门的员工也安排了相关活动，为加盟商提供培训。在这一培训中，有一部分内容是提高加盟商对其业务的掌控。具体来说，使加盟商能够更好地了解店铺业绩变化的原因，并能在保持盈利的同时，根据增长或下降曲线做出必要的调整。最后，为了满足对自主权的需求，莱坦集团改变了自己，更少干预加盟商：总部很少做出规定和决定，当加盟商遇到困难时，对其予以支持但不出手扶持。莱坦集团拒绝提供援助，只是提醒加盟商，可以与员工们一起找到解决方案。否则，他就会像弱势群体一样依赖别人，变得不独立。矛盾的是，通过这样做，莱坦集团给这位加盟商提供了它所能提供的最大服务；它向加盟商表明，他自己有能力找到解决方案。

莱坦集团使加盟商意识到，自己有自主行动的能力，从而满足了这一基本需求。当然，对于一些通常不取决于门店的严重问题，比如公共道路的完工，莱坦集团将无条件地为其加盟商服务。

让加盟商在职责范围内承担责任的意愿，与让自己在该范围之外为加盟商服务的意愿之间不存在矛盾。每个人都同意，当一个人身处困境时，物质上的帮助可以减轻他的痛苦。这种帮助当然是有价值的，有时也是必不可少的。但这并不能让人立刻快乐，或者在未来变

1　赖安、德西：《自我决定理论：动机、发展和健康的基本心理需求》，纽约：吉尔福德出版社，2017。

得不那么不幸。持久的快乐或美好的生活只能来自人们自己提出的解决方案，因为他得到了信任，可以发展掌控能力，享受自主权。

无论是加盟商还是员工，莱坦集团给每个人提供了展现自己的机会，并得到了广泛的认可。2011年，在最佳职场（Great Place to Work）组织的"启发领导力"奖评选中，莱坦集团在1600家欧洲企业中排名第一。在挪威200家拥有超过500名员工的企业中，它广受求职者的喜爱，从2016年开始每年排名第一或第二[1]，2018年在欧洲排名第十四[2]。莱坦集团支持弱势经济伙伴的行动证明了它促进其交流对象的良好生活和幸福的能力。

"经济"一词的使用可能会让人感到惊讶，因为通常是政府或非政府组织致力于为这些人群服务，不从经济角度而是从社会角度对待他们。莱坦集团或其他利他企业的情况并非如此。让我们回顾一下，这些企业的基本特征之一，正如本书所定义的那样，是通过转变经济活动的核心来创造社会价值。正因为弱势群体融入进了利他企业的经济关系中，或者与企业最擅长的经济活动相互作用，这些企业的社会影响才愈componentDidMount
加强大。诚然，利他企业无法解决国家的所有社会问题。但当它们解决某个具体问题时，会非常有效，因为它们用上了自己的所有专业知识。这种效率也源于它们在没有意识形态的情况下，一次帮助一个人的能力。每一个结果都是重要的。正如德雷克·萨德勒在经济机会办公室的前任主管斯隆女士说的那样："想办法改变现状，一次一个村庄，你没法改变整个世界。"

1　见https://www.greatplacetowork.no/beste-arbeidsplassene/best-workplaces-in-norway/2019。
2　见https://www.greatplacetowork.fr/palmares-certifications/europe-2018/。

后　记

信任、不考虑经济效益，而是无条件地为打交道的对象服务，这是所有建立利他企业的领导者的首要信念。这些信念表面上看起来是乌托邦式的，实际上却推翻了另一种信念，这种信念自面世起就支配了市场经济：必须警惕自己的经济对话者，将双方的关系用合约进行约束，以保护自己的利益。大多数经济领域的参与者并不喜欢这样的行为，但是，他们并没有想到任何替代方案，而是顺从地接受它，就像我们在机场接受安检时那样。然而，企业老板和员工不仅是面对着无名保安的乘客，还是行动者——甚至是创造者——他们总能找到另一种选择：与其在保护自己不受他人伤害的同时与每一位对话者进行交易，他们选择通过无条件地为他人服务，与每一位对话者建立一种真诚的关系。

所有这一切都需要勇气，因为这不仅是对市场经济基本构成要素的质疑，也是对我们日益不信任的社会中某些做法的质疑。这种勇气并不是我们的领导者天生具有的。对他们中的大多数来说，这种改变要求他们努力——有时是极大地努力——进行真正的自我转变。事实上，我们还没有遇到过一家企业在领导者没有首先改变自己的情况下变得利他。这甚至是整个过程中最困难的一部分，因为每位领导者，也许就是正在阅读本书的你，在经历内部转型的道路上，都会遭受身边无数人的热情提醒："不能太过分""你会被利用的"或者"我们没有生活在'爱心熊'的梦幻世界"。由于单靠自己很难在这条道路上坚持下去，许多领导者都在寻找好的同伴砥砺前行，无论他们是同行、企业思想家、心理治疗师还是高管导师。

领导者自身转变的结果之一，就是使他们的职业态度与无条件服务的愿景保持一致。这种一致性使他们在行动上成为模范，而不仅仅在言语上。然而，这还不够。一些员工开始效仿领导，但大多数人深受企业传统愿景的影响，继续只关注经济价值，或者可能开始关注社会价值，但仍旧受盈利能力制约。正是为了"拉拢"这些大多数人，领导者以自己的方式，试图与员工分享他们的社会愿景或者直接开门见山地让员工自己表述，就像卫材的首席执行官一样，询问员工这家制药公司的目标和存在的意义。

只有这样，领导者才能要求员工改变他们的活动以创造社会价值，并改变组织实践和结构以促进社会价值的创造。这从来都不是一件易事。我们的领导者必须进行"日常战斗"，唤起社会愿景，并为企业转型创造条件，而这种转型往往需要数年时间。此外，与任何企业一样，利他企业无法避免经济危机的影响，面临放弃"社会乌托邦"、回归"经济现实"的强大压力。我们可以理解，为什么利他企业并不多。我们也可以换个角度看待问题。事实上，如果我们介绍的这些企业，不论规模、行业和国家，都能够无条件地为打交道的对象服务，并因这种理念而获得成功，那么许多其他企业也可以尝试一下。但考虑到所有的困难，这个"游戏"值得一试吗？

整个人类大世界面临的挑战与飞度奶酪的小世界面临的挑战相似，我们正是从这家奶制品厂开始了我们的利他企业之旅。也许乌鸦没有仰面飞翔，但我们头顶的天空已经漆黑一片。脚下的土地也是如此，广阔无垠的蓝色海洋不再显露本身的颜色，因为上面覆盖着我们制造的垃圾。大部分的损害不是由事故造成的，比如飞度奶酪遭受的"正常化"水事故。相反，我们管理企业的传统方式引发了——通常是间接的、不怀恶意的——客户的冷漠，供应商的心酸，所在社区的愤怒，掌握专业知识的老人的听天由命，年轻人对土地的失望，股东的犬儒主义。

如果，就像飞度奶酪、会议之家、巴斯德诊所、道科瑞癌症中心、瑞典商业银行、莱坦集团和其他利他企业那样，贵企业也进行转型，无条件地为客户服务，那会怎样呢？

如果，就像飞度奶酪、水果佬、LSDH、传统医药和其他企业那样，贵企业也进行转型，无条件地为供应商服务，那会怎样呢？

如果，就像飞度奶酪、阿尔代羊毛、卫材和其他企业那样，贵企业也进行转型，无条件地为当地社区服务，那会怎样呢？

如果，就像飞度奶酪、阿尔代羊毛、古久根株式会社和其他企业那样，贵企业也进行转型，无条件地为老人和他们的专业知识服务，那会怎样呢？

如果，就像飞度奶酪、德兰西街基金会、莱坦集团和其他企业那样，贵企业也进行转型，无条件地为所在地区的年轻人服务，那会怎样呢？

如果，就像飞度奶酪、布伦纳家族企业、传统医药和其他企业那样，贵企业也进行转型，无条件地为股东服务，并让他们与你一起创造社会价值，那会怎样呢？

最后，如果像所有利他企业那样，贵企业通过创造社会价值而持续繁荣发展，通过付出一切而致富，那会怎样呢？

有人说，有了这些"如果"，我们就能重建世界。

没错。